LA CHRONIQUE
DE
L'ÉGLISE DE VESOUL

COMPOSÉE D'APRÈS LES TITRES ORIGINAUX

PAR

L'ABBÉ J. MOREY

ANCIEN VICAIRE DE S. GEORGES DE VESOUL

OUVRAGE COURONNÉ PAR L'ACADÉMIE DES SCIENCES, BELLES-LETTRES ET ARTS

DE BESANÇON

Dans sa séance du 24 Août 1869

MONTBÉLIARD

IMPRIMERIE P. HOFFMANN

1886

LA CHRONIQUE DE L'ÉGLISE DE VESOUL

VESOUL AU XVIIᵉ SIÈCLE

1. Hopital. — 2. Porte basse. — 3. Jésuites. — 4. Ursulines. — 5. Annonciades. — 6. St-Georges. — 7. La Charité. — 8. Les Capucins

LA CHRONIQUE DE L'ÉGLISE DE VESOUL

COMPOSÉE D'APRÈS LES TITRES ORIGINAUX

PAR

L'ABBÉ J. MOREY

ANCIEN VICAIRE DE S. GEORGES DE VESOUL

OUVRAGE COURONNÉ PAR L'ACADÉMIE DES SCIENCES, BELLES-LETTRES ET ARTS

DE BESANÇON

Dans sa séance du 24 Août 1869.

MONTBÉLIARD

IMPRIMERIE P. HOFFMANN

1886.

AVERTISSEMENT

Depuis plusieurs années l'Académie de Besançon appelle l'attention des concurrents sur les anciennes Eglises de la Province. Pour répondre à son appel, l'auteur du mémoire ci-joint, a choisi la seule Eglise de Franche-Comté qui ait passé par tous les degrés de la hiérarchie, puisqu'elle fut tour à tour simple Chapelle de secours, Eglise paroissiale importante, Collégiale renommée, Cathédrale schismatique, et qu'aujourd'hui encore elle est une des plus considérables du diocèse de Besançon. Si la variété des sujets était digne de fixer son attention, l'abondance des matières avait de quoi effrayer son inexpérience. En se bornant à présenter les traits principaux de cette modeste chronique, il a cru entrer dans les vues de l'Académie et lui fournir des documents dont l'exactitude et la nouveauté font tout le mérite.

J. MOREY,

ANCIEN VICAIRE DE VESOUL.

LA CHRONIQUE DE L'ÉGLISE DE VESOUL

CHAPITRE PREMIER

SOMMAIRE

Obscurité des origines de Vesoul. — L'Eglise S. Georges donnée à S. Bénigne de Dijon. — S. Georges, chapelle auxiliaire de l'Eglise mère S. Martin-de-Ponts. — Fondation du prieuré S. Nicolas-du-Marteroy. — Ses droits sur la chapelle S. Georges et l'administration spirituelle de Vesoul. — Libéralités des seigneurs. — Les sépultures des chevaliers. — Droits seigneuriaux du Marteroy. — Sa prospérité. — Les comtes de Bourgogne le prennent sous leur protection spéciale.

De l'an 1032 à 1280.

L'obscurité la plus profonde enveloppe les origines du Val de Vesoul. Mieux vaut l'avouer simplement que de hasarder des hypothèses singulières et peu fondées, comme l'ont fait quelques écrivains après M. Miroudot de S. Ferjeux. Les médailles et statuettes trouvées sur la colline de la Motte et dans les environs, les deux ou trois inscriptions (1) que l'on cite pour montrer l'importance de cette position à l'époque romaine, sont trop

(1) Entr'autres celle du Taurobole de Cita et de l'autel de Mars.

contestées et interprétées de manière trop diverses pour qu'on puisse en tirer des conclusions solides.

Les monuments chrétiens sont encore plus rares dans cette vallée. On n'y rencontre ni tombes marquées d'une croix, comme on en trouve à Luxeuil, ni débris de sculptures ou d'emblèmes religieux comme on en rencontre sur quelques points du département de la Haute-Saône.

Bien que peu éloignée de Lure et de Luxeuil, cette vallée n'est point citée dans les légendes de nos saints, les plus anciens diplômes de ces abbayes n'en font point mention, et c'est seulement au XIe siècle que les chartes de Luxeuil nous signalent quelques-uns des villages qui environnent Vesoul.

Vesullum apparaît pour la première fois vers l'an 890, avec le titre de *Castrum* (1). En 980, il est représenté comme couronnant une montagne ardue (2). En 1019 (3), une charte piémontaise cite un vicomte de Vesoul, et voilà tous les textes qu'on peut invoquer jusqu'à cette époque. Mais à partir de ce moment, les données deviennent certaines et l'histoire de notre Eglise commence. Le premier monument authentique qui en fasse mention est la chronique de S. Bénigne : la date n'est pas désignée d'une manière exacte, mais c'est quelque temps après l'an 1026 et au plus tard en l'an 1031 ou 1032.

Nous traduisons :

« Quelque temps après (1026) le même comte Re-
« naud rappelé précédemment, donna une Eglise dédiée

---

(1) Puella è *Castro Vesulio*. Acta Sanct. Tom. III. sept. Page 888
(2) *Castri Vesolensis*, quod in colle ardui montis situm est. (Act. SS. Tom. II. XXIII Januarii. Page 394.
(3) Cart. de l'Abbaye de S. Balin. Gislebert Ier, vicomte de Vesoul.

« en l'honneur de S. Georges, et située près du château
« qui s'appelle Vesoul, pour y construire un monastère
« et y établir quatre moines qui, servant Dieu en tout
« temps, y prieraient pour le repos de l'âme de son
« père, de sa mère, de son frère, de lui-même et de
« toute sa parenté. Il donna pour leur entretien des vi-
« gnes, des terres et tout ce qui était nécessaire. Il leur
« donna en outre une pêcherie avec les hommes qui la
« faisaient valoir pour lui. L'archevêque sus-nommé
« Hugues (de Besançon) fut présent à cette donation, et
« par la tradition du bâton qu'il portait d'ordinaire à la
« main, il donna l'*autel* de ladite Eglise, à l'abbé Haly-
« nard (de S. Bénigne), et en mémoire de cette chose,
« ils échangèrent leurs bâtons. »

Tel est le texte qui est le point de départ, et le fonde-
ment de notre histoire. C'est, sans doute, faute de l'avoir
lu attentivement que tous les chroniqueurs vésuliens
se sont livrés à des hypothèses fantaisistes et ont risqué
des assertions que rien ne justifie.

Les uns ont dit (1) que cette église passait déjà pour
très ancienne, ce dont il est nullement question.

Les autres ont prétendu que sur son emplacement
s'élevait un temple de Mars (2) parce qu'on aurait
trouvé au Marteroy une inscription ainsi conçue ; *Non
amplius Marti, sed Christo Deo vero*, (1); enfin M. Longchamp soupçonne qu'on avait substitué le guerrier

(1) Après l'almanach de 1785, Dom. Grappin.
(2) Dom Courbet révoque en doute la vérité de cette inscription
qu'il aurait voulu voir, mais qui avait été, dit M. Miroudot, brûlée en
1733. Au reste, si elle a été trouvée sur l'emplacement de S.-Nicolas-du-
Marteroy, elle ne prouve rien pour S.-Georges ; et si elle a été trouvée
sur l'emplacement de S.-Georges, elle ne prouve rien pour le
Marteroy.

S.-Georges à Mars, dieu de la guerre, pour rendre moins brusque la transition du paganisme à la foi chrétienne, et M. Gevrey ajoute que l'archevêque Hugues I consacra cette Église, ce dont la chronique ne parle nullement. Essayons de préciser les faits.

Le passage de la chronique cité plus haut prouve : 1° Qu'en 1032, il existait près du château de Vesoul une église dédiée à S. Georges martyr; 2° Que cette église fut donnée aux moines de Saint Bénigne avec des biens et des revenus pour y établir un prieuré ; 3° Que l'évêque diocésain approuva cette donation et y joignit le don de l'*autel,* c'est-à-dire des oblations qui se faisaient dans cette église. Où se trouvait alors l'église S. Georges? Quels étaient ses droits et ses titres canoniques? L'église de l'an 1032 occupait le même emplacement qu'occupe aujourd'hui la paroissiale S. Georges de Vesoul. On ne pourrait pas objecter son éloignement du château comme contraire au mot *juxta Castellum,* puisque, de l'église au donjon central, la distance n'est, à vol d'oiseau, que de 460 mètres. Il n'y en avait guère plus de 350 pour atteindre la porte de la première enceinte. On ne peut dire non plus avec quelques uns, que l'église S. Georges se trouvait au Marteroy qui est plus rapproché du château, puisque l'église du Marteroy n'a jamais porté le nom de S. Georges, mais toujours celui de S. Nicolas.

Si S. Georges avait été choisi pour patron de l'église de Vesoul, ce n'est nullement pour supplanter le dieu Mars dont le souvenir devait être sans danger pour les chrétiens du XIe siècle, mais uniquement parce qu'il était le protecteur des guerriers chrétiens, et le patron spécial de nos comtes qui lui érigeaient des chapelles dans la *?* , art de leurs châteaux forts, ou dans les églises qui les avoisinaient (1)

L'église de S. Georges était-elle paroissiale?

La chronique de S. Bénigne est muette sur ce point. Cependant la donation particulière que l'archevêque fait de l'*autel*, ce qui, dans le style d'alors, indique simplement le droit de recevoir les dons et oblations des fidèles, annonce déjà que l'église S. Georges n'était point paroissiale et n'avait point de biens fonds, mais nous avons trouvé des preuves décisives de ce fait; nous allons rapidement les indiquer.

Dans les procès qui eurent lieu à diverses époques entre les prieurs-curés et les paroissiens, on trouve avec de dures vérités à l'adresse des uns et des autres certains renseignements historiques très précieux pour trancher la question. Ces procès, dont les principaux portent la date de 1423, 1492, 1520, 1581, 1616 et 1729, établissent d'une manière péremptoire :

Que l'église S. Georges nommée par la chronique de S. Bénigne, n'était nullement l'église du Marteroy, mais bien une chapelle bâtie comme auxiliaire de l'église paroissiale qui était à S. Martin-de-Ponts (2); Qu'avant le XIIIe siècle, cette chapelle n'avait aucune dîme, ni revenus solides (3) et biens fonds, parce que l'Eglise mère avait seule le droit de les posséder; Que cette cha-

(1) Outre Vesoul, nous pouvons citer en preuve les châteaux et églises de Faucogney, Ornans, Montrond, Bourguignon les Conflans.— Le château de Quingey, résidence de nos comtes au XIe siècle, avait à lui seul *quatre* chapelles de S. Georges. (Essai, Ed. Clerc. II. 219).

(2) *Modicam capellam, in subsidium Ecclesiæ sancti Martini de Pontibus constructum* (Mémoire de Jean de Feliens, 1492).

(3) Procès de 1581 (Mém. du prieur Et. Demesmay). Ces procès sont en partie aux archives de la Haute-Saône, partie à la mairie de Vesoul.

pelle et les dîmes de Vesoul appartenaient aux archevêques de Besançon, comme seigneurs suzerains du chateau de Vesoul. Que les ayant cédées au chapitre métropolitain, celui-ci les avait laissées au prieur, curé de la ville, à charge par lui de payer annuellement au grand chantre ou à l'hopital capitulaire de Ste Brigide, un cens de deux livres (1)

Les plaideurs allèrent plus loin, et pour fermer la bouche aux réclamants, le prieur exhiba la bulle authentique qui érigeait S. Georges en église paroissiale, et Vesoul en paroisse. Cette bulle porte la date de 1247. Donc, avant cette époque, la chapelle, décorée du nom d'église par le moine de S. Bénigne, n'était qu'une succursale de S. Martin-de-Ponts.

Les mêmes mémoires nous donnent quelques indications qu'il est bon de recueillir comme témoignage de la tradition. Ils parlent de cette vieille église de Ponts, comme de la plus ancienne et de la plus vénérable de la contrée. On croyait qu'elle avait été bâtie au VIe siècle, ruinée par les Hongrois, puis rebâtie comme paroissiale de tous les villages environnants. On y accourait pour vénérer les reliques de saint Martin, et les habitants des rives de la Saône venaient même chercher une sépulture dans le cimetière qui entourait ses murailles. Sans donner une valeur absolue à ces documents, nous les croyons cependant fort respectables. Le titre patronal de S.-Martin qui annonce en général une haute antiquité, les biens considérables dont la paroisse de Pont fut dotée, l'affection que lui témoignèrent toujours les sires de Faucogney, et le succès avec lequel elle maintint pendant deux siècles ses droits contre les prétentions de

(3) Cette redevance de deux livres fut payée au chapitre de Besançon jusqu'au XVIIe siècle.

sa succursale et même du prieuré de Marteroy, prouvent d'une manière évidente l'ancienneté et l'importance de cette église mère d'où dépendaient avec Pons, Vesoul (1), les Haberges, Coulevon, Navenne, Graisse, Echenoz et une partie de Noidans.

Nous donnerons en leur lieu les preuves de l'infériorité de S. Georges de Vesoul, vis-à-vis S. Martin de Ponts. Il nous suffit, pour le moment, d'avoir déterminé la situation véritable de l'église cédée aux moines de S. Bénigne, et, tout en constatant qu'elle était succursale, nous reconnaissons volontiers que l'intention du comte de Bourgogne, en y fondant un prieuré, était de l'émanciper et de lui donner le relief qui convenait à l'église d'une de ses terres principales.

Toutefois la donation si solennelle de l'an 1032 n'eut

(1) L'église paroissiale de Saint Martin était au bord de la prairie, a 300 mètres environ de la chaussée ou *levée* donnant accès à la ville par la route de Besançon. Comme la prairie était marécageuse et les inondations fréquentes, la levée était percée en cinq ou six endroits pour donner passage aux eaux. C'est de ces nombreux ponts que S. Martin tirait son nom (De Pontibus). Au monument primitif reconstruit vers le XIe siècle, s'ajoutèrent différentes constructions qui lui donnaient un aspect peu agréable. Cette église fut démolie en 1766, et le siége de la paroisse S. Martin transféré à Echenoz, les ossements du cimetière furent de même transportés au cimetière d'Echenoz et une croix de pierre dut indiquer à perpétuité l'emplacement de la vieille église. Les tombes qui lui servaient de pavé furent employées comme dalles dans la nouvelle église et *repiquées*. La dernière sur laquelle se trouvait une espèce de cimeterre avec le respectable millésime de MXV, a été *repiquée* pendant les constructions de 1850, comme nous l'affirme M. Langrognet, curé d'Echenoz. — Nous signalons ici une relique insigne de Saint Martin de Tours, enchâssée par ordre des échevins d'Echenoz en l'an 1529. C'est, selon toute probabilité, celle qui attirait les pèlerins à Saint Martin des Ponts. Elle existe encore et n'a pas été indiquée pa M. Lecoy de la Marche dans son bel ouvrage sur Saint Martin.

point d'effets pour le moment. A défaut de documents qui nous donnent les motifs réels de cet insuccès, nous pouvons les trouver dans les évènements politiques qui suivirent de près.

Le comté de Bourgogne, sans changer de maître, passa sous la suzeraineté de l'empire; le comte Renaud, battu par son puissant rival, se vit enlever ses meilleures forteresses, et Vesoul fut du nombre des places qu'il perdit. De leur côté, les moines de S. Bénigne tombèrent en discrédit, ils furent chassés de S. Anatoile de Salins, parce qu'ils traitaient ce lieu mal et indignement (1). L'empereur déclara, du reste, qu'il supportait avec peine (tulit indignè), de voir les revenus du comté de Bourgogne passer à un royaume étranger dont le duché faisait partie (2) et les donations, faites aux moines de S. Bénigne en Franche Comté, se trouvèrent annulées par cette volonté du maître. Henri III revint plus tard sur cette décision et, grâce aux efforts de l'impératrice Agnès, de l'archevêque Hugues et du comte Renaud, les moines de Dijon rentrèrent en grâce. Un diplôme de 1053 confirma même leurs acquisitions. Mais, comme il n'y avait rien de construit à Vesoul, qu'il fallait créer un établissement nouveau, et qu'ils avaient d'ailleurs bien d'autres difficultés sur les bras; il est probable que les moines de Saint Bénigne renoncèrent à faire valoir leurs droits. C'est ce que leur chronique donne à entendre de certains biens qui furent enlevés à cette époque au monastère « les uns par la violence de ceux à qui on les avait confiés, les autres

---

(1) Monachi Divionenses locum illum malé et irreligiosè tractantes, expulsi fuère. (Bulla Leonis IX, an 1049) Droz. Pont. Ch. XVI.

(2) Voir ce diplôme dans Dunod. Histoire de l'Eglise de Besançon. Tom. I. XLI.

« par l'injustice des princes, les autres par les vicissi-
« tudes des temps. » (1)

Quoiqu'il en soit, il n'est plus question des moines de
S. Bénigne pour notre Église, à partir de ce moment, et
leur passage, s'il eut lieu, n'y a laissé aucune trace.
Toutefois la donation du comte Renaud paraît toujours
avoir subsisté, et les souverains du pays ont toujours
affirmé que le prieuré de Vesoul avait été fondé par
leurs ancêtres. Ce furent leurs représentants, les sires
de Faucogney, vicomtes de Vesoul, qui eurent l'honneur
d'attacher leur nom à cette fondation en l'exécutant et
la développant même soixante ans plus tard. Ce fut
Gislebert de Faucogney, deuxième du nom, qui accom-
plit le vœu du comte Renaud, en modifiant son idée. Il
abandonna le projet primitif d'après lequel on devait
construire le prieuré auprès de S. Georges pour le rap-
procher des murailles de son meilleur château; au
lieu de quatre moines, il voulut qu'il y en eût sept en
comptant le prieur, et, le 10 novembre de l'an 1092, on
célébra la dédicace du nouveau monastère.

Les petits fils de Renaud de Bourgogne brillaient au
premier rang dans cette cérémonie, l'un d'eux était le
prélat consécrateur Hugues III, archevêque de Besançon ; l'autre, le comte Raymond (2), son frère, qui
allait partir pour la croisade contre les Maures et
devenir la tige des rois d'Espagne et du Portugal, futurs
protecteurs du prieuré. Gislebert de Faucogney, fonda-

(1) Quœ in prœstariam lata, possidentium violentiâ, principum in-
justitiâ, ac temporum variis eventibus sunt amissa. (Chron. S. Bé-
nigni).

(2) Anno 1092. Indictione XV, quarto nonas novembris, *Raimundus
consul interfuisse legitur dedicationi Ecclesiæ sancti Nicolaï de Martereto prope Vesulium.* (Act. sanct. Die IIIe sept. Tom. I).

teur du nouveau monastère, les accompagnait avec la noblesse du pays.

L'Église, d'après l'acte de consécration renfermé dans le grand autel, fut dédiée « à la Résurrection de Notre-Seigneur, à S. Jean-Baptiste, au martyr S. Georges et « au très pieux S. Nicolas ». Dans le tombeau de l'autel, le prélat déposa des reliques de S^{te}. Marguerite, du sépulcre de Notre-Seigneur, des reliques de S. Nicolas, des Apôtres S. Pierre et S. Paul, de S. Bénigne martyr, de S. Gervais et S. Protais, et de saint Hiberius, confesseur. Peut-être le nom de saint Georges et les reliques de saint Bénigne figurent-ils dans cet acte en souvenir de la donation primitive de l'église de Vesoul aux religieux de Dijon. Toujours est-il que ce fut S. Nicolas qui l'emporta, et que jamais le nom de S. Georges ne fut attaché au prieuré qui s'appela dès le premier jour « S. Nicholas-du-Marteroy ».

Le motif de cette préférence n'est pas difficile à trouver. L'illustre Évêque de Myre était alors en grand renom dans la chrétienté, c'était pour ainsi dire le héros de l'époque et le saint du moment. En 1080, des marchands italiens ayant dérobé ses reliques à la vénération des Grecs, les emportèrent à Bari. Les miracles éclatants qu'elles opérèrent, firent rapidement une immense réputation au Saint Évêque. Une circonstance fortuite propagea son culte dans nos contrées. Parmi les auteurs de ce pieux larcin, se trouvait un chevalier originaire de Lorraine, il obtint pour sa part de dépouille un doigt du saint prélat, et le rapporta dans son pays en 1087. Ce fut là l'origine du célèbre pèlerinage de Saint-Nicolas-de-Port, près Nancy (1).

(1) Voir pour ce récit le *Chronicon suessionnense*, et le *chronicon*

Les sires de Faucogney qui étaient en grande relation avec la Lorraine avoisinant leur baronnie, purent peut-être obtenir, de l'heureux possesseur, les reliques du saint que nous voyons figurer dans l'autel (1), du moins en adoptant S. Nicolas comme patron du nouveau prieuré, ils ne firent que se conformer à la dévotion dominante de l'époque et rendre hommage à un thaumaturge alors en grande vénération.

Gollut a consacré quelques lignes à la fondation de notre prieuré. « Non trop loin et sur la descente dudit château de Vesoul, écrit-il, sur un autre quartier des Haberges est le prieuré de Marteroy ou Martret (Martis ara), annexé avec la cure dudit Vesoul. Gilbert, vicomte de Vesoul, sieur de Fauconné, le fonda l'an 1092 et en procura la consécration par Hugues, archevêque de Besançon » (2).

On le voit, Gollut admet l'autel de Mars et l'inscription contestée par Dom Coudret. Quand on songe à l'amour du naïf historien pour les choses merveilleuses et les étymologies hasardées, on est assez tenté de se ranger à l'avis du bénédictin.

Si Gollut fait dériver Marteroy *de Martis ara*, le

S. Petri (S. Pierre le vif). Spicil. I. 747. Saint-Nicolas-de-Port devint une ville de 10,000 âmes, grâce à ce pélerinage. — La confrérie de Saint-Nicolas, de Morey (Haute-Saône), prétend avoir été érigée le 22 juillet de l'an 1019.

(1) Les reliques du S. Sépulcre, Ste Croix, S. Nicolas, S. Georges, étaient alors très recherchées. En 1120, le prêtre Alexandre, ayant obtenu, par faveur et en secret, la moitié d'un doigt de S. Nicolas qu'il apporta à S. Pierre le vif, à Sens ; paya, pour l'avoir, une once d'or pur et une once et demie d'argent, somme assez ronde pour l'époque. (Spicil. I. 742).

(2) Gollut. Page 926-927.

P. Chifflet, dont l'autorité peut bien contrebalancer celle de Gollut, lui donne aussi une étymologie latine; il le fait dériver de *à Martyribus*, et l'appelle *Prioratus Martyrum*, en observant qu'on appelait *Martyrium* une église consacrée à Dieu sous l'invocation des martyrs (1). On peut remarquer à l'appui de cette opinion que les reliques renfermées dans l'autel de la nouvelle église, appartiennent toutes à des martyrs, si l'on en excepte S. Nicolas et S. Colomban. On peut choisir entre les opinions de ces doctes personnages. Peut-être n'ont-ils raison ni l'un ni l'autre, et le nom de Marteroy est-il simplement le nom que portait le terrain sur lequel on bâtit le prieuré. Nous avouons humblement qu'en fouillant avec un soin scrupuleux tout ce qui reste des archives, nous n'avons trouvé la moindre allusion ni au temple payen de Mars, ni aux Martyrs (2).

Quoiqu'il en soit de la valeur de ces étymologies, le nouveau prieuré fut un des premiers établissements de ce genre qui adopta la règle de S. Augustin dans notre diocèse. Ses premiers religieux venaient de Mâcon.

L'archevêque de Besançon, lié avec les seigneurs de Mâcon (3) les avait probablement demandés à l'évêque de cette ville, où les chanoines réguliers possédaient l'abbaye ou prieuré de S. Pierre. Gausmar de Salornay,

---

(1) Martyrium, ædes sacra, Deo sub invocatione martyrum dedicata.

(2) L'acte de consécration porte : Ecclesiæ S. Nicholai de Ma. reto ; une charte de 1139 écrit de même. C'est en 1231, 1245 et 1257 qu'on trouve, pour la première fois, le prieuré appelé *Martyreium* et *Martirey*, puis toujours : S. Nicolas du Marteroy.

(3) Guy, comte de Mâcon, s'était fait moine de Cluny en 1088. Son fils, Ponce, l'imita et devint le successeur de Hugues III sur le siège de Besançon, onze ans après la consécration du Marteroy.

qui fut supérieur de cette maison (1) pendant 45 ans, envoya au Marteroy six religieux avec un prieur dont le nom ne nous est point parvenu.

C'est de là que le chapitre S. Pierre de Mâcon tirait les droits qu'il conserva sur le prieuré, jusqu'au XVIe siècle (2).

Les chanoines réguliers ne cultivaient point la terre comme les Cisterciens et les Prémontrés. Ils chantaient tous les jours l'office solennel, l'étude et le ministère des âmes occupaient le reste de leur temps. Ils pouvaient même accepter la direction des paroisses avoisinant leur monastère, ce que ne faisaient point les religieux soumis à d'autres règles.

Nous n'avons point les noms des premiers prieurs du Marteroy, tous les titres du prieuré pendant le XIe et le XIIe siècles ont péri. Les quelques documents que nous rencontrons suffisent cependant à nous montrer que les religieux l'habitaient et savaient défendre leurs droits.

En 1159, Humbert, le premier prieur connu, donne au monastère de Bellevaux, du consentement de ses chanoines Ticelin, Vidon, Gislebert et des autres, tout ce qu'il avait à Filain pour un cens de trois sols (3).

---

(1) Gallia Christ. vetus, Prov. Lugd.
(2) Après l'incendie de 1030, S. Pierre fut rebâti hors des murs, au faubourg de Mâcon. Son second prieur, Gausmar de Satornay en fit un hôpital pour la noblesse. La commande épuisa cette illustre maison. En 1557, le pape Paul IV, la sécularisa pour cause de pauvreté et en fit un chapitre noble. (Fodéré page 410).
(3) Humbertus, prior de Martereto dedit Deo et sanctæ Mariæ Bellevallensi, laudantibus canonicis Ticelino, Vidone Gisleberto et reliquis, quidquid habebat in Fonte Lauā, ad censum trium solidorum. (Cart. Bellev).

Quelques années plus tard s'élève (1163-65) une querelle qui nous montre que les droits du prieur sur l'*autel* S. Georges et le bourg de Vesoul n'étaient point perdus. Tout en continuant à faire légalement partie de la paroisse de Pont, l'Eglise de S. Georges, aux termes de la donation primitive appartenait, au prieur et à ses moines.

En 1165, un prêtre de Vesoul, nommé Arnoux, s'était ingéré à desservir la *chapelle de Vesoul*, voulait se soustraire à l'autorité du prieur pour l'administration des sacrements et l'exercice du ministère. La chose fut soumise à des arbitres, et les abbés de deux monastères voisins (1), après l'avoir mûrement examinée, condamnèrent le prêtre récalcitrant. Il fut obligé, non-seulement de reconnaître l'autorité du prieur, mais encore de venir coucher au prieuré et d'y manger avec les chanoines. Il dut, en outre, payer une redevance et donner au prieur la part qui lui revenait de droit dans les oblations, sépultures, prières pour les morts, et offrandes faites pour la réception des sacrements.

Cette charte, dont on trouve l'analyse dans un inventaire du XVIe siècle (2), prouve que les droits de la paroisse mère avaient entièrement passé au prieuré, et que le prieur se considérait déjà comme le curé primitif de l'église S. Georges, la faisant desservir par ses religieux ou par un vicaire de son choix comme la chose se pratiqua pendant quatre ou cinq siècles. — Le titre de *chapelle* donné à l'Eglise auxiliaire prouve aussi qu'elle n'était point encore paroissiale.

(1) Bithaine et Bellevaux.
(2) Archives de la Haute-Saône. G. 38.

Le prieuré n'était guère qu'à deux cents mètres des murs du château, et à cinq ou six cents de la chapelle S. Georges, il était donc facile aux habitants du bourg, et à ceux de la forteresse de s'y rendre pour remplir leurs devoirs religieux. Le soin qu'avaient eu les moines, d'établir un cimetière auprès de leur Eglise, leur attira beaucoup de visiteurs; et, dès le douzième siècle les honneurs de la sépulture au Marteroy étaient recherchés par les meilleures familles (1).

La proximité du chateau mettant souvent les prieurs en rapport avec les sires de Faucogney, leur fournit de bonne heure l'occasion de prendre place dans leurs conseils, et de les assister de temps à autre dans les plaids ou assises qu'ils tenaient au chateau de Vesoul et ailleurs. Ils y figuraient en qualité de témoins, et quelquefois d'arbitres.

En 1199, Lambert prieur du Marteroy, figure comme témoin de la sentence définitive rendue par Lanfroi de Faucogney au sujet d'une contestation entre l'abbaye de de Bellevaux et Hyvon chevalier (2). En 1231, le prieur Villerme ou Guillaume oppose son sceau à la donation d'une terre à Gratteri (3) faite par Milon, frère d'Etienne, maire de Vesoul. En 1240, le prieur T. (Thierry) est choisi comme premier arbitre par l'abbaye de Luxeuil avec Renaud de Lariens et Nerduin d'Annegray pour arranger un différend entre l'abbaye et Gérard d'Arche, au sujet de S. Bresson (4).

(1) L'Eglise S. Georges n'étant point paroissiale, n'avait pas de cimetière.
(2) Ca t. Bellev.
(3) Cart. Clarif.
(4) Cart. Luxov.

En 1247 le même Thierry scelle de son sceau l'acte par lequel Guy de Traves se désiste de ses prétentions sur les cloîtres de Cherlieu (1) et en 1250 il apaise une querelle entre le chapitre de Calmoutier et le maire de Quincey, au sujet des dîmes de Villers le Sec.

Le voisinage du château et du bourg de Vesoul et l'éloignement de tout grand établissement religieux, faisait du prieur de S. Nicolas, un des principaux personnages ecclésiastiques de la contrée.

La régularité et la bonne conduite des moines durent certainement en gagnant la confiance des peuples, contribuer à l'augmentation de la dotation primitive en terres et en hommes. Nous connaissons peu de simples prieurés qui aient reçu d'aussi abondantes aumônes. La liste en est sans doute bien monotone pour le lecteur, nous devons cependant la donner, au moins en partie, car elle est précieuse pour l'histoire locale, et montre du reste la légitime origine de ces richesses.

Ce sont les archevêques de Besançon qui ouvrent la liste des bienfaiteurs. Après l'archevêque Hugues I qui a donné l'autel de S. Georges, viennent ses successeurs qui donnent les Eglises voisines. En 1211, Amédée de de Tramelai donne à S. Nicolas, l'Eglise d'Auxon et ses dépendances. L'année même de sa mort (1219) il donne au prieuré l'Eglise de Pusil (Pusy) avec tous ses droits et dépendances (2). L'année précédente, Henri, chambrier de l'Eglise de Besançon et vicaire de l'archevêque, l'avait

---

(1) Cart. Carilocí. fol. 95.
(2) Cum suis juribus et appenditiis, salvo tamen jure Episcopali (Arch. du prieuré).

donnée au prieur du Marteroy et à son Eglise pour lui et ses successeurs, de *l'autorité de l'archevêque allant en Jérusalem*. Disons de suite que ce fut de nos prélats diocésains et de quelques seigneurs des environs que le prieuré obtint dans le courant du 13ᵉ siècle le patronage des cures de Scye, de Montigny, d'Andelarre, de Pusey, et de Ponts.

A la suite de nos archevêques marchent leurs grands vassaux les sires de Faucogney.

En 1198, Lanfroi « *allant en Mascon* » donne au prieur une rente de 30 sols à prendre sur l'Eglise paroissiale de Pont. (1) Son frère ou son neveu, Henri fils de Gislebert, voulant partir pour la quatrième croisade (1204) donne à S. Nicolas, du consentement de son père la moitié d'un meix qu'il avait à Ponts : le même Gislebert son père donne en 1223 des terres et des prés situés à Pusy, et déclare en même temps qu'il veut augmenter le prieuré plutôt que le diminuer.

Haimon de Faucogney, confirme en 1238 la donation d'une vigne sur la Motte, faite par lui *tandis qu'il était vicomté de Vesoul*. Cette expression singulière porterait à croire que les aînés de cette puissante famille prenaient le titre honorifique de vicomte de Vesoul avant même de succéder à leur père, et comme héritiers présomptifs de leurs honneurs et de leurs biens.

Déjà en 1223, Henri de Faucogney avait pris ce titre du vivant de Gislebert son père, dans l'acte par lequel

---

(1) Cette somme servait à entretenir une lampe destinée à éclairer le cloître pendant la nuit.

il donne au prieuré le droit d'affouage dans les bois de Pusey et de Pusy (1).

Ces dispositions des archevêques suzerains de Vesoul, et celles des sires de Faucogney ne pouvaient qu'encourager leurs vassaux à faire de même, aussi voyons-nous chevaliers, prévots, écuyers, damoiseaux, nobles dames, bourgeois de Vesoul et des environs augmenter à l'envie la dot de S. Nicolas et de sa maison du Marteroy. Ce sont d'abord Barthélemy de Frosters, qui donne une partie des dîmes de Frotey et Quincey (1206). Jean de Pusy, qui donne des biens dans le village de ce nom (1212) ; Amaury de Sceils (Saulx) qui transporte au Marteroy et à S. Pierre de Mâcon la moitié de toutes les dîmes de Saulx (1211) (2).

Le fils d'Amaury ajoute au don de son père les dîmes d'Epenoux ainsi que l'atteste Haimon vicomte de Vesoul (1236).

Haimon de Scye renonce à toutes ses prétentions sur les dîmes de Montigny, Vauxchoux et Scye. En même temps le chevalier Jean d'Aroz donne tout ce qu'il avait en terres et dîmes à Gratery, et complète ainsi (1236) la belle donation faite sur le même territoire par la sœur d'Etienne, maire de Vesoul (1222) en prés, en terres labourables en hommes et en dîmes.

Le chevalier Jacques de Vellefaux veut entretenir jour et nuit une lampe ardente devant l'image de S. Nicolas, il assigne pour cet objet une rente d'un muid de vin à prendre sur les dîmes d'Echenoz (1240).

(1) Cet acte fut renouvelé et confirmé en 1279.
(2) Richard de la Ville, écuyer, céda du consentement de sa femme tous les droits qu'il pouvait avoir sur ces dîmes.

Cinq ans plus tard, son fils Jacques sire de la Rochelle, demandant des prières pour ses ayeux, garantissait au prieuré une rente de six émines de froment, cinq pains et cinq poules payables le lendemain de Noël (1245).

Hugues d'Andelarre ajoute à ce bienfait le don de plusieurs hommes et une rente annuelle de six émines de froment (1). Outre ces chevaliers qui habitent tous le voisinage, nous voyons figurer aussi à des titres divers parmi les bienfaiteurs, Guillaume de Coulevon, Perrenot d'Oiselay, Hugues Maignie de Faverney, Isabelle Moine de Colombier etc (2) la plupart donnent des biens, maisons, serfs, cens et dimes à titre d'aumône perpétuelle, demandant en retour des prières ou anniversaires, et sollicitant souvent la faveur d'être enterrés dans l'église ou le cimetière du prieuré.

Ici, nous devons assigner la part qui revient de droit aux habitants de Vesoul, dans la dotation d'un monastère qu'ils considéraient comme le leur. A en juger par les nombreux titres et testaments qui subsistent encore, les Vésuliens avaient un profond respect et une vive affection pour cette maison d'où ils tiraient les secours spirituels ; les principaux d'entre eux se fais... nt gloire de concourir à son entretien, de lui demand... ... des prières une sépulture que la race des Faucogney choisissait pour ses illustres morts (3).

(1) Archives de la Haute Saône. G. 44.
(2) Un grand nombre de nobles et de chevaliers de la contrée ont reçu la sépulture à S. Nicolas du Marteroy, aussi existe-t-il encore près de l'emplacement du prieuré dont il ne reste aucun vestige, un canton qui porte ce nom significatif : Les cimetières.
(3 Marteroy... in quo pater meus et mater mea tumulati sunt. Charte de G. de Faucogney (1223).

La famille qui se distingua le plus par ses libéralités est celle qui portait le nom du bourg lui-même. A l'aide des chartes du prieuré on peut constater son origine et sa rapide fortune. Simple maire de Vesoul sur la fin du 12e siècle (1) son chef en rendant la mairie héréditaire dans sa famille, la met sur le chemin de la fortune et des honneurs. Ses enfants Milon et Etienne, et sa fille Damneta sont de riches et pieux personnages. Milon et Damneta donnent au prieuré une terre située à Gratteri (1231). Ils ne portent point encore le nom de Vesoul, et sont appelés frère et sœur du maire Etienne ; Etienne part pour la croisade, et sa sœur prend le nom du Marteroy (1257) (2). Dès ce moment leurs enfants sont chevaliers et ajoutent le nom de Vesoul à leur prénom. Parmi leur nombreuse lignée nous trouvons d'abord Richard de Vesoul damoiseau, frère de Renaud de Vesoul son seigneur, qui donne au prieuré tout ce qu'il peut et doit avoir « ès parochages et finages » de Colombe, Villers le sec, La Demie et Ponts (1262) (3). Un autre fils d'Etienne ou de Milon échange le titre paternel de Maire contre celui de Prévot, et la reconnaissance populaire lui donne un surnom qui se trouve rarement accolé aux fonctions prévôtales, celui de *Bon*. Son frère ou son cousin, Etienne de Vesoul devient dignitaire de la cathédrale d'Autun, et sous le nom d'Archidiacre de Flavigny, il fonde au prieuré la chapelle de S. Jean Baptiste, la plus ancienne dont nous ayions les titres (1271).

---

(1) Pierre ou Perron, écuyer, maire de Vesoul, partant pour la cinquième croisade, donna au prieuré une maison sise à Vesoul (1216).

(2) Damneta de Martyreio, soror Stephani quondam maioris de Visullo.

(3) Archives de la Mairie d'Echenoz la Meline.

En 1279, Jean, chevalier, maire de Vesoul et Elisabeth sa femme donnent une partie des vignes avoisinant le prieuré, ils y fondent des messes et des services, tandis que Thiébaud et Richard de Vesoul font l'aumône du Breuil de Frotey, et de deux autres cantons de la prairie.

Hugues de Vesoul, dit le bon prévot, surpassa tous ses parents en libéralité. Après avoir donné à plusieurs reprises pendant sa vie, des terres labourables, des prés et des vignes (1270-76-79) il fondait avant de mourir, dans l'Eglise du prieuré la chapelle de S. Georges et de S. Vincent, martyrs. La même année, il y choisissait sa sépulture, en payant d'avance les frais, et donnant une rente de cinquante sous pour qu'on célébrât son anniversaire : *Je ie esli ma sépulture en l'église mon Seignor Sainct Nicholaux dou Marteroy, et don pour le remède de mon âme et de mes ancesseur trois mainies domes lours mas et lour appartenances des quey les does sont à Asson, c'estassavoir li hom con dit li Prevot etc.* Telles sont les dernières volontés du fondateur de la chapelle S. Georges et S. Vincent.

Un fils du bon prévot qui forme branche à part sous le nom de Thiébaud de Marteroy, dit de Coulevon et Béatrix de Pusel sa femme avaient déjà donné au prieuré tout ce qu'ils possédaient à Coulevon et à Auxon en hommes, justice, tenements et droits seigneuriaux (1253)(1).

Plusieurs membres de cette nombreuse famille appar-

---

(1) Ce Theobaldus dé Martyreio est avec sa tante Damneta le seul chevalier portant le nom du Marteroy, que nous ayons rencontré.

tenant au clergé, deviennent à la même époque les bienfaiteurs du prieuré. Outre Hugues de Vesoul qui fut doyen de Calmoutier pendant 45 ans (1260-1305) Jean de Vesoul curé de Vaivre (1283) Paris de Vesoul, curé de Damvalley (1276) puis de Ronchamp (1279), nous trouvons encore le clerc Othon de Vesoul qui entr'autres biens donna une maison située dans le bourg devant l'église S. Georges. Ce fut la maison curiale et décanale de la ville. Enfin Renaud de Vesoul enchérit sur tous les autres membres de sa famille, il se donne (1292) vif et mort au prieuré, et en échange des biens qu'il apporte au monastère, il demande une prébende pour lui-même et pour un garçon ou serviteur qui l'accompagnera.

Terminons cette longue nomenclature, en citant quelques-uns des bourgeois de Vesoul les plus généreux, Huon (Burgensis de Vesulio 1271) Maclet (1273) Jacques dit Maigre (1274) Jeanne d'Esclevin (1271) le prêtre Berthod (1279), lui donnent leurs biens ou y fondent leur anniversaire, en y choisissant leur sépulture. D'habiles échanges et d'importantes transactions achevèrent dans le même temps de constituer le domaine temporel du prieuré. En 1271 le prieur Etienne acheta pour 40 livres viennoises les dîmes de Villerspoz sous Montaigu. En 1287 son successeur acquit celles de Comberjon, et quand Guillaume de Verneuil eut échangé les dîmes de Noidans contre celles de Vesoul que possédait encore le chapitre Métropolitain (1305) le Marteroy se trouva à la tête d'une fortune territoriale certainement supérieure aux 600 livrées de terre que lui attribuait Othon IV dans son dénombrement de 1295 (1).

(1) Ce dénombrement se trouve dans le nouveau Gollut Col. 610.

La dotation primitive consistait en hommes et en terres, comme nous l'avons vu. Depuis deux cents ans elle n'avait fait que s'accroître et le nombre des serfs du prieuré était assez considérable pour qu'il eut sa justice à part.

Bien qu'il fut de fondation princière, jamais le prieuré du Marteroy n'eut la haute justice qui emportait le droit de condamner à la peine capitale, mais il eut de bonne heure la justice basse et moyenne qui consistait à réprimer les délits, poursuivre les délinquants, et imposer des amendes.

Cette justice se tenait le plus souvent à Auxon et à Pusy, lieux où le prieuré comptait le plus de sujets (1). Quand elle se tenait dans le cloître du Marteroy, c'était par emprunt de territoire et les officiers du comte de Bourgogne avaient grand soin de le constater.

Le prieur avait le droit de lever la taille ou impôt sur ses hommes deux fois par an, au printemps et à l'automne, ou mieux « *en caresme et en rahin* » (2). Tous les paroissiens de Vesoul ayant attelage et charrue, lui devaient trois corvées par an, et moyennant ces redevances, ils étaient par privilège spécial, exempts de tout impôt vis-à-vis du prince.

Ce n'était pas le compte des officiers de la « *Cort de Vesoul* ». Ils supportaient impatiemment ces privilèges accordés par leur maître, et les attaquaient en toute occasion. Le premier débat de ce genre eut lieu en 1282.

---

(1) Le prieuré n'avait pas de maison pour tenir justice, on voit dans les actes du XVIe siècle qu'à Auxon et Pusy, elle se tenait modestement sous une *Rabattue*.

(2) Reconnaissance des droits en 1300.

Le comte Palatin ayant besoin d'argent, les trop zélés officiers du chateau de Vesoul se mirent à tailler indistinctement tous les Vésuliens, sans respecter les droits du prieuré qui leur étaient bien connus. Le prieur Etienne réclama, et à la requête de Richard de Vaugrenant archidiacre de Luxeuil, Othon IV ordonna à Morel d'Ornans, bailli de Bourgogne de restituer au monastère 74 livres 2 sous tournois, qui avaient été injustement exigées de ses sujets. Une partie des moulins de Pontalchier et de S. Martin appartenait au prieuré, les officiers y avaient fait saisir les sons ou issues de froment qui en sortaient; par la même ordonnance Othon les fit rendre à leur légitime possesseur.

Ce fut peut-être pour réparer plus complètement cette injure et en effacer le souvenir que quatre ans plus tard, ayant échangé certains biens avec sa tante et avec l'abbaye de Luxeuil, il voulut en cédant le moulin des Prés à l'abbaye, faire un don au Marteroy. Il régla que l'abbé de Luxeuil paierait chaque année au prieuré de S. Nicolas, 29 quartes de blé, à prendre sur le moulin des Prés (1).

Pour prévenir le retour de scènes semblables à celles de 1282, le comte donna en même temps la première confirmation générale que nous connaissions des biens du prieuré, les termes qu'il emploie montrent assez qu'il aimait cette maison fondée par ses aieux : « *Nous ordon-*
« *nons, dit-il, qu'aucune personne séculière ou Ecclésias-*
« *tique ne soit assez hardie pour troubler et inquiéter*
« *une Eglise qui nous est si chère, touchant la possession*

---

(1) Le prieuré se trouva ainsi avoir des intérêts dans les trois moulins de Vesoul. Le moulin des Prés était banal. Cette donation fut confirmée en 1365, et la rente fidèlement payée par Luxeuil.

« des biens énumérés ci-dessus, ni pour les lui enlever
« ou diminuer » (1).

C'était dire nettement à ses officiers qu'il désapprouvait leur zèle intempestif.

Le prieuré avait alors atteint son plus haut point de prospérité. La faveur des prélats, des princes, des barons, des bourgeois, du clergé et du peuple, lui était acquise, et la régularité en se maintenant dans ses cloîtres l'avait rendu vénérable et cher à toute la contrée. L'orage de 1282 était le prélude de bien d'autres que nous ne rapporterons pas. Pour le prieuré du Marteroy comme pour pour la plupart des maisons religieuses, le moment de la faveur et de la prospérité touche de près celui de la décadence. Revenons à l'Eglise S. Georges dont les destinées vont désormais se confondre avec celles de S. Nicolas.

---

(1) Statuimus etiam ut nulla persona sæcularis vel Ecclesiastica super memorata bona et beneficia *tam dilectam Ecclesiam*, in suis possessionibus perturbare, aufferre vel inquietare præsumat. (Arch. mun. d'Echenoz).

Ces privilèges ont été renouvelés par la reine Jeanne (Dôle 1326), Philippe le Bon et Marguerite de Bavière 1429) ; Charles Quint 1533.

CHAPITRE DEUXIÈME

SOMMAIRE

Erection de Vesoul en paroisse. — Les prieurs, curés de Vesoul. — Dotation de S. Georges. — Les chapelles et les confréries. — Les Juifs et l'Eglise de Vesoul. — Le rectorat des écoles. — Les procès et les enquêtes. — Origine de la familiarité. — Développement de la paroisse. — Fondation de l'hopital.

De 1217 à 1150.

Depuis la fondation de l'an 1092 le *Castellum Vesulium* avait vu s'augmenter considérablement le noyau des maisons construites à ses pieds (1).

(1) La ville de Vesoul est la seule en Franche Comté dont on ignore la date d'affranchissement. On ne peut nullement en conclure après quelques patriotes vésuliens qu'elle n'a jamais perdu sa liberté, ni qu'elle était un Municipe romain avec ses décurions et ses curies. Si M. Longchamp a raison quand il avance cela, nous lui prouverons que

Nous ne pouvons que faire des conjectures sur l'époque à laquelle le bourg de Vesoul fut entouré de murailles, il est probable que ce fut dans la première moitié du XIII° siècle, pendant les guerres de Méranie, ou peu après.

Malgré l'importance acquise par le nouveau bourg, les droits de l'église paroissiale de Ponts subsistaient toujours, mais ils étaient plus nominaux que réels, puisque c'étaient les religieux du Marteroy, ou au moins le vicaire dépendant du prieur, logeant et mangeant au monastère, qui administraient la ville.

Il est probable cependant que quand le bourg fut entouré de murailles et que les nécessités de la défense et les dangers de surprise nocturne obligèrent à fermer les portes chaque soir, le vicaire ou chanoine desservant passa la nuit dans la ville, afin d'être toujours prêt à porter secours aux malades (1).

la moitié de nos bourgades se trouvaient dans les mêmes conditions, avaient des dizeniers, des curies, des maires et des prévots dans le 12° siècle. Jusqu'en 1255 Vesoul s'appelle *Vesulium*, ni plus ni moins qu'un village. En 1255, nous le trouvons pour la 1re fois qualifié de *Burgum*. — Noydans *antè Burgum* Visulii. — *Echenos, subtus burgum visulii*. (1271) Les autres titres sont de 1276, 1278, 1282, 1284. — Les premiers *bourgeois* apparaissent en 1271 et 73. Ils pouvaient avoir ce titre sans que la ville fut affranchie, comme cela se voit dans les chartes de Luxeuil et d'ailleurs. Bien que la ville fut du domaine des comtes, on pourrait croire qu'elle a été affranchie assez tard, puisqu'en 1333, Jean de Bar-s Seine permet aux habitants de se réunir pour traiter de leurs affaires communes. Les habitants de Gray reprochaient en 1633 aux habitants de Vesoul de n'avoir été affranchis que *100 ans* (1421) et érigés en Mairie que *46 ans* après Gray. — (Mémoire des Graylois dans la question du Baillage. Arch. de la H*te* Saône, fond du Chapitre).

(1) Les choses se passaient ainsi à Luxeuil, qui n'ayant pas d'Eglise paroissiale, se trouvait à peu près dans le même cas que Vesoul (1240-1339) Luxeuil avait été ceint de murailles en 1230.

Malgré leur respect pour la vieille église mère S. Martin de Ponts, les bourgeois de Vesoul désiraient vivement d'avoir une Eglise paroissiale. S. Georges n'étant qu'Eglise auxiliaire ou chapelle de secours, était par cela même, inhabile à posséder. On n'y faisait point de fondations ni d'anniversaires, et si on y baptisait (ce que nous ignorons) on n'y enterrait certainement pas. Les cimetières de S. Martin et de S. Nicolas étaient les seuls en usage.

D'un autre côté, le prieur qui avait tous les droits d'un curé ne pouvait en prendre le titre parce que l'église n'était point paroissiale, et malgré qu'il s'intitulât *humble prieur*, c'eut été par trop s'humilier que d'ajouter à ce titre, celui de vicaire de Vesoul.

Au reste, à mesure que Vesoul prenait de l'importance, Ponts perdait de la sienne (1). Le prieur Thierry résolut de mettre un terme à l'état anormal des choses, et de répondre aux vœux des habitants en faisant donner à S. Georges un titre paroissial, et détachant complètement de l'Eglise mère, le bourg de Vesoul et ses dépendances.

Les circonstances étaient des plus favorables pour obtenir cette érection. L'Eglise de Besançon privée de pasteur depuis plusieurs années venait d'être pourvue par le pape Innocent IV, (20 Mars 1245) qui transférait à ce siège Guillaume de la Tour, ancien doyen de S. Jean, et alors évêque de Châlons. Ce prélat était cher au sou-

---

(1) Ponts était un village ayant son territoire particulier. En 1184 on y comptait 28 maisons près de l'Eglise, ce qui était alors suffisant pour former une paroisse. Deux siècles plus tard on y trouva à peine dix maisons (Débat sur procès. Arch. de Vesoul et Echenoz). Il se nommait *Pontes*, ante ou propè Visulium.

verain Pontife ; après le concile de Lyon, il l'accompagna dans sa visite à Cluny et à la cérémonie de la consécration de S. Pierre lez Mâcon, qui fut faite par le Pape. Ce fut là sans doute qu'on traita de l'affaire. Le grand Prieur de S. Pierre intervint auprès du Pape et de l'Archevêque, en qualité de premier supérieur du Marteroy, et n'eut pas de peine à obtenir une faveur qui répondait à un besoin réel, et aux désirs d'une population considérable. Toutefois ce fut seulement après son retour à Lyon que le pape fit expédier le 4 des calendes d'Août (juillet 1247) la bulle érigeant Vesoul en paroisse. S. Martin de Ponts était démembré, et voyait son territoire restreint à la rive gauche du Durgeon.

La nouvelle paroisse comprenait le bourg de Vesoul, le Château, les Haberges, et Coulevon.

Il est dit encore dans cette pièce que le prieur pourra faire desservir par un de ses religieux les Eglises dont il est le patron, entr'autres, celle de Vesoul, et d'unir celle-ci à son prieuré (1). L'archevêque permit la publication de cette bulle et à partir de cette époque la paroisse S. Georges de Vesoul se trouva définitivement constituée et unie au prieuré du Marteroy. En cette même année (1247) l'archevêque donna l'Eglise de Pusey à Etienne doyen de Calmoutier, et à Huguenin son neveu, à condition qu'après leur mort, cette Eglise appartiendra au prieuré de Vesoul (2).

---

(1) La bulle d'Innocent IV n'existe plus aux archives. Les détails donnés plus haut sont tirés du mémoire de Jean de Feliens (1492).

(2) Cette condition fut exécutée, puisqu'à la fin du XIII° siècle le prieuré avait les droits de patronage sur Pusey. Un accord de l'an 1300 nous apprend qu'il tirait les 2/3 es oblations et bénéfices de la cure, et les dîmes de fruit sur les terres du vicomte et de la vicomtesse de

Il est probable que le prieur faisait alors administrer la cure par un prêtre séculier qui avait le titre de vicaire perpétuel, car la bulle dit que l'union aura lieu avec le prieuré quand *l'Eglise vaquera*.

Toujours est-il qu'à partir de ce moment, le prieur, Thierry ajouta à son titre d'*humilis prior* celui de *curatus de Vesulio* qui a été pris par tous ses successeurs. La première preuve que nous en ayons est de l'an 1250 (1).

Les positions furent alors nettement dessinées. S. Martin de Ponts, dont le prieur n'avait pas encore le patronage (2) demeura Eglise paroissiale et conserva les biens qui lui appartenaient.

Ce fut toujours une des Eglises les mieux dotées du diocèse de Besançon. S. Georges réduit à ses seules oblations resta longtemps pauvre, et ce fut grâce à la générosité des Vésuliens que la nouvelle paroisse put prendre dans le diocèse le rang qui convenait au chef-lieu d'un ressort considérable.

On ne trouve aucune libéralité faite à l'Eglise de Vesoul avant 1250 (3) preuve nouvelle qu'elle n'était point habile à recevoir, mais à partir de ce moment, on voit

---

Vesoul (Jean de Faucogney et Helvys de Joinville). Ce revenu était considérable puisqu'en 1300, le prieur l'amodia 40 livres estevenant. (Arch. du prieuré).

(1) Jamais nous n'avons rencontré ce titre avant cette époque, et c'est sans doute par inadvertance que M. Longchamp et ceux qui l'ont copié, dit qu'on le rencontre dans des titres de 1157 et 1242. Si le prieur s'était qualifié curé de Vesoul, il l'aurait fait indument. Après l'érection de la paroisse, il le prend très volontiers, et il en avait le droit.

(2) Le Marteroy n'obtint le patronage de Ponts qu'en 1270. C'est le sire de Faucogney qui le lui donna.

(3) Tous les dons se font au prieuré ou à l'Eglise de Ponts.

ses rentes se constituer peu à peu. C'est dans la famille prévôtale et parmi les prêtres originaires de la ville que nous trouvons ses premiers bienfaiteurs. Par son testament fait à Autun, l'archidiacre de Flavigny, Etienne de Vesoul, touché du dénuement de cette paroissiale naissante donne à la fabrique la somme de vingt livres viennoises (1). En 1280, Vuillemin Berthod, fils de Berthod bourgeois de Vesoul et d'Agnès de Faverney, fonde et dote dans l'église S. Georges la chapelle de Ste Madeleine. Un testament de date postérieure (1325) nous apprend qu'autour de S. Georges il y avait alors un cimetière, le prêtre Berthod, peut-être le même que le précédent, demande à y être enterré, et fait un don au prieur, qu'il nomme son curé, *curato meo* (2).

A partir de ce moment aussi, nous trouvons les noms des vicaires chargés d'aider le prieur ou de le remplacer dans l'administration de la paroisse (3).

Ces vicaires et les chapelains chargés de desservir les

---

(1) Item do et lego ad fabricam Ecclesiæ de Visulio viginti libras viennenses.—Hugues de Vesoul doyen de Calmoutier et frère d'Etienne, fut l'exécuteur de ce testament. On trouve encore dans ce monument de piété et de bienfaisance 20 livres à l'archevêque Eudes de Rougemont; 200 pour construire un autel à S. Etienne de Besançon où le testateur sera inhumé, 40 à Lure, Bithaine et Bellevaux pour fonder son anniversaire, 200 à Calmoutier, 20 à Luxeuil, 40 sous aux lépreux de Vesoul et 200 livres pour une œuvre beaucoup trop négligée aujourd'hui : marier 40 jeunes filles pauvres.

(Arch. de la H^{te} Saône G. 63).

(2) Archives du prieuré. G. 81.

(3) Vicaires : en 1276 Jean ; en 1296, Hues ou Huon ; en 1330, Thierry de Navenne. Ce sont les trois premiers dont on rencontre les noms. Dans les testaments on leur fait quelques aumônes. Quand le prieur a une aumône de 40 sols, le vicaire en a 4 ou 5.

chapelles fondées (1) soit à S. Georges, soit à S. Nicolas, commencèrent à former le corps des familiers qui devint considérable dès la fin du XIV° siècle.

Comme nous l'avons dit, c'est la noble famille des prévots et des maires de Vesoul qui ouvre la liste de ces pieuses fondations. Les documents relatifs aux chapelles de S. Jean B^{te} et des SS. Georges et Vincent fondées au Marteroy par Etienne et Hugues de Vesoul (1271-1282) nous font connaître la manière dont ces chapelles étaient desservies, et leurs revenus employés. En récompense des libéralités de Hugues, le bon prévot, le prieur Etienne voulut que sa chapelle fut desservie par un prêtre séculier spécialement chargé de prier pour le donateur et sa famille et il promit de pourvoir à l'entretien de ce prêtre en lui donnant une merse ou prébende de son monastère. Les parties convinrent ensuite que ce prêtre chapelain aurait 30 sols par anniversaire, que le fondateur aurait le droit de le présenter, et que le prieur devrait l'accepter, et lui donner l'investiture de sa charge. Le choix du bon prévot tomba sur un prêtre de Vesoul nommé Guillaume dit provincial. Il consentit à remplir les charges imposées au chapelain, et le prieur l'accepta et le mit en possession de sa chapelle après qu'il lui eut juré fidélité et obéissance comme le faisaient les religieux, en portant la main étendue sur la poitrine. Nous remarquerons une clause singulière de cet arrangement et de quelques autres du même genre, c'est que l'anniversaire pour lequel le chapelain recevait 30 sols, était réservé

---

(1) Le nombre des chapelles fondées sur le seul territoire de Vesoul de 1271 à 1725, n'est pas moindre de 40, et dépasse peut-être ce nombre. Il est impossible d'en dresser la liste exacte, parce que plusieurs ont été transférées, réunies à d'autres, ou perdues complétement.

au fils aîné de la famille, et à son défaut à celui qui venait après lui, c'est là ce nous semble, un exemple frappant du respect qu'on avait alors pour les droits de primogéniture. En 1293, le prieur Guillaume de Vorne, successeur d'Etienne, fit prêter serment à Othenin de de Vesoul, clerc, et à Jean son fils, prêtre, parce qu'il leur avait donné à chacun une prébende dans son monastère, en retour des nombreux biens qu'ils avaient donnés au Marteroy, sur Vesoul (1) Echenoz et Chariez. Sa conduite avait été approuvée par le grand prieur de S. Pierre lez Macon.

Ces faits, rapprochés de la demande de Renaud de Vesoul citée plus haut, nous expliquent la générosité de certains donateurs ; en donnant leurs biens au prieuré, ils pouvaient en retour obtenir une prébende s'ils étaient clercs, ou du moins vivre à l'ombre de ses cloîtres, en qualité de pensionnaires et d'habitués de la maison.

Les premières années du XIVe siècle furent employées par les prieurs curés de Vesoul à terminer différentes affaires dont le réglement importait au bon ordre et à la tranquillité. Après l'échange des dimes de Vesoul qu'ils reçoivent du chapitre de Besançon en retour de celles de de Noidans qu'ils lui cèdent, viennent les reconnaissances de leurs droits par les paroissiens de S. Georges, et par les curés des environs relevant du prieuré.

Comme curé de Vesoul, le prieur n'avait droit qu'aux redevances consacrées par l'usage ; elles consistaient dans les offrandes faites à l'occasion des mariages, des

---

(1) Entr'autres la maison devant l'Eglise, et le 6e du moulin de Pontalchier. (Arch. du prieuré).

processions, relevailles, enterrements, baptêmes, et dans les bons deniers qui se donnaient à la Toussaint, à Noël et à Pâques. Ceux des paroissiens qui tenaient charrue, devaient en outre lui faire trois corvées par an (1).

La cure de Vesoul était donc fort maigre, et en réalité, son titulaire était moins à l'aise que ne l'étaient les curés des Eglises voisines dotées de biens fonds. C'est peut-être parce qu'il sentait l'infériorité de son bénéfice paroissial que le Prieur était si exact à faire constater ses droits de patronage et à les faire payer par ses confrères voisins, comme le prouvent les nombreux actes de ce genre que nous trouvons dans la première moitié du XIVe siècle. Prenons pour type celui que souscrivit en 1303 devant l'official de Besançon, Pierre, de Seye, curé. Il reconnaît que Guillaume de Verneuil en sa qualité de prieur, a droit 1° à la septième partie des dîmes de fruits sur le territoire de Seye.

2° A la moitié des dîmes de Gratheri et du Ruy de Vilemoz.

3° A la sixième partie des dîmes de Vauchoux.

4° Le curé de Seye doit lui payer 36 deniers et six miches de pain le jour de la Toussaint.

5° Six deniers à la S. Martin d'hiver, pour la maison qu'il habite.

Toutes ces dîmes et droits sont estimés en bloc à 25 livres estevenant. Le patron a en outre les deux tiers des offrandes qui se font en « *blé, pain, vin, cire, monnoye*

---

(1) Archives de la H^{te} Saône. Recon. de 1300. G. 43. 11.

et chandoilles » il a le droit de venir chanter la messe le jour de la fête patronale de la paroisse (1).

Il s'en fallait beaucoup que l'Eglise S. Georges fut aussi bien dotée que celles de Ponts, d'Andelarre ou de Scye qui étaient plus anciennes qu'elle. Les différentes donations faites par les Vésuliens depuis soixante ans, avaient été employées à fournir l'église de meubles et d'ornements, et surtout à l'agrandir. Au lieu de la reconstruire à neuf, on y fit des additions d'un goût assez équivoque, à peu près dans le temps où le prieur Hugues de Vignes faisait agrandir et restaurer l'Eglise de S. Nicolas.

L'évêque suffragant de Besançon, Guy de Gy, vint au Marteroy consacrer le maître autel du prieuré qui avait été entièrement reconstruit, et il accorda 40 jours d'indulgence à ceux qui viendraient prier dans cette Eglise. Il est assez probable qu'il fit quelque cérémonie de ce genre à S. Georges, nous n'en avons trouvé d'autre trace que la date de la Dédicace de l'Eglise paroissiale qui fut dès cette époque fixée au 3 juillet (1320).

Dès ce moment les juifs formaient à Vesoul la plus nombreuse et la plus florissante communauté de leur nation, qui fut en Franche-Comté (2). Les richesses fabu-

---

(1) On trouve dans les archives du prieuré des titres semblables pour les paroisses d'Auxon, Pusey, Pusy, Pont et Montigny les Nonnes. G. 44, 45, 57 etc. Années 1300, 1308, 1309, 10, 20, 41, etc.

(2) Les Juifs de Vesoul furent au XIV⁰ siècle les banquiers des rois de France. Manassés, de Vesoul, portait ce titre en 1365. — Hélion et Michelet, juifs de Vesoul furent a plusieurs reprises, mandataires et cautions de tous les juifs du Comté. (Chambre des Comptes. V. 161, 164, 57 etc).

leuses dont on les croyait détenteurs constituaient à elles seules, aux yeux des princes chargés de dettes, un crime au moins aussi grand que les moyens employés par ces habiles commerçants pour s'enrichir. En les expulsant, le roi Philippe le long donna leur dépouille à la reine Jeanne, comtesse de Bourgogne (14 Décembre 1321). Déjà cette princesse avait disposé trois ans auparavant (1318) de la maison de l'un d'eux nommé Helget en faveur d'Hugues de Vignes, curé de Vesoul, et en 1324 elle donna une autre maison juive joignant la synagogue, à sa demoiselle d'atours, Marguerite de Lambrey.

Ces confiscations étaient dans les mœurs du temps. Les comptes des Juifs qui nous restent encore et qui furent traduits de l'hébreu par ordre de nos princes, montrent combien les Juifs en prêtant sur gage, abusaient de la misère des peuples et de la rareté du numéraire. Nous sommes loin d'approuver les mesures sévères dont ils furent l'objet mais nous trouvons dans ces comptes mêmes (1) l'explication de la haine que le peuple portait aux enfants d'Israël. Les motifs politiques et financiers, eurent beaucoup plus de part à ces mesures que les motifs religieux (2).

Au reste, les libéralités de la reine Jeanne furent employées à des œuvres pies, et pour le bien public. La maison d'Helget, servit à loger les bas employés de l'Eglise S. Georges dont elle était voisine, et la dame d'a-

---

(1) Voir les Comptes des Juifs de Gray, Apremont, Fondremant et Vesoul. (Arch. du Doubs). et : les Juifs en Franche Comté au XIV° siècle, dans la Revue des études juives. (1883) juillet septembre.

(2) Voir à la fin du volume la note sur la condition des Juifs à Vesoul et leurs relations avec le clergé.

tours de la reine employa le prix de sa maison de Vesoul à fonder une chapelle dans l'Eglise paroissiale de la ville. Le titre de fondation (1331) nous indique les motifs qui dirigèrent Marguerite de Lambrey dans cette circonstance. Elle déclare qu'en fondant cette chapelle, elle veut payer tribut de gratitude et reconnaissance à la mémoire de « très excellente Dame Jehanne royne de
« France, comtesse de Bourgoigne, et dame de Salins qui
« de large main lui avait faict au temps qu'elle vivoit
« de grands biens et bénéfices par plusieurs fois ».

Cette chapelle dont elle a fait reconstruire l'autel à neuf sera dédiée à « *la saincte et Indicisible Trinité, à* « *la glorieuse Vierge Marie, et à tous les saincts et sainctes* « *du Paradis* ». *Cette fondation fut scellée du sceau d'honorable homme et religieux Hugues de Vigne, curie de Vesoul, et ratifiée par R. P. en J. C. Monsir Vitaul archevesque de Besançon.*

Une rente de 10 livres fut assignée au chapelain desservant, qui fut laissé à la nomination du prieur. Cette somme fut augmentée, le samedi après l'exaltation de Ste Croix 1335, de 72 sous estevenants, à prendre sur les tailles du Vernois et de Mont. Les curés de Quincey et de La Demie qui avaient sans doute aussi reçu quelque bienfait de la comtesse de Bourgogne, ajoutèrent chacun une rente à cette dotation primitive, et grâce à ces libéralités, la chapelle de la reine Jeanne conserva pendant 450 ans, dans les dyptiques de l'Eglise de Vesoul le souvenir d'une princesse aussi aimée des Comtois qu'elle aimait elle-même son Comté de Bourgogne.

L'exemple donné par Marguerite de Lambrey fut bientôt suivi. Des marchands Lombards établis à Vesoul, et qu'il ne faut point confondre avec les Juifs, donnèrent de touchants témoignages de dévouement à leur paroisse d'adoption. L'un d'eux, François, dit Justrach, (1) originaire d'Asti en Piémont, teste en faveur de l'Eglise S. Georges et demande à y être enterré (1331). Deux ans après, un autre marchand, François Jeantrour, fonde la chapelle de S. Antoine (1333). Cette chapelle devint plus tard le centre d'une confrérie florissante sous le vocable de « S. Antoine, S. Sébastien et S. Thaurin. » La corporation des bouchers l'adopta comme sienne, et y fonda trois messes chaque semaine (2). Les malheurs de la peste noire, de l'incursion des Anglais, et de l'occupation du pays par les grandes compagnies suspendirent ce pieux mouvement, mais en 1371, il continue par la fondation de la chapelle de S. Eloi, dont le chapelain prêtre, Jehan Nardin fonde à son tour la chapelle S. Jean l'Evangéliste en l'honneur de son patron (1377) tandis que

---

(1) Les exécuteurs testamentaires de François Justrach sont Richard de Vesoul trésorier de Bourgogne et son fils Nicolas. Ils sont chargés, outre les legs fait à S. Georges, d'en délivrer d'autres aux Eglises et aux pauvres des environs, dans le rayon d'une lieue. Jean et Jacques de Vesoul 1316-1317 avaient pris des dispositions semblables et fait des legs à la fabrique de S. Georges. (G. 9) Arch. de la H^{te} Saône).

(2) Les bouchers qui fondèrent ces trois messes hebdomadaires sont au nombre de 13. Voici leurs noms: Jehan Demongenet ; Etienne, Molpin, Henri Lorfaivre, Jehan Bonvalot, Jehan Thayert, Richard Alemand, Jehan Colmet, Jehan Binoy, Jehan Perrot, Simon Malbouhans, Vuillemin Mentelet, Perrin le Liégeois et Huguenin Bertrand (1470). Il peut paraître étrange que la ville de Vesoul qui compte seulement six bouchers aujourd'hui, en ait eu 13 il y a 400 ans. Il y avait alors marché à la viande ; dès l'an 1205, le marché se tenait le jeudi, était fort fréquenté, et la tannerie formait la principale industrie de Vesoul, c'est là ce qui explique la présence de tant de bouchers. — *Le même fait se reproduit encore aujourd'hui à Luxeuil et dans les environs.*

Pierre Hudelot fonde celle de S. Etienne et de S. Agapit. (1383-88).

Le caractère de ces fondations est essentiellement populaire. Ce ne sont point seulement des nobles ou des maîtres ès arts qui en sont les auteurs, on trouve parmi ceux qui y attachent leurs bienfaits et leurs noms, des laboureurs, des vignerons, des charpentiers, des forgerons et des « *costuriers* ».

En outre, ces fondations sont des œuvres de bienfaisance locale, toutes destinées à favoriser les études des enfants de Vesoul. On trouve même une clause très singulière dans la fondation de la chapelle S. Etienne par Pierre Hudelot. Il veut que cette chapelle ait pour patron collateur un clerc mineur de Vesoul « *devant être promu au sacerdoce pendant l'année* ». S'il en avait besoin pour achever ses études, il pouvait se la conférer à lui-même (1).

La dépendance dans laquelle se trouvait le prieuré vis-à-vis la maison mère de Mâcon, ne laissait point à l'ordinaire diocésain le choix des curés de Vesoul. C'était le grand prieur de S. Pierre qui les désignait, et les envoyait en possession. Tous ceux qui furent prieurs et curés du XIIIe au XVe siècle sont étrangers à notre province, et appartiennent aux familles nobles de la Bour-

---

(1) Ad *minorem* de Visulio seu clerico infra annum ad Presbyteratum promovendo. — Dans la dotation de la même chapelle on remarque : Un *calix carré* tout doré : 24 nappes d'antel, 2 manuterges. — Pierre Hudelot donna en outre une maison située près de la Halle de Vesoul (1379).

La chapelle S. Agapit était la plus riche de Vesoul. Ses biens furent vendus en 1793.

gogne ducale et du Beaujolais. En effet Guillaume de Verneuil (1296) Hugues de Vignes (1317) Lancelot de Charlieu (1334) Philippe d'Anglure (1335) Guillaume de Correloup (1351) Fromont de Longmont (1372) Antoine de Chandeye (1399) Jean de la Gelière (1403) Guillaume de Verfay (1419) et Jean de Feliens (1451) ne sont pas des noms comtois. En revanche, tous les vicaires, familiers et chapelains attachés au service de l'Église sont essentiellement du pays, et presque tous originaires de la ville ou des environs.

Grâce à ce tempérament, les Vésaliens supportaient sans trop de peine la présence d'un curé étranger qui réservait le plus souvent son action pour soutenir les droits du Prieuré, laissant le soin de sa paroisse à ses vicaires.

Quand le prieur ne résidait pas, ce qui arrivait quelquefois, il se faisait représenter par un administrateur choisi parmi les religieux du pays. Ainsi Philippe d'Anglure était remplacé en 1346 par Jacques de Vesoul qui se donne le titre de chanoine de S. Pierre de Mâcon et administrateur du prieuré. A ce titre il soutint victorieusement un procès contre Jean de Corcondray doyen de Besançon, qui lui disputait le patronage de la cure de Ponts. Le doyen reconnut qu'il avait tort et se désista. (1347).

Les actes du prieuré nous ont laissé peu de détails sur les curés qui se succédèrent à Vesoul pendant le XIV° siècle. Toutefois nous trouvons certains faits qui appartiennent à la chronique de notre Église et que nous devons consigner ici. Le curé Hugues de Vignes témoigna une grande sollicitude pour l'instruction de la jeunesse vésulienne. En 1315, il institue comme recteur des écoles de la ville un prêtre de Granvelle (1), Jean Feilo, en lui assignant une pension sur les biens du prieuré. Un peu plus tard, afin que le service se fît mieux et répondît aux exigences d'une population qui augmentait de jour en jour, on adjoignit au recteur un clerc tonsuré qui remplit les fonctions de subalterne ou de sous maître (2). En sa qualité d'ecclésiastique, ce clerc avait droit aux revenus de la mense paroissiale. Les libéralités faites à l'Eglise tournaient donc au profit de tous, puisqu'en servant à l'entretien des maîtres, elles permettaient de donner gratuitement l'instruction aux élèves (3).

Les lettres d'institution nous apprennent qu'avant de nommer le recteur des écoles et son clerc, on s'assurait de leur vertu et moralité, et on leur faisait subir un examen. Si on les trouvait capables, on les instituait provisoirement, et après un essai satisfaisant, leur nomination devenait définitive. Cette sage précaution permettait de les conserver longtemps, et ils ne se retiraient guère que quand l'âge ou la fatigue les obligeaient à la retraite, bien qu'ils fussent censés être élus seulement pour quatre ans.

Le curé avait seul droit de visite et d'inspection sur les écoles, il nommait et révoquait les recteurs. Pour

---

(1) Johannes dictus *Feilo*, de Summâ villa (Granvelle).
(2) En 1342 Othon, prêtre, de Luxeuil est recteur ; Jehan Contenant clerc, sous maître ou *subalterne*.
(3) Lorsque les Vésuliens voulurent contester au curé de Vesoul les droits qu'il exerçait depuis 400 ans, présenter les maîtres et avoir des laïques, ils perdirent cet avantage, et la ville se trouva chargée de tous les frais. *Ce fut le premier bienfait de la laïcisation : augmenter le budget municipal.*

reconnaître sa supériorité, ceux-ci venaient en grande pompe au jour de S. Nicolas, patron des écoliers, lui apporter une redevance qui consistait en un service de poisson, deux cierges de cire, et une livre d'épices tant poivre que gingembre (1).

Bon nombre de titres du XIV⁰ siècle nous signalent aussi des actes de bienfaisance des curés de Vesoul. Comme prieurs et seigneurs terriens, ils avaient souvent à faire valoir des droits d'épave, succession, échutes, fief et autres de ce genre. S'ils les soutiennent quelquefois avec vigueur (2) ils les abandonnent aussi presque toujours lorsqu'il y a des enfants à élever, et quelquefois ils s'engagent même à diriger leur éducation vers l'état ecclésiastique (3).

Tous nos historiens ont répété après Dom Plancher et Chevalier que la poursuite des juifs au temps de la peste noire eut lieu à l'instigation des nobles et des gens d'église. En 1349, alors que 80 juifs étaient détenus au château de Vesoul, où ils furent mis à la *torture* puis *bannis* et non pas mis à mort, comme on l'imprime communément, nous ne voyons figurer le nom d'aucun prêtre parmi ceux qui les condamnent. Ni le curé de Vesoul, Philippe d'Anglure, ni son vicaire administrateur Jacques de Vesoul qui auraient dû être des

---

(1) (Archives. G. 42).
(2) En 1315, les gens du duc taillent indûment les hommes du Prieuré. Le prieur soutient si bien ses droits que le comte ordonne à Perry Boyard, seigneur de Vil'ersexel, son représentant, de faire restituer la somme enlevée.
(3) Guillaume de Verneuil s'engage à faire élever le fils de Lambert, de Chariez, dans l'état ecclésiastique. Fromont de Longmont se charge des enfants d'un écuyer pauvre ; Guillaume de Correloup fait de même, etc. (Archives du prieuré).

premiers, ne figurent dans la liste des juges qui s'assemblèrent de tout le voisinage pour régler cette affaire (février 1349).

Après les ravages de la peste noire, l'archevêque Jean de Vienne visita ses diocésains pour les consoler. Il vint à Vesoul vers le mois de Mai 1357. Pour occuper les malheureux des environs qui mouraient de faim, le nouveau prieur venait de faire entourer le Marteroy et ses dépendances d'une longue muraille avec une porte d'entrée monumentale tournée à l'Orient et surmontée d'une inscription priant le Seigneur d'éloigner de ce lieu le fléau de la peste qui venait de faire tant de victimes (1).

Diverses pièces de cette époque nous apprennent qu'il y avait des maisons autour de cet enclos, et sur les flancs de la Motte (2). Au-dessous, passait un grand chemin côtoyant la montagne, et allant du Marteroy aux Haberges. C'est sur cette voie que venait se souder le chemin de Vesoul. Les nombreux voyages que nécessitait le service de la paroisse, obligeaient les vicaires et chapelains à suivre souvent ce chemin, et à passer par la porte nord de la ville, c'est pour cela que le peuple lui donna le nom de Porte aux Prêtres (3) qu'elle conserva jusqu'au XVIIe siècle.

(1) In vitæ portis, fugiat vis ignea mortis; Istis temporibus, nos regat ipse Deus.
(2) Pour bâtir ces maisons hors des murs et pour les habiter il fallait une permission du souverain. En 1280, Othon IV la donne à Estevenin, de Vesoul et à sa femme pour habiter le Meix-Larget, sous l'Église St-Nicolas.
(3) La porte aux prêtres répondait à la rue actuelle du Châtelet. — Les enterrements et processions y passaient souvent aussi. Elle fut murée après la destruction du château et du prieuré.

Le sac de Vesoul par les grandes compagnies acheva de ruiner une ville éprouvée par la peste noire et la famine qui en fut la suite. Cependant, si les propriétés y furent dévastées, les personnes y souffrirent moins qu'ailleurs, parce que la plupart des habitants s'étaient retirés dans le château. Le curé Guillaume de Correloup avait eu soin de mettre en sûreté dans le donjon les vases sacrés et les effets les plus précieux de S. Nicolas et de S. Georges (1). Le château ne put être forcé, et on le regarda comme imprenable. Dès l'an 1362 les choses avaient repris leur cours habituel. Nous ne dirons rien des nombreux démêlés qui signalent les trente dernières années de ce siècle, ils ont pour objet le rétablissement des fortifications de la ville, auquel on voulait faire concourir tous les paroissiens. La nécessité fit alors passer par dessus les anciens privilèges, et le prieuré paya d'assez mauvaise grâce les cinquante florins qui formaient le montant de sa taxe. Mais le curé soutint une cause plus juste en prétendant que ses hommes ne devaient pas payer deux fois. Le duc Philippe le Hardi lui donna complètement raison (2).

On eut plus de peine à se défendre contre les entreprises de Renaud de Vesoul, dit Genevreulle, seigneur d'Arpenans et de Frotey. C'était un plaideur de mauvaise foi. Abusant des faveurs accordées par les prieurs du Marteroy à ses nobles et pieux ancêtres, et prétendant avoir hérité de tous leurs droits, ce seigneur turbulent

---

(1) Ce fut la bande commandée par l'Anglais Nicolas de Thamworth qui incendia Vesoul.
(2) Renaud des Mousseaux bailli du duc déclare au nom de son maître (1388) que les hommes du prieur doivent contribuer aux tailles *avec lui* et *non ailleurs*.

s'avisa de contester au prieur Fromont de Longmont le patronage même de la cure de Vesoul et de l'Église S. Georges, à raison de ses droits sur Ponts. Malgré le mouvement qu'il se donna pendant huit ou dix ans, et l'appui que lui prêtèrent les officiers du duc, il fut vaincu par le bon droit, et écrasé par l'évidence des preuves. Les deux pouvoirs confirmèrent au prieur les droits dont il jouissait depuis plus de 300 ans (1). On était loin du temps où les anciens maires et prévôts de Vesoul étaient les bienfaiteurs des Églises S. Georges et S. Nicolas. Leurs arrière petits-fils s'en montraient les ennemis acharnés. Pour soutenir le poids d'une administration que la chicane rendait de jour en jour plus difficile, le nouveau curé de Vesoul, Jean de la Gelière se choisit un procureur laïque, chargé de tenir tête aux plaideurs qui surgissaient de toute part (1403). Jean de la Gelière, licencié en droit, issu d'une noble famille du Lyonnais, fut nommé curé de Vesoul en 1402 par le grand prieur de Mâcon.

Il n'avait point encore achevé ses études, et postulait le grade de docteur lorsqu'il fut institué. En attendant le moment où il viendrait résider, le nouvel élu confia la direction du prieuré et de la paroisse à Jean de Coulevon, et à Thiébaud Charpy prêtres de Vesoul. Son frère Lancelot de la Gelière seigneur de Courniton et la Bastie en Lyonnais, fut chargé de l'administration

---

(1) L'arrêt définitif du Parlement de Dôle est du 10 Mars 1400. A la même époque, le chevalier Richard des Bans contestait le patronage de St-Martin de Ponts. Les veuves de Jean et Renaud de Vesoul toutes deux de la maison de Vy, voulaient avoir les moulins de la ville (1392-1400-1402) Le parlement refréna cette rage de procès, en maintenant toujours les droits du prieuré. (Archives G.-70-79).

temporelle, et lui donna une vigoureuse impulsion. Il tint tête aux seigneurs du voisinage, termina les procès, répara de nombreuses ruines, et ses actes approuvés par le *conseil* du prieuré (1) prouvent qu'il convenait parfaitement pour remplir la mission que son frère lui avait confiée.

En dehors de ces traits caractérisant l'administration temporelle, il nous reste peu d'actes du prieur curé, Jean de la Gelière. L'absence de ces documents est d'autant plus regrettable qu'ils auraient éclairci une question que nous ne pouvons trancher, celle de la conduite qu'il tint dans les démêlés survenus entre l'archevêque de Besançon, et le duc Jean sans peur. Nous inclinons à croire que le prieur de Vesoul agit plus en homme de cour qu'en homme d'Église, du moins l'archevêque s'en plaignit, et écrivit au grand prieur de Mâcon pour l'exhorter à réprimer les excès du prieur de Vesoul, attendu que lui, archevêque, n'avait pas qualité pour cela, le prieur étant exempt de sa juridiction. La solennité avec laquelle on lui notifia une sentence d'excommunication lancée contre ceux qui tenaient les clercs captifs (2), indiquerait assez qu'il penchait plus pour le duc que pour l'archevêque. Quoiqu'il en

---

(1) Le conseil du prieuré se composait de personnages honorables, prêtres, clercs ou laïcs, choisis par le prieur. On le voit fonctionner dès le XIII⁰ siècle. Il délibérait sur les actes importants de l'administration temporelle et les décisions se prenaient à la majorité des suffrages. — L'Église St-Georges avait son conseil à part, les échevins et deux ou trois notables en faisaient partie.

(2) *Contra captivantes clericos*, Arch. du Prieuré (G. 43). Cette pièce avait surtout en vue le duc et ses sergents qui traitaient assez rudement le chapitre et les gens de l'archevêque.

soit, nous n'avons pu trouver en lui d'autres excès que son trop d'attachement au souverain (1).

Jean de la Gelière était un homme de mérite, il ne quitta Vesoul, que pour aller remplir la haute charge de grand prieur qui lui fut conférée par les religieux de S. Pierre-lez-Mâcon. Dans le cours de son administration, il avait vu augmenter la dévotion à St Georges, patron de Vesoul. Un chevalier du voisinage, Philibert de Molans venait de fonder en l'honneur du S. Martyr une confrérie noble qui fut célèbre en Franche-Comté, et le duc Philippe le Hardi avait envoyé un de ses chambellans *quérir ès parties de Rhodes et d'Athènes le chief de Monsieur Sainct Georges* qu'il gardait précieusement. Il est probable que ce fut à cette époque, et de Jean sans peur lui-même, que le curé de Vesoul obtint une parcelle de reliques, que nous voyons figurer dans le trésor de notre Église jusqu'au XVIIe siècle sous le titre : *De capite Sti Georgii*. Elle y était en grande vénération, et on la portait solennellement aux processions principales de l'année (2).

Une nouvelle chapelle avait été fondée en 1409 dans l'Église paroissiale sous le vocable assez singulier de Ste Animande (3). Jean de la Gelière donna ce bénéfice à son vicaire Thiébaud Charpy (4) en récompense de sa bonne administration de la paroisse.

(1) Une enquête de 1460, constate juridiquement que « du tems que messire Jehan de la Gelière était prieur et curé de céans, *tout alla bien*. » Les vieilles querelles étaient oubliées, on jugeait alors des personnes et des choses sans passion.

(2) Inventaire de l'Église S. Georges. Archives de la Mairie.

(3) Il y avait à la même époque une chapelle de Ste *Perrenette* au Marteroy. Ste Animande et Ste Perrenette ne sont guère citées que dans le martyrologe Vésulien. On peut lire aussi Ste *Anemonde*.

(4) Thiébaud Charpy curé de Pusy, mourut presque centenaire.

C'est dans un acte du 1er Janvier 1419 que nous voyons paraître pour la première fois le successeur de Jean de la Gelière. Il se nommait Guillaume de Verfay, venant de Mâcon comme ses huit prédécesseurs. Comme eux aussi il voulut faire administrer la paroisse par un vicaire de son choix, résidant soit au prieuré, soit en ville. Bien que messire Guillaume fut d'un caractère doux et paisible, il souleva probablement sans s'y attendre, et faute d'avoir connu et apprécié les antipathies des Comtois, un orage effroyable dont les phases nous aideront à connaître l'état d'une paroisse au XVe siècle.

Pour comprendre quelque chose à ce long débat qui dure de l'an 1419 à 1431, nous devons rappeler que depuis son érection en paroissiale, l'Église de Vesoul, toujours assez pauvre en biens fonds, avait acquis cependant un capital assez considérable en rentes, cens et droits divers, donnés par les fidèles. Bon nombre de Vésuliens en s'inscrivant parmi les bienfaiteurs de l'Église avaient demandé en retour des anniversaires, offices chantés et autres prières. Les huit ou dix chapelles fondées n'avaient pas toutes assez de revenus pour faire vivre les chapelains qui les desservaient ; mais en partageant les revenus attachés comme rémunération à certains offices fondés, chaque chapelain trouvait un appoint ou supplément à sa dotation. Quand il y avait par exemple cinquante sous d'assignés (1) pour l'anniversaire de quelque riche bourgeois, la somme était distribuée à tous les ecclésiastiques assistants, et comme les absents n'avaient rien, chacun se trouvait intéressé à ne point faire défaut. Au moyen de ces

(1) C'était le prix des grands anniversaires.

chapellenies et rentes affectées à l'Église, nos grandes paroisses avaient toujours un clergé nombreux. Ce clergé recruté scrupuleusement parmi les enfants de la paroisse, était considéré comme la famille de l'Église et formait un corps dont le curé se trouvait naturellement le directeur. Ce corps s'appelait *Familiarité*. Le curé en était le premier membre, il en était aussi le chef (1). La familiarité de Vesoul commença dès les dernières années du XIII° siècle (V. 1290) mais elle devait avoir peu de membres, puisque l'Église était pauvre et ne comptait encore que deux chapelles dotées (2). Au XIV° siècle les familiers devinrent nombreux parce que les chapelles se multiplièrent, soit à S. Nicolas, soit à S. Georges. Nés et élevés dans la ville, appartenant souvent aux meilleures familles, jouissant d'une fortune quelquefois considérable, les familiers formèrent bien vite un corps puissant, avec lequel les curés eurent fort à faire, et qui mit à défendre ses droits une ardeur stimulée par les sentiments de jalousie nationale qui furent toujours un caractère distinctif des Comtois. L'administration de Guillaume de Verfay va nous en donner des preuves.

Le crime du nouveau curé fut de se choisir un vicaire *qui n'était pas du pays*. Les familiers blessés de ce choix, repoussèrent l'élu, lui contestant le droit d'avoir part aux distributions et revenus paroissiaux, et la guerre commença. Voici ce que nous avons trouvé de

---

(1) Nous ne connaissons en Franche-Comté qu'une seule exception à cette règle. Dans l'église paroissiale de Lons-le Saunier tous les familiers étaient égaux et s'appelaient Concurés. *Concurati*.

(2) De 1290 à 1295, on trouve déjà les noms ou testaments de *sept* prêtres résidant à Vesoul.

plus clair dans ce volumineux procès intitulé : « Guillaume de Verfay, prieur du prieuré de Marteroy, et curé de Vesoul, contre les chapelains-prêtres et clercs servant Dieu en l'Église de Vesoul (1).

Le fond du débat roule sur la part que les vicaires et marigliers doivent avoir dans les distributions et revenus de l'Église paroissiale.

Le prieur et ses moines jouissent comme patrons, de droits qui ne sont pas contestés. Ces droits consistent à nommer un ou même plusieurs vicaires pour desservir la paroisse, et un clerc mariglier, c'est-à-dire chargé des soins du culte extérieur et de la sacristie.

Dans la distribution manuelle qui se fait aux assistants, le curé prieur a double part, et toujours, quand même il n'a pas assisté à l'office. C'est son droit curial. Chaque chanoine ou religieux résidant au Marteroy, a droit à une part comme un chapelain ou familier de l'Église S. Georges, et cela à raison du titre primitif dont jouit le prieuré. La difficulté est surtout pour le vicaire, il est étranger au pays, il n'est pas religieux du Marteroy, les familiers veulent l'exclure, et le prieur prétend le maintenir en possession.

La querelle fut portée devant les officialités de Besançon et de Mâcon, Jean Poncet et Adolphe de Clervaux, chanoines de Besançon commissaires délégués

---

(1) Ces prêtres étaient au nombre de onze. Messires Guillaume Royer, Guillaume Cartaudiron, Etienne Parigolet, Nicolas de la Courvée, Hugues Plancenet, Jehan Pourtier, Jehan de la Courvée, Pierre Grisot, Richard Grisot, Nicolas Courdier, prêtres, et Jehan Pradelet, clerc, recteur des écoles.

pour juger le différend vinrent à Vesoul, et après une longue et minutieuse enquête (1424) portèrent leur sentence (1426). Elle fut si peu respectée qu'en 1430, le débat recommença plus fort. On choisit deux nouveaux arbitres, Jehan Sardon, lieutenant, et Gui Loichelon, procureur du Baillage de Vesoul, ils rendirent leur sentence définitive le 20 Avril 1431. En voici la substance.

« Sur ce que les chapelains prétendent que les vicaires et marigliers du prieur ne doivent rien prendre ès-anniversaires de l'Eglise de Vesoul, tant seulement qu'il plairait aux chapelains de leur donner de grâce spéciale, les arbitres statuent ce que suit : « Doresnavant celui qui sera vicaire dudit prieur en ladite Église de Vesoul *s'il est natif* de ladite Église, ou de la nation dudit lieu, ou s'il est bénéficier et titulaire en icelle Église, tellement que s'il n'était ja de Vesoul, que par raison il dut participer èsdits anniversaires comme l'un des autres chapelains, audit cas icelui vicaire aura et emportera chacun an une portion et distribution ès-anniversaires et rentes, telles comme l'un des chapelains dudit Vesoul ».

« Et s'il n'est *natif* dudit et de ladite nation dudit Vesoul, audit cas, ledit vicaire aura et emportera chacun an èsdits anniversaires et rentes, *la moitié* d'une distribution, tant seulement ».

« En tant qu'il touche le mariglier : s'il est tel qu'il saiche dire et prononcer épitres et leçons, et aidiér à chanter le divin office en icelle Eglise, audit cas il participera et aura chacun an èsdits anniversaires et rentes, la *quarte* partie d'une distribution tant seulement et, s'il n'est souffisant pour faire ce que dit est, il n'aura rien èsdits anniversaires, excepté ce qu'il *plaira* èsdits curé et chapelain lui donner, si aucune chose lui veulent donner. »

Nous avons rapporté ce débat au long, afin de montrer combien les corps de familiarité étaient jaloux de leurs droits, car en dehors du droit on ne comprendrait guère un procès qui dura onze ans puisqu'il s'agissait simplement de 197 livres à distribuer en une vingtaine de parts (1).

La familiarité agissait donc autant par jalousie de corps que par intérêt. Partant de ce principe que la dotation de l'Église qui venait des bourgeois de Vesoul ne devait profiter qu'à leurs enfants, elle excluait avec soin les étrangers, et repoussait énergiquement les prétentions du prieur. Il faut bien le reconnaître, celui-ci n'eut pas le dessus dans ce procès puisqu'on rogna la portion déjà si modeste qui était attribuée à ses vicaires et marigliers, et qu'on leur fit sentir si durement leur qualité d'étranger.

Le curé de Vesoul n'était pas homme à soutenir le procès. Sans cesse harcelé par les officiers du duc qui demandaient de nouveaux subsides pour fortifier la ville, absorbé par l'administration d'un temporel qu'il fallait défendre pied à pied pour le conserver, Guillaume de Verfay eut assez de peine de faire honneur à ses affaires. Une enquête de 1460 nous révèle de curieux détails sur son administration. Un témoin dit : « que par sa faute et « coulpe évidente ledit prieur laissait venir en ruine et

(1) Cette somme était le montant des anniversaires et offices fondés dans l'Église S. Georges. (Enquête de 1424).

« désolacion plusieurs maisonnements appartenant à
« son *prieureté*, et même l'Eglise d'icelui. — Les terres
« appartenant à son prieuré étaient devenues en désert
« et en ruine, dit le procureur de Jean de Feliens, et
« quand il trépassa au voyage de pardon de Rome der-
« nièrement passé, il n'avait moulin (1) quelconque et
« laissait assez de dettes ».

« Il était bien simple homme, et faisant bonne chère,
« dit un troisième, mais qu'il y mit sens ne discrétion
« que bien à point, non ».

Par contre, un autre témoin fait cette déposition qui
est plus charitable et peut-être aussi vraie : « Ce prieur
« fut un religieux diligent, et bien assorti aux besongnes
« et négoces de son prieuré, et que durant son admi-
« nistration, il a bien et par très bonne prudence, sans
« rien dissiper et aliéner sans bonne cause, ains a bien
« entretenu et gouverné les droits d'icelui prieurté ».

Le lecteur reste juge entre ces dépositions contradic-
toires, nous verrons cependant que le prieuré était réellement en triste état quand Guillaume de Verfay mourut (2). Le curé de Vesoul était estimé de l'ancien lieutenant-général Jean Sardon, conseiller de Philippe le Bon, et
principal personnage de la ville de Vesoul. Ils concer-

(1) En 1449 le moulin S. Martin s'écroula ; en 1438 celui de Ponts
avait eu le même sort.
(2) Pour apprécier cette époque, il faut se rappeler qu'elle fut très
agitée. On trouve dans les registres de la Chambre des comptes de
Dijon une foule de faits qui indiquent le triste état des environs de
Vesoul. A trois reprises les Allemands viennent sous les murs de la
ville porter défi à feu et à sang (1423), les Ecorcheurs rôdent dans le
voizinage, un de leur chef est pris et pendu (1439) avec sa bande. La
peste désole le pays (1423), etc.

tèrent ensemble (1) la fondation d'un hôpital. Jusqu'alors les malades avaient été soignés à domicile, ou envoyés à la maladrerie paroissiale de Ponts, qui appartenait en commun à toutes les localités relevant de l'ancienne paroisse S. Martin. Jean Sardon voulant réparer les fautes qu'il avait pu commettre dans sa magistrature, et « obtenir miséricorde et pardon de N. S. J. C. « au jour du jugement, fonda un hôpital, dont il n'y « avait point à Vesoul, pour héberger et hospiter les « povres. » Cet hôpital composé de six lits, fut placé sous le patronage du prieur curé de Vesoul. Il devait en nommer le gouverneur ou aumônier, surveiller l'administration et les comptes, sous peine d'être privé du droit de collation (2).

L'hôpital avait une chapelle dédiée à S. Valentin, sa dotation était suffisante puisqu'elle atteignait 75 livres de revenu. Jean de Monteiel en fut le premier titulaire, et Nicolas Maillard, d'Aboncourt lui succéda. Les nombreuses nominations d'aumônier de l'hôpital qui restent dans les archives, prouvent que les curés de Vesoul ne laissèrent jamais perdre leurs droits, et qu'en conséquence ils furent toujours attentifs à surveiller un établissement aussi utile que celui de Jean Sardon. Au reste la proximité où l'hôpital se trouvait de l'Église S. Georges rendait cette surveillance des plus faciles (3).

En fondant la Maison-Dieu, Jean Sardon lui donnait

(1) Me souvenant d'eux, ay en *entretenant mon bon pasteur* (30) janvier 1443. G. 80).
(2) La charte de fondation de l'hôpital de Vesoul a été publiée dans les Annales Franc-Comtoises de Mars 1858.
(3) L'hôpital primitif de Vesoul n'était qu'à cinquante mètres à peine, de l'Église paroissiale.

aussi une bibliothèque composée de treize volumes « *enchainés en une verg. de fer* ». Le prieur et l'aumônier en avaient chacun une clef, et ces livres ne devaient être jamais désenchainés, « sanz grand cause nécessaire », sous peine, pour le prieur « d'être privé de ses droits de collation et visitacion pendant deux vacquances » et sous peine, pour l'aumônier d'être aussitôt destitué. Nous n'avons vu nulle part que cette clause ait été mise à exécution, et l'invention de l'imprimerie en diminuant le prix des livres, tempéra sans doute sa rigueur.

Au milieu de ces démêlés et de ces insuccès, le prieur du Marteroy avait cependant obtenu quelques avantages pour son église. Jean de Neuchâtel-Montaigu lui avait concédé le droit d'affouage dans les forêts de Bougnon (1) à charge de célébrer son anniversaire à perpétuité ; (23 Oct. 1426). La famille Gautherot avait fondé dans l'Église paroissiale une chapelle richement dotée (1429). Il avait maintenu ses droits sur la chapelle castrale de Vesoul (1435) et le grand prieur de Mâcon, Philippe de Douciac avait ratifié avec tout son couvent quelques transactions faites un peu forcément peut-être, mais préférables aux procès qui l'avaient ruiné (2).

Guillaume de Verfay survécut huit ans à la fondation de l'hôpital de Vesoul. Comme le jubilé de l'an 1450 attirait à Rome une foule de pélerins, il voulut faire ce voyage de dévotion, mais il ne revint pas, car il mourut auprès du tombeau des Apôtres qu'il était aller visiter.

(1) Cette concession était si avantageuse que le prieur put vendre du bois de service aux gens du duc pour refaire à neuf les portes et pont-levis du château (Arch. de Dijon. Ch. des Comptes, B. 1621).
(2) Arch. de la H^{te}-Saône, G. 81.

Il laissait une grande réputation de bonhomie, mais le prieuré se trouvait en fort mauvais état et chargé de dettes; les familiers respectaient peu l'autorité du prieur. Il fallait une main ferme et habile pour cicatriser ces plaies et rétablir la discipline dans la paroisse, le ciel ne refusa point cette faveur à l'Église de Vesoul, et lui donna dans la personne de Jean de Feliens un réformateur véritable, et un prêtre selon son cœur.

CHAPITRE III.

SOMMAIRE

Jean de Feliens, prieur-curé de Vesoul. — Efforts pour relever le prieuré. — Les statuts du Marteroy. — Invasion française. — Le sac de Vesoul. — Les ruines. — Etat du château, de l'église et du prieuré. — Le culte extérieur. — L'instruction primaire. — Claude de Feliens. — Antoine de Damas. — Pierre d'Andelot, curés de Vesoul. — Tentatives des Luthériens déjouées. — Fondation de la Maîtrise des enfants de chœur. — Faveurs accordées par Charles-Quint. — Vesoul cesse de relever de Mâcon. (De 1450 à 1551).

En apprenant par le retour des pèlerins de Rome, la mort du curé de Vesoul, les religieux de S. Pierre de Mâcon résolurent de le remplacer par un homme doué des qualités nécessaires pour relever le prieuré, et faire revivre les anciennes traditions de la piété vésulienne. Le grand prieur jeta les yeux sur Jean de Feliens, aumônier de S. Pierre de Mâcon. Il conserva son titre, et vint habiter au Marteroy.

Jean de Feliens, était un homme jeune, instruit et pieux. Pendant les quarante années que dura son ministère, il ne se démentit pas un instant, et l'Eglise de Vesoul doit reconnaitre en lui le plus zélé et le plus illustre de ses pasteurs.

Les procès étaient alors plus que jamais de mode. On s'était si bien trouvé d'en intenter au bénin Guillaume de Verfay, que personne ne voulait rester en arrière. Il fallut plusieurs années pour déconcerter la chicane et réduire les plaideurs au silence. Ce sont les habitants des Haberges qui prétendent traverser impunément les propriétés du Marteroy pour conduire leurs bestiaux à l'abreuvoir ; ceux de Coulevon qui refusent de se servir du *treuil* banal, ceux d'Epenoux et d'Auxon qui contestent les droits de justice et d'échute. Un adversaire plus redoutable, le cardinal Jean Jouffroy descendit même dans la lice, comme représentant les droits de Marguerite Jouffroy, sa sœur, femme de l'écuyer Pierre de Velotte. Il réclamait pour elle un sixième du moulin de S. Martin, source éternelle de procès.

Jean de Feliens ayant reconnu l'habileté du prêtre Jean Maillard, résidant au Marteroy, le choisit pour son procureur temporel. Il n'eut qu'à s'en féliciter, et en triomphant de tous ses ennemis, il n'hésita point à leur faire des concessions qui lui gagnèrent les cœurs.

Tandis que Messire Maillard liquidait ainsi la succession de Guillaume de Verfay et tenait tête à tous ses adversaires, Jean de Feliens ne perdait point de vue l'objet de sa mission comme prieur et curé de Vesoul. Il commençait la restauration de l'Eglise S. Nicolas et des bâtiments du prieuré qui, à son arrivée ne comptait que deux religieux, il conférait les chapelles à des gens dignes, et ne trouvait pas que la qualité d'enfant de Vesoul suppléait à toutes les autres pour posséder les bénéfices relevant de l'Eglise paroissiale (1), il encourageait la dévotion des bouchers, qui fondaient trois messes par semaine en l'honneur de S. Antoine et de S. Sébastien. Tendrement dévoué à la Ste Vierge, il obtenait du cardinal-légat Jean Raulin, évêque d'Autun, son condisciple et son ami (2) une indulgence de cent jours pour quiconque assisterait à la récitation solennelle du *Salve Regina*, étant *vrai contrit* et confessé (1472). Le cardinal avait voulu faire lui-même les frais de cette fondation.

Ce n'était là que le prélude de ce que Jean de Feliens voulait faire pour l'Eglise de Vesoul. Après avoir relevé les ruines amoncelées par quarante ans d'incurie et de malheurs, il voulut pourvoir à la régularité du service religieux dans l'Eglise du prieuré et dans celle de la paroisse. Le chant des heures canoniales avait cessé depuis longtemps, il ne restait plus qu'un seul chanoine au Marteroy, et les intentions des illustrissimes fondateurs n'avaient plus d'effet. Le prieur ramène des religieux de Mâcon, les installe dans le monastère qu'il vient de relever et leur donne un règlement qu'il nomme *Statuts*

---

(1) Jean de Feliens refusa les chapellenies à deux ou trois aspirants qui ne lui semblaient ni assez instruits, ni assez vertueux. Quelques familles jettèrent les hauts cris. Les gens sages donnèrent raison au prieur.

(2) Il paraît que Jean de Feliens accompagna le Cardinal d'Autun dans la mission que lui avait confiée le pape, pour réformer le chapitre de Besançon. Il figure comme témoin dans les *Statuta Reformationis* donnés par le cardinal, au château d'Authume, le 27 septembre 1471. (Arch. du Chapitre Métrop).

du Marteroy. Ce règlement est une des pièces les plus curieuses de notre histoire ecclésiastique, il se divise en quinze articles, et fait connaître en détail ce qui concerne l'office divin, le chœur, le service de l'Eglise de Vesoul, la nourriture et le vêtement des vicaires qui la desservent. Les dispositions principales de cette règle étant renouvelées des temps précédents nous donnent une idée exacte de ce qu'était le service religieux du prieuré et de l'Eglise paroissiale. Les voici :

Tous les jours, on doit chanter l'office canonial ordinaire, et psalmodier en outre l'office de la Ste Vierge. Chaque jour aussi la messe canoniale doit se chanter au maître autel. *(Quemadmodum fieri solitum erat ab antiquo).*

Entre prime et tierce, on célèbrera chaque jour comme autrefois une messe basse, pour les bienfaiteurs. Immédiatement après les vêpres, le prieur et ses religieux iront devant l'image de la Ste Vierge et chanteront à haute voix le *Salve Regina,* le verset, les oraisons, puis réciteront à voix basse le *De Profondis* et les suffrages, le tout à l'intention du Cardinal d'Autun qui a fondé ces prières, et constitué une riche dotation pour les rétribuer.

On choisira parmi les religieux, un ou deux prêtres capables de desservir l'Eglise paroissiale de Vesoul, annexée au prieuré.

Ces religieux spécialement choisis pour le service de la paroisse prendront leur réfection quotidienne, à dîner et à souper, à la table du prieur, ils auront le même pain, le même vin, et la même pitance que leur chef.

Dans le cas où ces religieux ne voudraient pas manger à la table du prieur, on leur servira dans un lieu décent du prieuré où ils mangeront ensemble, une pitance de pain et autres vivres, en la manière suivante.

Le Dimanche, le Mardi et le Jeudi, un bon et convenable potage, avec de la viande fraîche de bœuf, de veau, de mouton, ou de jambon, selon le temps.

Le Lundi on leur donnera, au dîner, des fèves cuites avec une quantité suffisante de jambon. Au souper on les servira comme les trois autres jours.

Le Mercredi et le Samedi, on leur donnera des œufs et des raves en quantité suffisante. Le Vendredi, on leur donnera du poisson, si on peut en trouver à Vesoul, et à défaut de poisson, des œufs et des raves, comme le Mercredi et le Samedi (1).

Depuis le jour de Pâques jusqu'à la fête de S. Michel 29 septembre, ils auront au souper, du veau ou du mouton rôti, et cela trois fois par semaine.

Pendant le Carême on leur donnera du poisson et des légumes, assaisonnés à tour de rôle à la sauce verte, et à la sauce jaune. A ce même dîner, ils auront aussi des noix, de bon pain de froment et du vin en quantité qui puisse leur suffire.

Pour la collation du soir en Carême, on leur donnera seulement du pain et du vin.

---

(1) On faisait maigre le mercredi, le vendredi et le samedi. Les pommes de terre n'étaient pas connues. Les harengs saurs venaient déjà jusqu'à Vesoul, comme les figues sèches.

Les Dimanches de Carême, on leur servira un bon potage et du poisson si on peut en trouver à Vesoul. Et si on ne peut trouver de poisson on le remplacera par des légumes, des noix et des figues.

Les Mercredis et Vendredis de Carême on leur donnera des pois avec une purée. Les autres jours, ils auront un potage suffisant.

Aux vigiles des fêtes solemnelles, et aux jeûnes des Quatre temps, ils auront du poisson, si on peut en trouver, ou des œufs, des raves, des pois en purée mêlés à d'autres légumes.

Les jours de fêtes solemnelles, on leur servira un bon potage, et suffisamment de bœuf, de mouton, de jambon, ou à la place du bœuf, on leur servira du veau.

Pour chaque collation du soir, on leur délivrera du pain seulement et une pinte de vin, mesure de Vesoul.

Inter ipsos, dit le texte, *panis et vinum dun taxat*.

Chaque année on leur paiera cinq francs pour leur vestiaire, dont moitié à Pâques, et moitié à la Toussaint.

Les religieux auront une part dans les anniversaires et distributions du prieuré, le prieur en aura deux (1).

Ils desserviront tour à tour la chapelle fondée au prieuré par la famille de Balay, et en percevront le revenu.

Si un des religieux va faire des offices dans quelques-

---

(1) Nous avons déjà vu que les distributions de l'Eglise paroissiale se faisaient dans les mêmes proportions.

unes des Eglises voisines, ceux qui demeureront au prieuré participeront au fruit qu'il aura pu retirer.

Quand un des vicaires sera nommé à une cure, dépendant du prieuré, ou obtiendra une chapelle de l'Eglise paroissiale, le prieur ne lui devra plus l'indemnité de vestiaire (1).

Tels sont les statuts du Marteroy. On voit que c'était une restauration complète de la vie religieuse que voulait Jean de Feliens, tout en laissant à ses collègues les facilités nécessaires à l'accomplissement des devoirs du ministère extérieur et de la charge pastorale.

Ces statuts furent présentés à Mâcon le 9 septembre 1474 pour être soumis à la sanction du Chapitre de S. Pierre, supérieur naturel du prieuré et de l'Eglise de Vesoul. Le lendemain, samedi 10 septembre, il y eut réunion générale des Religieux dans la grande salle du réfectoire, sous la présidence de Jean de Malassalone, grand prieur. Les statuts de Vesoul furent solennellement approuvés sous cette condition, que si le prieuré de S. Nicolas venait à perdre ses religieux comme cela était arrivé du passé, le chapitre de S. Pierre aurait le droit de les remplacer par des religieux pris dans son sein. On stipula en retour qu'en cas de guerre et de désolation du Marteroy, ses religieux pouvaient se retirer à Mâcon, et seraient à la charge du Chapitre de S. Pierre qui leur donnerait asile et secours.

(1) Si on remarque que ce règlement donne beaucoup de détails sur l'alimentation, et trop peu sur les études et occupations des religieux, nous observerons que la Règle de St-Augustin y avait pourvu, et que le règlement était fait *surtout* en vue de deux religieux chargés de desservir la ville qui ne pouvaient suivre tous les exercices de la communauté.

Jean de Malassalone, plein d'estime pour le prieur de Vesoul, lui en donna publiquement une marque, séance tenante. La règle de la maison voulait que tous les religieux eussent fait profession à S. Pierre même, et entre les mains du grand Prieur. Il fut dérogé à cette règle en faveur de Jean de Feliens, et le grand prieur le délégua en son lieu et place, pour recevoir à Vesoul même, la profession des religieux admis au Marteroy. Cette distinction flatteuse était bien due au mérite de notre prieur (1). Tout semblait présager d'heureux jours à l'Eglise de Vesoul, et les nouveaux statuts y étaient en vigueur depuis trois ans à peine, lorsque la guerre vint ruiner de nouveau l'édifice si laborieusement restauré par Jean de Feliens. Le dernier duc de Bourgogne, Charles le Téméraire venait de mourir, et Louis XI, irrité de voir la Franche-Comté lui échapper, résolut de la conquérir, ou du moins de la ruiner. Les rigueurs que ses troupes exercèrent dans notre malheureux pays expliquent, si elles ne les justifient complètement, les antipathies et les haines des Comtois contre les Français. Louis XI qui songeait à l'avenir, sembla donner pour mission spéciale à ses généraux de détruire les châteaux forts qui hérissaient le sol de notre province. La ville de Vesoul semblait être le point de mire des parties belligérantes. Défendue victorieusement contre les Ecossais par Guillaume de Vaudrey, prise par la Trémouille, elle fut assiégée en 1479 par Bernard de Livron, lieutenant de Charles d'Amboise. Les habitants firent une vigoureuse résistance, et périrent en

---

(1) L'acte qui relate ces faits est couvert d'une foule de signatures parmi lesquelles on remarque celle de Claude de Feliens, frère de Jean, et son successeur à Vesoul.

grand nombre sur la brèche, ouverte près de la porte de Vaivre (1). Exaspérés de cette résistance les Français n'épargnèrent rien « *la ville fut prinse, pillée et brûlée et les habitants en icelle prins, prisonniers, occis, rançonnés, détruits* ».

Le château de la Motte ne fut pas plus heureux, presque dépourvu de garnison, quoique « *passablement muni de toute chose* » il succomba sous des forces supérieures, et fut brûlé comme la ville. Les maisons qui composaient les Haberges et environnaient le prieuré eurent le même sort, comme le prouve un acte de 1481, mentionnant la vente d'une maison, *la seule* qui fut restée debout. Le prieuré du Marteroy ne fut pas plus respecté : « *Le prieuré annexé avec la cure dudict Vesoul, écrit Gollut, pareillement fut ruyné au grand intérêt des dévotions publiques* ». Les archives de la ville qui avaient été transportées dans le château comme dans un lieu sûr, furent perdues et ensevelies sous les décombres. Ce ne fut que bien tard qu'on avisa au moyen de les recouvrer, puisqu'un prieur du Marteroy eut l'idée de les faire rechercher soixante douze ans après.

On les retrouva « *mais tant pourris qu'il n'y eut moien d'en tirer la lecture* » (2).

Jean de Feliens survécut à la ruine de son prieuré.

---

(1) Le lieu où les défenseurs et bourgeois de Vesoul succombèrent, porte encore le nom d'Impasse des morts.

(2) On croit plus facilement ce fait, rapporté par Gollut, que celui de la découverte dans ces fouilles d'un diplôme de *1492*. Enfouir un diplôme *treize ans* avant de l'écrire, est plus que naïf. — Les archives du prieuré n'étaient pas au château, aussi sont-elles conservées, tandis que la plus ancienne pièce des archives communales de Vesoul, porte la date de 1456.

Suivant les conditions stipulées quatre ans auparavant, ses religieux se retirèrent à S. Pierre de Mâcon, d'où ils revinrent plus tard, tandis que le prieur restait à Vesoul pour consoler et encourager ceux de ses paroissiens qui avaient survécu.

Les monuments qui nous restent de cette époque sont presque tous des monuments funèbres, nous en signalerons deux, particuliers à l'Eglise S. Georges. Le premier est la fondation d'une messe hebdomadaire de *Requiem*, pour les bourgeois de Gray, massacrés par les Français (24 Mai 1477). Ce fut l'illustre et malheureux Guillaume de Vaudrey (1), commandant du château de Vesoul, qui fit avec ses compagnons d'armes cette pieuse et patriotique fondation, acquittée tous les samedis dans l'Eglise S. Georges.

Une fondation plus populaire encore, fut celle de la messe des Trépassés. Elle existait déjà, et se disait tous les lundis, mais les malheurs de l'invasion française lui donnèrent de grands développements. C'était l'œuvre de prédilection des pauvres et des ouvriers, et on trouve encore à l'hôtel-de-ville des titres de rente de cinq sous, de sept sous, de neuf sous, destinés à grossir la dotation, et à prier pour les trépassés. L'abondance des offrandes permit de célébrer cette messe tous les jours dans l'Eglise paroissiale (2).

Pour relever les ruines de son prieuré et de son Eglise, Jean de Feliens faisait les plus actives démarches.

---

(1) Décapité par les Français à Luxeuil en 1480. — Que n'a-t-on pensé en élevant un obélisque aux mobiles de la Haute-Saône, morts pendant la guerre de 1870, à faire une fondation de ce genre pour le repos de leurs âmes!

(2) Archives Municipales, A. A. I. Inventaire, L. 141--142.

La misère était extrême, les Français ne vinrent à bout ni de faire payer les impôts, ni de mettre l'ordre dans le pays. Le premier acte du prieur après la ruine de Vesoul nous fera juger du peu de sécurité dont on jouissait. C'est une supplique adressée aux gens du roi pour demander la translation de la chapelle de N. D. du Chastel de Vesoul, et son union avec le prieuré. Cette supplique nous apprend que depuis « la ruyne et *désolacion du château le peuple ne venant plus satisfaire sa dévotion à cette chapelle comme autrefois le prieur perd toutes les offrandes qui s'y faisaient, lesquelles offrandes* « *lui compétent et appartiennent. On craint de plus que cette chapelle étant délaissée, les brigands et larrons qui rôdent déjà alentour, ne s'y cachent et ne s'y meussent pour faire mauvais coups et autres choses. On demande qu'elle soit unie au prieuré et desservie par un religieux, ce qui serait plus convenable que d'employer un étranger loingtain* ».

Il y eut enquête à ce sujet, et les allégations étaient si vraies, l'audace des *robbeurs et larrons* si grande, que Guillaume Martel, curé de Pusey, alors chapelain de cette chapelle, consentit à ce que les ornements et l'image de N. D. vénérée en icelle, fussent transportés au prieuré, à condition toutefois que si le château est rebâti, le tout y sera intégralement reporté (1481). (1).

La même année, les habitants de Vesoul qui commençaient à relever la ville de ses ruines, demandèrent au prieur de vouloir bien pourvoir au remplacement de

---

(1) Voir la notice sur N. D. du Chastel, à la fin du volume.

maitre Geoffroy (1), recteur des écoles, « parti pour gérer les escoles de la paroisse Ste Madeleine de Besançon ». Plusieurs notables représentant *le besoing qu'il y a d'esduquer la jeunesse*, Jean de Feliens nomma de suite Pierre Chalembert et Jehan Piquard à cette charge, ils promirent de payer fidèlement les épices et les cierges dus pour droit de collation.

Les travaux de réparation continuaient toujours au Marteroy où les religieux n'étaient point encore revenus. Afin que la paroisse n'eut point à souffrir de ses préoccupations, Jean de Feliens en laissa le soin à un vicaire actif et vigilant. Richard Malbouhans, c'était son nom, amodia les revenus de la cure *cum onere et honore*, pour la somme de 46 livres, payables annuellement (2). On lui reconnut le droit de loger au *presbytéral, situé derrière l'Église*, c'est ainsi qu'on nommait la maison dans laquelle les vicaires, religieux ou séculiers demeuraient pendant leur séjour en ville. Cette maison était très pauvrement meublée (3). Plusieurs chapelles de l'Eglise paroissiale n'étaient guère mieux montées. Celle de S. Jean-Baptiste n'avait plus que deux chasubles l'une,

---

(1) Geoffroy avait été nommé recteur des écoles pour quatre ans le 4 novembre 1476 : *Ego Prior... informatus de moribus, scientia et probitate viri venerabilis Gaufridi clerici, magistri in artibus pono per præsentes litteras ad quatuor annos, et illum constituo ad regimen scholarum villæ Visulii.* (Lettre d'institution G. 43).

(2) C'est la première fois que nous voyons le curé se décharger aussi complètement du soin de la paroisse, mais les circonstances l'exigeaient, et l'exemple devint contagieux.

(3) La preuve en est dans l'inventaire suivant fait en 1485 : Le mobilier se composait de « un pot de cuivre, une pinte d'étain, un *moutardier*, quatre chandeliers de cuivre, un lit garni de cussins, et sur le lit trois linceux et une méchante serge dans la première chambre haute. Dans la seconde chambre, deux lits, l'un garni de chevenits, l'autre sans chevenit, un banc, un privel, deux chaises et rien autre ».

vieille, l'autre de peu de valeur et un missel, et cette pénurie nous donne à comprendre pourquoi on prisait si fort les donations en livres, linges et ornements qui signalent cette époque (1).

Un acte de 1488 nous apprend que le culte était bien rétabli dans l'Eglise paroissiale, puisqu'on y chantait une grande messe tous les jours. Etienne de Faletans, seigneur de Genevrey, Byalmont et Vaivre, donna un capital de 400 francs, pour fonder le *Salve Regina* qui devait se chanter tous les jours après cette messe, et être suivi du *Miserere*. Cette fondation, jointe à celle de la messe de la Vierge, qui se disait tous les jours, montre combien la dévotion à Marie était en honneur dans la ville dès cette époque. Ce fut à partir de l'an 1492, selon toute apparence, que Jean de Feliens vit son prieuré complètement restauré, car de ce moment, tous les titres sont datés du Marteroy.

Après une vie laborieuse et quarante années de luttes et d'épreuves, il était bien permis au prieur de goûter quelque repos. Les familiers et chapelains de S. Georges n'en jugèrent point ainsi et semblèrent prendre à tâche de le tourmenter et d'empiéter sur ses droits. Nous avons déjà vu quelles étaient les prérogatives du prieur vis-à-vis des familiers; un procès de 1492, nous en fait connaître d'autres. La communauté des chapelains ne pouvait rien terminer et conclure, *recevoir fondations, s'astreindre à quelque charge pour cette raison, priver un chapelain de céans de sa distribution, mêmement les*

---

(1) Richard Timouche, prêtre de Vesoul, lègue (1480) son bréviaire au curé et aux paroissiens de Montigny, afin qu'on soit plus enclin à prier pour lui.

foriens non natifs et régénérés ès-fonds ou bénéficiers de l'Eglise de Vesoul, sans le consentement et le bon plaisir du prieur. Les chapelains ne pouraient non plus susciter procès, recevoir l'argent de la communauté, donner réachat, poursuivre procureurs et receveurs, instituer auditeurs ès-comptes, ratifier et passer des traités sans le consentement du prieur (1). Les circonstances difficiles où se trouvait Jean de Feliens avaient fait croire aux familiers qu'ils pourraient obtenir plus de liberté et d'indépendance, ils perdirent leur cause, mais le vainqueur usa modérément de ses droits. L'indocilité des prêtres amena vite celle des laïques. En 1493, les paroissiens écrasés d'impôts pour fortifier leur ville, refusèrent de payer la dîme et prétendirent avoir droit de tenir charrues, chevaux et autres bêtes pour labourer sans payer de redevance à leur curé selon l'usage. Jean de Feliens dans un savant et lumineux mémoire fit si bien justice de cette prétention, que malgré l'appui du parlement, ils se désistèrent et reconnurent qu'ils avaient tort. Ce fut par ces luttes soutenues avec autant d'habileté que de prudence que Jean de Feliens acheta la paix de sa dernière année de vie. Quand il mourut le 15 Janvier 1497, la discipline était rétablie dans le prieuré, les plaies faites par l'invasion française commençaient à se cicatriser (2) et sa longue administration ne laissait que de bons souvenirs.

Le chapitre de S. Pierre fit acte de justice et de bon goût, en désignant son frère Claude pour lui succéder.

(1) Archives du prieuré. G. 81, 82, 83.
(2) Nous disons *commençaient*, car vingt ans plus tard on s'en sentait encore. Le journal de voyage de Philippe le Beau, écrit en 1501, déclare que Vesoul est *tout en ruyne et fait pitié à voir*.

Quoique avancé en âge et faible de santé, Claude de Feliens continua l'œuvre entreprise par son frère, termina plusieurs procès, et fut puissamment secondé par son neveu Hugues de Feliens, administrateur du prieuré et aumônier de l'hôpital. Il reçut au mois d'Août 1501 l'archiduc Philippe le Beau, et les chantres de la chapelle ducale chantèrent une messe en musique dans l'Eglise paroissiale.

Antoine de Damas, d'une noble famille de Bourgogne succéda en 1504 à Claude et à Hugues de Feliens. Ce fut, croyons-nous, le dernier prieur-curé qui vint de Mâcon, et dès ce moment les souverains revendiquèrent le droit de faire cette nomination.

Antoine de Damas, à l'exemple de ses prédécesseurs établit un receveur des comptes et économe chargé du temporel. De son temps, le prieuré semble avoir joui d'une tranquillité profonde, la rareté des actes de son administration prouve que les procès étaient terminés, et qu'aucune difficulté sérieuse ne troubla la paix dans la paroisse et dans le prieuré dont nous trouvons les religieux au complet (1).

Il était à propos que les choses fussent ainsi réglées, car l'Eglise de Vesoul allait se trouver dans une crise difficile à traverser. Vers ce temps, le grand prieuré de Mâcon tomba en commende (2) et celui du Marteroy eut le même sort. Jacques de Verey, religieux de S. Paul

---

(1) En 1517 ces religieux étaient Fr.-Pierre David (de S. Oyan de Joux), Hugues Chichet, Jean Baudouyn, Jean Sordel et François Saige.
(2) Gallia Christiana. Prov. Lugdunensis.

de Besançon, qui l'administra après Antoine de Damas (1511-1517), fut le dernier prieur régulier et résidant. Charles de Cournon, protonotaire apostolique lui succéda comme prieur commandataire et ne vint guère à Vesoul que pour régler la question des dîmes avec ses paroissiens. La question fut traitée à l'amiable, le pasteur et les ouailles se montrèrent également généreux et il fut convenu (8 août 1520) que la dîme estimée 200 francs pour Vesoul et 100 francs pour Echenoz se paierait désormais en espèces (1).

Deux religieux du Marteroy, Pierre David et Jean Baudouyn administraient la paroisse, à la satisfaction générale. Cependant les esprits étaient préoccupés et la vague appréhension des malheurs qui signalèrent l'apparition de la réforme, tenait toutes les âmes en suspens. On prévoyait une époque de laborieuse transition et les moindres évènements étaient expliqués en ce sens. Le 22 Août 1518, au soleil couchant, la ville entière jouit d'un spectacle singulier ; on vit dans les nuages au-dessus de la Motte un spectre menaçant qui semblait brandir son épée en la tournant contre la ville. L'épouvante était générale, chacun courait à l'Eglise pour implorer la protection divine lorsqu'un des notables, Claude Normand, ayant considéré attentivement le spectre, y reconnut l'ombre de la statue de S. Georges qui surmontait la tour septentrionale de l'Eglise. Chacun fut de son avis, et le calme se rétablit bientôt (2).

---

(1) Archives de la Mairie. A. A. 1. 22. 142.
(2) Ce fait cité par Labbey de Billy, l'avait été avant lui par le mathématicien Jésuite Charles. Mathém. Tome III, Section 1er, Proposition 23.

DE L'ÉGLISE DE VESOUL.

Ce calme était plus nécessaire que jamais en face des provocations qui allaient bientôt venir de l'étranger. La parole ardente de Luther et de Farel, conviant les princes et les peuples à faire main basse sur les biens d'Église, et à renverser l'ordre établi, commençait à porter des fruits dont on reconnut bien vite l'amertume. Les paysans s'étaient soulevés et leur singulier drapeau (1) ralliait des masses, ne rêvant que destruction et pillage. Un avis du 10 mai 1525 ordonnait à Thiébaud Ponsot, procureur de la duchesse, de mettre sous les armes tout son monde, tant de Vesoul que des villages voisins pour repousser les Luthériens « *qui se jactaient de surprendre et de détruire la ville* ». Ces bandes indisciplinées pillèrent Bithaine et Saulx, leurs éclaireurs vinrent jusqu'à Colombier, mais on en fit justice à Montboson et à Ternuay (Juin 1525) et les 221 vésuliens capables de porter les armes, n'eurent aucune attaque à repousser.

La ruse eut été plus dangereuse peut-être que la violence, et les excès de ces bandes en faisant bien connaître à nos populations les Apôtres du nouvel Évangile, étaient le meilleur antidote qu'on put opposer à leur doctrine. Les Luthériens essayèrent de la ruse. Leurs émissaires parcouraient les campagnes, mais ils cherchaient surtout à s'établir dans les villes. Sous prétexte d'instruire la jeunesse, ils ouvraient des écoles libres, faisaient des *lectures publiques* destinées à répandre leurs idées et à miner la foi dans le cœur des jeunes catholiques. Le premier qui vint à Vesoul, Nicolas Selvit (1525) en fut chassé au bout de deux ans par le peuple; pour le second, il y

---

(1) Leur signe de ralliement était un vieux soulier au bout d'une perche.

resta plus longtemps, il se nommait Nicolas Bucheron (1). Tous deux étaient d'Amance. Comme il est facile de le penser ces deux hommes à « belles manières et beau langage » repoussaient l'autorité du prieur, et déclinaient sa surveillance ; bien qu'ils eussent des partisans secrets dans la ville, leur influence n'alla point jusqu'à faire des prosélytes, et l'Eglise de Vesoul n'eut pas la honte de voir une seule apostasie. Tout se borna aux tracasseries locales, aux menaces indirectes, qui amenèrent finalement l'expulsion des sectaires étrangers.

Le curé de Vesoul était alors un homme de cœur et

(1) A l'appui, je trouve dans le registre *B. 5018.* (Arch. Haute-Saône : En 1599 Jacques Bucheron d'Amance est renvoyé absous de sorcelleries, mais il est accusé d'hérésie, « pour avoir tant en sa maison qu'aux champs, souvente fois chanté des psalmes deffendus en françois comme : *Du fond de ma pensée ; Me reproche moy ; Prends ma querelle ; Ne sois fasché si durant cette vie ; Souvent tu vois prospérer les méchants,* et plusieurs autres, mesme les commandements en françois, *lève le cœur, preste l'oreille,* et disant que lorsque l'on estoit fasché on debvoit chanter les dits psalmes et que les Huguenots de France en chantoient aulcungs quand ils alloient à la guerre contre le roy de France, ayant induicts et sollicité le sieur Hennequin à les aprendre et chanter. Plus pour tenir en sa maison une bible en françois dans laquelle il lisoit souvent, au commencement de laquelle il estoit dit que Dieu avoit fait le ciel et la terre, disant ledit Bucheron que cela estoit bien fait. — Item pour depuis les guerres arrivées en ce pays en lan nonante cinq (1595) avoir été trouvé en la maison dudit Bucheron cinq livres suspect de notre religion, contenant au commencement que la Cène estoit un sacrement et plusieurs psalmes en françois comme aussi plusieurs aultres escripts aussi suspetz lequel livre estant tiré hors de la maison dudit Bucheron et montré à certain personnage dudit Amance, fut recogneu estre des œuvres de Calvin et pourquoy il fut bruslé. — Item pour ledit Bucheron avoir esté par plusieurs fois répété et dit plusieurs *rhimes* contre les hommes d'Eglise, comme s'ensuyt. Il y a plus de larons que de gibets portant bonnets carrés, fourrés d'ermine, et plusieurs aultres du tout suspetz et contre notre religion » (B. 5018).

Il paraît que ces Bucherons d'Amance furent bien tenaces.

d'énergie. Sa nomination faite en janvier 1526, se rattache à un fait historique fameux. Pierre d'Andelot, était frère de Jean d'Andelot qui prit François Ier à la bataille de Pavie, et reçut de la main du roi une magnifique balafre à la joue droite.

L'empereur Charles Quint n'eut garde d'oublier le bel exploit de Jean, et si le monarque français perdit tout, hors l'honneur, en ce jour mémorable, Jean d'Andelot gagna tout, plus l'honneur. Une des premières faveurs accordées à sa famille fut la nomination de son jeune frère au prieuré du Marteroy et à la cure de Vesoul. Plus tard Pierre d'Andelot devint protonotaire apostolique, chapelain de l'empereur et chanoine de Besançon (1). Ces divers titres lui permirent, en soutenant ses droits avec énergie de rendre à sa paroisse tous les services qu'on pouvait attendre d'un homme généreux, jouissant de la faveur du prince. Les premières années de son administration furent employées à régler les affaires de la paroisse. De nombreuses fondations vinrent à ce moment rehausser l'éclat du service divin dans l'Eglise S. Georges. Les officiers de justice avaient fondé en 1513 une messe à notes qui devait se chanter chaque vendredi (2). Diverses libéralités avaient permis d'acheter des orgues, mais il fallait un organiste et des chantres; on les eut en 1530 grâce à la générosité d'Antoine de Salive et de Jeanne Marmier, sa femme.

---

(1) Il eut aussi les prieurés de Jonhe et l'abbaye de Bellevaux. Il est enterré à Pesmes, où il résida longtemps, et sa statue surmonte son tombeau. — (Chapelle de Résie). On a mutilé sa figure pendant la révolution.

(2) Ils avaient donné en outre 30 fr. pour acheter un calice d'argent doré.

La maitrise qu'ils fondèrent devait se composer d'un maitre, prêtre familier de l'Eglise S. Georges, et de quatre enfants de chœur, pris dans la paroisse ou dans les environs. Outre la chapelle du château de Fouvent, des prés, champs, vignes et contrats de rente assignés pour la dotation, le maitre des enfants de chœur reçut une maison asssez pauvrement meublée, située derrière l'Eglise, joignant « *le presbytéral* » pour y loger avec ses enfants, veiller à leur éducation et les conduire aux offices.

La maitrise de Vesoul ne parait pas avoir fonctionné avant l'année 1536 (1).

Dans un voyage qu'il fit en Italie, puis en Allemagne, le curé chapelain de l'empereur obtint de son auguste maitre Charles Quint, la confirmation générale de tous les privilèges du prieuré du Marteroy. C'est la première que nous trouvions depuis l'an 1286, où ces privilèges avaient été reconnus par Othon IV.

Le diplôme est daté de la cité impériale de Ratisbonne (mars 1532).

La haute faveur dont jouissait le curé de Vesoul à la cour impériale lui servit à préserver la ville du venin de l'hérésie. Comme le sieur Nicolas Bucheron tenait une école suspecte, et refusait de reconnaitre l'autorité du prieur, Pierre d'Andelot se plaignit avec raison de cette conduite et représenta à l'empereur « *que de temps immémorial les prieurs et curés avaient eu le droit*

---

(1) De nombreuses libéralités améliorèrent dans la suite la position des enfants de chœur qui furent ruinés au XVIIe siècle par la déconfiture des premiers bienfaiteurs et de leur famille.

d'instituer et inspecter maîtres et recteurs des écoles de Vesoul, pour enseigner et endoctriner les enfants de la ville ». Charles Quint ordonna au Parlement de Dôle de maintenir le prieur en garde, par lettres patentes du 7 mai 1535. L'école de Nicolas Bucheron fut fermée. Si le prieur soutenait vivement ses droits, c'est qu'il avait à cœur la foi de ses paroissiens, et tenait plus à les préserver de l'erreur, qu'à leur faire sentir sa puissance. Il en donna la preuve deux ans après, en abandonnant aux habitants le droit de présentation au rectorat des écoles, il se réserva seulement le droit de confirmer les candidats, sur lesquels on pourrait compter, et pour s'assurer de leur orthodoxie, on les obligea dès lors à faire leur profession de foi (1), (22 Mai 1537).

En même temps qu'on agitait cette question, les habitants en soulevaient une autre relative à l'assistance publique et au droit « de placer des troncs et coffres des pauvres ». Pour empêcher les mendiants qui étaient aussi nombreux qu'impertinents, de troubler les offices en demandant l'aumône, on avait établi deux coffres bardés de fer, près des portes de l'Église et chacun y déposait son offrande qui était distribuée ensuite par le conseil des pauvres, composé du curé ou de son vicaire, des échevins et de trois notables. Les habitants prétendaient en établir d'autres soit dans l'Église, soit autour de ses murs. En les multipliant il eut été plus difficile de les garder. Pierre d'Andelot s'y opposa et il fut convenu (1537) qu'on ne pouvait à l'avenir « *mettre de troncs dans le pourpris et circuit de l'Église S. Georges,*

---

(1) Bientôt après, cette mesure prudente devint la règle générale du diocèse, et les statuts diocésains en firent une loi.

sans le consentement du seigneur prieur (1). »

La vieille maladrerie ou hôpital paroissial de Ponts subsistait toujours et la paroisse de Vesoul ne renonçait point aux droits qu'elle avait d'y envoyer quelques malades. Le curé de Ponts ayant voulu contester ces droits en 1538, fut débouté de ses prétentions par arrêt du parlement, mais le droit des Vésuliens était plutôt fictif que réel par suite du délabrement de cette maison, et il ne paraît pas qu'elle ait été fréquentée par les malades de la ville à partir du XVIe siècle. Cependant, les malades ne manquaient pas, puisque le cimetière paroissial était trop étroit. En 1540, la ville acheta un verger du faubourg, longeant la levée de Besançon, pour en faire un cimetière (2). On y bâtit une chapelle funéraire, qui fut plus tard consacrée à N. D. des Victoires, et devint le centre de la confrérie du Rosaire (3).

Il est probable que le curé de Vesoul ne fut pas étranger aux négociations qui amenèrent l'érection de Vesoul en mairie, et mirent cette ville sur le même pied que les autres lieux importants de la province. Du moins les lettres patentes de Charles-Quint (16 Avril 1540), furent solennellement publiées dans l'Eglise S. Georges, et le premier maire de Vesoul noble François Salivet, y vint prêter serment devant le maître autel le 4 Juillet 1540 (4).

A partir de ce moment, la plupart des affaires furent

---

(1) Ces coffres de fer, à triple clef ne s'ouvraient qu'en présence du conseil, qui supputait les fonds, et les répartissait entre les nécessiteux.
(2) Ce cimetière sert de cour à l'hôpital actuel.
(3) Archives de la mairie. Notice sur la chapelle du Rosaire. Mém. de la commission archéologique de la Haute-Saône (1862).
(4) Arch. de la Mairie. A. 3. 162.

réglées directement par Jean Baudoin, religieux du Marteroy, et vicaire du prieur. Il soutint en 1543 un procès contre Jean de Sacquenay, qui lui contestait les dîmes de Villeparois, reçut la fondation d'une messe du S. Sacrement qui devait se chanter le Jeudi de chaque semaine, et le salut devant se donner le même jour (29 Avril 1543) (1), et prépara par sa prudente administration les quarante années de paix et de prospérité, dont jouit la paroisse de Vesoul (1540-80).

Pierre d'Andelot, absorbé par d'autres travaux et promu à l'importante abbaye de Bellevaux ne s'occupa de la paroisse et du prieuré, que pour approuver les actes de son vicaire. Le 8 septembre 1546, il nomma curé de Ponts un étudiant de Dôle qui devait bientôt le remplacer lui-même, et il se démit du prieuré et de la cure de Vesoul en 1550.

A la même époque, les antiques liens qui attachaient l'Eglise de Vesoul à celle de Mâcon, se relâchèrent, et il n'est plus dès lors question du chapitre de S. Pierre, ni de ses religieux. Cela n'est point étonnant, puisque le célèbre prieuré était réduit à la pauvreté depuis qu'il était tombé en commende ; les grandes familles dédaignent d'y envoyer leurs enfants, et pour sauver ses débris, le Pape Paul IV fut obligé d'en faire un chapitre séculier.

A partir de ce moment aussi, l'importance du Marteroy diminue graduellement, tandis que celle de

---

(1) Archives de la Mairie. A. 3. 182.
(2) Arch. de la Mairie 22, 141.

S. Georges augmente, après avoir été longtemps dans la dépendance des moines, l'église paroissiale arrive presque à les éclipser, et nous entrons dans une phase nouvelle, dont les alternatives ne manqueront ni de variété, ni d'intérêt, puisqu'après avoir été signalée par des catastrophes, elle finira par une véritable résurrection.

CHAPITRE IV.

SOMMAIRE

Vesoul au XVIe siècle. — Jacques et Simon Perrot prieurs curés. — Richesses de l'Eglise S. Georges. La propagande luthérienne repoussée. Etienne Demesmay, prieur. Réglements de droits curiaux. Ravages de la peste. — Le Marteroy rattaché à S. Paul de Besançon. Renobert Demesmay, prieur. Invasion de Tremblecourt, destruction complète du Prieuré. Défense de le rebâtir. Il est transféré à Ponts. Etablissement des Capucins, des Jésuites, des Ursulines, des Annonciades. — Joseph Toitot et Christophe Duplan, prieurs curés. — Les calamités de 1636 à 1645. — Efforts pour réparer les désastres. — Projets d'union du prieuré avec le Chapitre de Calmoutier.
De 1550 à 1650.

Le milieu du XVIe siècle fut l'époque la plus brillante et la plus tranquille dont les annales vésuliennes nous aient conservé le souvenir. Si la ville était une assez chétive place de guerre et si son château était à moitié ruiné, ses établissements civils et judiciaires la rendaient importante. Capitale du baillage d'Amont, siège d'un tribunal dont le ressort était le plus considérable de la Franche-Comté, elle était peuplée surtout de juges, de procureurs, d'avocats et d'hommes de loi.

Elle devint même une pépinière de diplomates et de jurisconsultes, qui portèrent au loin la renommée et l'amour de leur pays. Les nobles familles qui fournissaient des ambassadeurs à l'empire, des présidents et des conseillers au parlement, fournissaient aussi des familiers à l'Eglise S. Georges, et contribuèrent presque toutes à la doter et à l'embellir.

Le successeur de Pierre d'Andelot ne lui cédait en rien pour l'habileté et le crédit. C'était Messire Jacques Perrot, Protonotaire Apostolique, Docteur en droit, Chanoine et Official de l'Eglise Métropolitaine de Besançon. Jacques Perrot appartenait à cette école de diplomates comtois qui rendirent tant de services à Charles-Quint, et ne furent pas la moindre gloire de son règne. L'empereur l'honorait de sa confiance, le chargea de plusieurs missions importantes et délicates, qu'il sut mener à bonne fin. Lorsqu'il fut nommé (8 Octobre 1551) il remplissait une mission extraordinaire dans les Flandres et les pays d'outre Meuse. Ses fréquents voyages ne lui permettant point de s'occuper du prieuré et de la paroisse de Vesoul, il demanda pour coadjuteur son parent Simon Perrot, comme lui chanoine de Besançon et curé de Ponts. Le Pape Jules III nomma ce dernier coadjuteur du Marteroy le 4 des calendes de Février 1553, Charles-Quint ratifia cette nomination qui devint définitive le 25 Avril 1556, par la mort du titulaire Jacques Perrot. En réalité ce fut le coadjuteur qui administra le prieuré dès l'an 1551. Il commença par régler les affaires temporelles, termina le procès des dîmes de Villeparois qui furent diminuées d'un quart par l'officialité diocésaine. Dans ce jugement, le prieuré du Marteroy est qualifié d'*Insigne*, et considéré comme un important bénéfice. Le nouveau prieur fit faire un terrier et relevé général de tous les biens, titres et revenus de son monastère (1), inventoria ses archives (2) et fit même rechercher celles de la ville, enfouies depuis 70 ans sous les débris du château.

Chose assez rare pour être remarquée, les familiers ne contrarièrent point le nouveau curé, ils voulurent même imiter son zèle, en prenant l'initiative d'une mesure destinée à fournir l'Eglise paroissiale d'ornements convenables. On les voit s'assembler le jour de S. Ferréol (16 Juin 1553) et abolir un usage qui, sous prétexte d'entretenir la charité entre les familiers, ne laissait pas d'avoir des inconvénients. Cet usage voulait que chaque récipiendaire donnât six repas à ses confrères.

Comme les places étaient souvent vacantes parce que les familiers acceptaient facilement des cures, il en résultait des festins par trop fréquents. On convint qu'à l'avenir tout se réduirait à un dîner et un souper, et qu'à la place des quatre repas supprimés le récipiendaire fournirait une paire de gants, et une chappe de la valeur de trente francs (3). Simon Perrot approuva de grand

(1) Le livre des tailles du Marteroy, dressé par ses ordres constate que le prieuré avait des terres ou revenus dans les 34 communes suivantes : Auxon, Andelarrot, Bougnon, Charmoille, Chariez, Seye, Colombier, Comberjon, Colombe, Coulevon, Damvalley, Epenoux, Echenoz-le-Sec, Echenoz-la-Meline, Essernay, Frotey, Gratery, Les Aberges, Montcey, Montaigu, Montigny, Pusey, Pusy, Provenchère, Ponts, Port-sur-Saône, Quincey, Rioz, Vaivre, Vesoul, Vernois, Villers-le-Sec, Vellefaux, Villeperrot. — (Arch. de la Haute-Saône, G, 35. De 35 à 44).

(2) C'est par cet inventaire que nous avons connaissance des pièces aujourd'hui détruites. (Arch. G. 38).

(3) Archives de la Mairie, 22, 141. Cette clause prouverait qu'on portait des gants à l'office. — Le prix de la chappe fut plus que doublé

cœur cette mesure qui avait pour but de mettre les ornements sacerdotaux en rapport avec la belle argenterie que possédait alors l'Eglise paroissiale.

Grâce aux inventaires qui se faisaient chaque fois qu'un nouveau marrelier (sacristain) prenait possession de sa charge, nous connaissons exactement l'état des meubles et ornements en 1560. Les nombreuses libéralités particulières avaient presque rendu l'Eglise opulente. Ornements de draps d'or frisé, chandeliers et encensoirs d'argent, reliquaires dorés, calices ciselés, croix émaillées, statues de saints, linges précieux, rien ne lui manque. On sonne une cloche d'argent, « *devant le précieux corps de Dieu* » quand on le porte dans les rues ou en viatique ; la ville paie le luminaire, et si les illuminations ne sont point remarquables par la quantité des cierges, elles le sont par leur grosseur et leur travail. La pièce capitale du trésor, celle que les Vésuliens montrent avec orgueil, c'est la statue de « Monsieur Sainct Georges notre glorieux patron ». Le guerrier est à cheval, il terrasse le dragon, et délivre la pucelle exposée dans une caverne. Le coursier est couvert d'une magnifique housse d'écarlate brodée d'or, et la pucelle porte une chaîne d'or à laquelle est suspendu un *Agnus Dei* (1).

en 1588. On déci la qu'elle serait de 80 francs. — Au XIIIe siècle le le Chapitre Métropolitain exigeait des chap[es] de X livres.

(1) Archives de la Mairie. Inventaires et comptes du Marrelier. Il paraît que cette belle statue de S. Georges qui figurait dans les grandes processions, disparut lors de l'invention de Tremblecourt ; dans l'inventaire de 1606 elle est remplacée simplement par un reliquaire en forme de bras « *le bras de M. S. Georges.* » On trouve aussi une statue de *M. S. Sébastiain d'argent* ». Des reliquaires de S. Sébastien S. Simon. S. Ursin, S. Etienne, Saint Pancrace, carreaux d'or, trois croix d'argent, 60 nappes d'autel de cinq annes de long. Le marrelier devait veiller à ce qu'on ne prit ni bijoux, ni linges, ni cierges. Aux

La ville a trois cloches, le prieuré n'en compte pas moins de quatre (1). Les registres de baptême commencés par les vicaires Symonin Renaud et Denys Peulvez, le 1er février 1556, nous apprennent qu'il y avait chaque année une moyenne de 60 naissances dans la paroisse. Outre la grande messe que les familiers chantaient tous les jours, il y en avait une foule d'autres fondées pour différents motifs et par diverses confréries, on chantait tout l'office aux fêtes de la Ste Vierge, et pendant le mois de mai la foule assistait après souper, aux matines qui se chantaient chaque soir, en l'honneur de la mère de Dieu (2).

Les efforts de la propagande luthérienne vinrent se briser contre la foi des Vésuliens, et leurs pasteurs ne négligèrent rien pour la soutenir. Le Chapitre métropolitain mérita bien de la religion et de l'église dans cette époque si tourmentée et si critique. Il envoya les plus instruits de ses membres prêcher dans les centres principaux pour raffermir la foi des populations.

Le curé de Vesoul qui était chanoine du grand Chapitre n'avait garde d'oublier sa paroisse. Les chanoines de Besançon vinrent donc prêcher à Vesoul, et ce fut

---

fêtes de 1re classe, on allumait 12 cierges de cire d'une livre et une grande torche; aux fêtes moindres 6 cierges ou 4. (etc.) (Inventaire de 1769, 22, 24).

(1) Les paroissiens étaient fiers de leurs orgues nouvellement achetées, et les confréries devaient adresser d'humbles supliques au magistrat pour qu'il leur fut permis d'user de ce rare instrument au jour de leurs fêtes patronales. La confrérie des musiciens sous le patronage de Ste-Cécile devait faire sa demande comme les autres.

(2) Il y avait une horloge dans la tour de l'Eglise depuis l'an 1449. Elle venait d'Arras et toute la paroisse avait été imposée pour son achat. (Archives de la Mairie, A. 3).

avec succès, puisque les hérétiques furieux de voir le bien qu'ils avaient fait, s'en vengèrent en assassinant au retour le chanoine Lebel, lorsqu'il fut à une lieue de la ville, reconfortée par sa puissante parole (7 Décembre 1568) (1).

Loin de nuire à la cause catholique, ce lâche attentat lui fut des plus utiles, il ouvrit les yeux aux quelques habitants qui penchaient du côté des sectaires, et ne fit qu'affermir les Vésuliens dans leur foi. Ils donnèrent une preuve éclatante de leurs sentiments, quelques années plus tard. Au premier avis de l'attaque des hérétiques contre Besançon, dans la nuit du 21 Juin 1575, les Vésuliens coururent aux armes, et marchèrent, au nombre de trois cent quatre contre les Luthériens sous la conduite d'Adrien de Salives, et de Guillaume Basin. Ils n'allèrent pas plus loin que Quenoche, car ils rencontrèrent là un courrier leur annonçant l'heureuse issue du combat, et la déroute complète des Huguenots. Pour apprécier l'imposante unanimité de cette démonstration, il est bon de savoir qu'à cette époque Vesoul ne comptait que 330 hommes en état de porter les armes. Il n'en restait donc qu'une vingtaine pour garder les portes et les murailles de la ville.

La délivrance de Besançon fut d'autant plus heureuse pour les Vésuliens, que les Huguenots avaient résolu, si leur coup de main ne réussissait pas, de se porter sur Vesoul et Pontarlier, et de piller ces deux villes (2) dont l'attachement à la foi était bien connu.

(1) On lit dans le nécrologe du Chapitre métropolitain. D. Lebel, canonicus concionator, rediens ex Vesulio, occisus à quodam hœretico prope locum de Vellefaux. (Acta Capituli. An. 1568). Le chanoine d'Occors, originaire de Vesoul fut avec le chanoine Lebel, et le suffragant Simard, un des meilleurs défenseurs de la foi catholique.

(2) Documents inédits. Tome I. P. 325.

L'édilité vésulienne, d'accord avec les autorités civiles et ecclésiastiques, réalisait différentes améliorations. Les humides cachots du château de la Motte étaient remplacés par une prison (1568)(1) où fut transportée la chapelle du château sous le vocable de S¹ Michel ; le petit hôpital de Jean Sardon fut transféré près des remparts et agrandi, (1573) et en 1576, on acheta une nouvelle maison d'école 2145 francs. Cette maison devint le germe du collège des Jésuites établi quarante ans après.

Le prieur Simon Perrot qui avait provoqué ou approuvé toutes ces mesures était mort quand on les mit à exécution. En attendant qu'il eût un successeur, le Parlement s'empara de l'administration des biens du prieuré, et en donna le soin au conseiller Luc Chaillot; c'est le premier exemple de ce genre que nous trouvions, il nous montre comment le pouvoir séculier s'immisçait de plus en plus dans les affaires ecclésiastiques. Le successeur de Simon Perrot fut encore un chanoine de Besançon, Etienne Demesmay, Archidiacre de Faverney.
Bien que prieur commandataire, le nouveau curé vint quelque peu séjourner à Vesoul, et un mémoire du temps nous apprend qu'il s'étudia de toutes ses forces à gagner ses paroissiens, et qu'il contenta non-seulement le conseil de la ville mais aussi, *le populaire*.

Nous n'en pouvons dire autant d'un de ses vicaires (2) qui par ses exigences souleva un nouveau procès et d'assez longs débats entre le curé prieur et les paroissiens

---

(1) Les habitants de Vesoul se soumirent de mauvaise grâce à cette construction. Ils furent taxés à 400 f. pour cet objet. (1568)
(2 Ce malencontreux vicaire est très probablement Denys Poulvez

malgré les sentiments affectueux qui les avaient d'abord animés. A nos yeux, ce procès a le grand avantage de faire mieux connaître l'état et les usages de l'Église de Vesoul, analysons le rapidement. Les débats nous apprennent que le bénéfice entier ne vaut que 1200 francs de revenu, charges déduites. La cure unie aux droits prieuraux s'amodie 620 francs.

Le Marteroy possède 120 faulx de pré, 365 ouvrées de vignes, 350 quartes (35 hectares) de terre labourable sur Vesoul; 310 quartes sur Charmoille, Pusy et Coulevon, des cens en grande quantité sur différents autres territoires, et le droit de patronage sur les cures de Ponts, Pusey, Pusy, Auxon, Seye, Montigny, avec sa part dans les offrandes. Cette fortune territoriale était belle sans doute, mais on voit combien son revenu était maigre, puisqu'il ne dépassait pas 1100 francs (1).

Le prieur donna ces explications devant le parlement de Dôle. Le procès dura trois ans, et se termina en 1581, par une transaction qui régla les droits curiaux de la manière suivante. Les paroissiens furent partagés en trois catégories, d'après leur fortune. Les riches, les médiocres et les pauvres, ou les moindres. Le nombre est égal dans chaque catégorie. Les droits d'épousailles, de fiançailles, les lettres testimoniales, les enterrements, les services funèbres furent taxés suivant l'usage ancien, on

(1 Dans les 1200 f. de revenu, les droits curiaux de Vesoul figurent pour 100 f. On trouve une quittance totale de onze cents francs, délivrée à Besançon par le prieur. André Pudey de Vesoul était l'amodiataire, il donnait 1200 f. au prieur, nourrissait les quatre religieux, fournissait l'Église S. Nicolas d'huile, cire, chandelle, ornements, etc. (Arch. du prieuré.)

ne fit de difficultés que pour les extraits d'actes des registres paroissiaux, ils furent pourtant fixés à cinq sols.

Ce procès nous apprend encore entr'autres détails curieux, que les époux devaient trois *pastes* ou gateaux au curé le jour de leurs noces; moyennant cela le curé devait aller en ville bénir le lit nuptial et dire deux messes basses, le jour et le lendemain des noces. Ces trois gateaux pouvaient être remplacés par un droit fixe de 45 sols.

Le droit mortuaire n'était dû en entier que pour le chef d'hôtel, il ne pouvait y en avoir plus de deux par maison ou famille. Les enfants au-dessous de 14 ans payaient le tiers des grandes personnes. Le suaire ou drap de mort et tous les cierges appartenaient au curé. Il en était de même des draps mortuaires de différentes couleurs que les familles riches suspendaient pendant une année aux piliers de l'Église, après l'année révolue, ils devenaient propriété du curé.

L'usage de la paroisse était de faire le quarantal et l'anniversaire avec les mêmes cérémonies et le même luminaire qu'au jour de l'enterrement. On chantait trois grand'messes à chaque fois, les *moindres* étaient seuls dispensés de ces services: ils étaient d'obligation pour les *riches* et les *médiocres*. Pendant un an après le décès des chefs d'hôtel, on offrait pour eux à la grand'messe du dimanche, le pain et le vin s'ils étaient riches ou médiocres, le pain seulement, s'ils étaient pauvres.

Les bons deniers, espèce de redevance qui se payait à raison de la fatigue extraordinaire du curé aux fêtes de la Toussaint, de Noël et de Pâques, furent fixés à 3 sols,

2 sols, 1 sol, suivant la fortune, et contre le gré du curé qui aurait voulu les faire recueillir à domicile, il fut décidé qu'on les recueillerait à l'Église.

La Passion se récitait chaque jour depuis le 3 Mai au 14 Septembre. Ceux qui tenaient charrue devaient donner une gerbe, les autres 2 sols et 1 sol suivant leur catégorie. Le prieur avait sa maison curiale en ville, et d'ordinaire le vicaire y résidait, il fut convenu que pour frais d'ameublement les paroissiens donneraient 12 francs chaque année, et 18 francs pour pain et vin d'autel.

Comme on faisait souvent des prières publiques pour demander quelque grâce spéciale, Étienne Demesmay exigea trente sols pour chaque procession qui serait faite à la réquisition des paroissiens. On n'y voulut point consentir, attendu, observèrent les notables, *que quand on prie pour une nécessité publique, le pasteur doit y mettre du sien, aussi bien que le troupeau*, mais on accorda un droit de quinze sols pour les bénédictions et cérémonies faites à la demande des particuliers. Comme l'administration des sacrements est gratuite on n'exigera rien, mais on s'en réfère à la générosité et discrétion des paroissiens.

Enfin, on convient qu'aux veilles de grande fête, le curé et les vicaires ne pouvant suffire à cause de l'affluence des paroissiens, à ouïr toutes les confessions, auront soin de n'employer pour confesser que des gens d'église doctes, savants, sages et de bonne réputation (1) (15 sept. 1581).

(1) Cette clause semble avoir été insérée en vue d'écarter un familier

On trouvera peut-être que le prieur soutenait ses droits avec beaucoup de rigueur, mais comme il le fait observer dans ses réponses, la cure de Vesoul n'était pas dotée, le curé en tant que curé n'avait que sa cure pour vivre, si les dîmes lui appartenaient, c'était comme prieur. Prévoyant le cas où les deux bénéfices seraient séparés, il avait à cœur de ne point laisser perdre des droits qu'il devient impossible de faire valoir quand ils sont tombés en désuétude.

Le nouveau règlement fut mis en vigueur à dater de 1582, le curé prenait des mesures de discipline pour maintenir dans le devoir les familiers toujours inquiets et remuants, quand un ennemi commun vint faire trêve à toutes les querelles. C'était la peste. Elle fit des ravages considérables à partir de la fin de juillet 1586. Les magistrats vouèrent une procession solennelle à S. Sébastien de Montboson, mais il paraît qu'on ne put la faire parce que chacun songeait à se sauver, les mois d'août et septembre furent les plus pénibles à passer, et en octobre, 56 bourgeois déclarent qu'ils forment les deux tiers des habitants de la ville, *les autres estant aux loges, ou ayant leurs maisons barrées et cadenatées.*

L'autorité civile prit des mesures fort sages, mais la frayeur et le désarroi général ne permirent guère de les appliquer. On aurait aimé voir le prieur venir à Vesoul et payer de sa personne; en son absence les vicaires, familiers et autres prêtres firent leur devoir, assistèrent les malades et les mourants; nous n'en trouvons qu'un seul

---

de l'église qui avait une réputation équivoque, et conservait chez lui une femme suspecte. Il fut interdit, et fit ses soumissions après trois ans de résistance. (1583) Arch. du Prieuré. --

contre lequel on fit des plaintes auxquelles le curé donna d'assez faibles réponses.

Les géographies modernes ont répété d'après certains auteurs vésuliens un détail fort exagéré quand elle sont dit qu'il ne resta que 75 habitants. Les registres de l'Église paroissiale donnent un démenti formel à cette assertion (1). On employa les mesures quelque peu barbares de l'époque, en internant les pauvres malades dans des baraques, mais la frayeur n'empêcha ni les prêtres de les secourir, ni les notaires de recevoir leurs testaments, ni les pestiférés de mourir en chrétiens (2).

De nombreuses fondations en faveur des pauvres, des orphelins et de l'hôpital datent de cette époque funeste, et nous voyons comme conséquence immédiate de cette épreuve la dévotion envers S. Sébastien, S. Antoine et S. Thaurin se relever, leur confrérie redevenir florissante après avoir été négligée, la messe des trépassés attirer une foule de fidèles et la confrérie du Rosaire s'établir dans la chapelle agrandie et restaurée du nouveau cimetière.

L'ancien n'aurait pas suffi à recevoir les victimes de

---

(1) Ces registres, conservés à la Mairie, prouvent que la ville n'était point déserte, en effet ; ils accusent 105 baptêmes en 1585. — Du 1er Janvier au 1er Août 1586, il y en eut 35. A ce moment le mal arrivait à son plus haut période de violence, et cependant le vicaire Antoine Clerc baptise 6 enfants en Août, 4 en Septembre, 2 en Octobre, 3 en Novembre, 2 en Décembre, total 52. — En 1575, il y en avait eu 58; en 1587 on en trouve 38, en 1588, 76; et 78 en 1589. — Antoine Clerc disparaît après le 12 Octobre 1588. —

(2) Nous pourrions même affirmer que la plupart eurent des cercueils et furent enterrés avec leurs vêtements.

la contagion, il entourait l'Église paroissiale, et n'était plus en rapport avec les besoins de la population, les pestiférés furent enterrés dans un champ que Georges Fusdeberg donna le 24 octobre 1586 pour *y ensevelir les pauvres gens mis aux loges, et morts de peste* et les magistrats demandèrent la permission de supprimer la partie du cimetière au midi de l'Église, afin d'élargir la rue qui n'avait que trois pieds et demi de large. L'évêque suffragant de Besançon y consentit, à condition que tous les ossements retrouvés seraient portés au cimetière de Notre-Dame au faubourg bas (1). La condition fut remplie, et en 1862, on a retrouvé les débris de ces ossements derrière la chapelle du Rosaire. Les Vésuliens dans leur piété firent plus qu'on ne demandait, ils agrandirent la petite chapelle funéraire au pied de laquelle ils déposaient les restes de leurs aïeux, et ils en firent la chapelle du Rosaire qui devint le siège d'une florissante confrérie. Tous les premiers dimanches du mois on faisait une procession à cette chapelle, et on chantait le *Libera* sur le cimetière Notre Dame qui l'environnait (1592).

Etienne Demesmay, devenu conseiller au Parlement de Dôle avait cédé la cure et le prieuré de Vesoul à son frère Renobert, comme lui docteur en droit, et chanoine de Besançon. Comme d'habitude, son arrivée fut signalée par des procès que ses dispositions conciliantes surent abréger ou mener à bonne fin. Ce fut ainsi qu'il transigea

---

(1) Arch. de la Mairie, L. 161-162. — Les ossements des Vésuliens ensevelis depuis l'an 1217 autour de l'Église S. Georges, puis derrière la chapelle du Rosaire ont été transférés au cimetière de Vesoul en Juillet 1862. — C'est l'auteur de ce mémoire, alors aumônier de l'hôpital qui, en surplis et la croix de l'hôpital en tête, les conduisit au cimetière, à trois reprises différentes.

pour les dîmes de Coulevon avec les habitants du lieu, et convint qu'elles seraient le vingtième de tous les fruits, (1) qu'il soutint ses droits d'échute à Auxon (2), et fut mis en possession de l'héritage de Claude Pesard *mort aux pays bas pour le service de sa Majesté*. Il reçut aussi une des dernières libéralités qui furent faites au prieuré de S. Nicolas.

Nous la signalerons à cause des traits qui la caractérisent et prouvent le respect des Vésuliens pour leur antique monastère, au cinquième centenaire de sa fondation (Nov. 1592).

Michel Boband de Vesoul, procureur postulant au baillage, résidant en sa maison des Haberges sous le château, fonde son anniversaire dans l'Église S. Nicolas, demande à y être enterré, charge ses trois enfants d'exécuter ses volontés, et d'offrir chaque dimanche dans cette Église le pain et le vin pendant l'année qui suivra son décès, le tout sans préjudice des droits de la paroisse. Cet acte montre que le service se faisait régulièrement au Marteroy. Depuis la sécularisation de S. Pierre-lez-Mâcon, notre prieuré s'était rattaché à l'abbaye S. Paul de Besançon qui était aussi de l'ordre des Chanoines réguliers, c'était là que ses novices se disposaient à la profession et nous avons trouvé dans les archives de l'abbaye bisontine un cahier de professions constatant que dix novices du Marteroy avaient fait leurs vœux à S. Paul pendant les dernières années du XVIe siècle (De 1591 à 1600) (3).

---

(1) Approuvé par arrêt du parlement le 3 Décembre 1593.
(2) Ce droit ne fut vendu que 40 ans plus tard.
(3) Archives de S. Paul. Carton 4. N° 105. A la préfecture du Doubs.

Nous arrivons à l'époque fatale où le prieuré va disparaitre. Chacun connait l'abominable expédition de Tremblecourt en Franche-Comté, et nul ne saurait justifier cette royale fantaisie d'un prince à qui les historiens ont quelquefois donné le nom de bon Henri. Si Henri IV en lançant ces hordes d'aventuriers sur un pays neutre et confiant dans les traités, réveilla les haines séculaires des Comtois, il mérita toutes celles des Vésuliens, car nul n'eut plus à souffrir qu'eux.

Ce fut le 12 Février 1595 que Tremblecourt parut devant Vesoul (1). Les habitants avaient fait des préparatifs de défense, le journal de Grivel dit même qu'ils avaient *mis par terre l'Église du prioray de Marteroy avec tous autres batiments qui leur pouraient nuire*. Le comte de Champlitte leur avait ordonné de tenir seulement quatre jours ; quand ils virent Chariez pris, ils capitulèrent lâchement, et Tremblecourt promit de respecter leurs religion, franchises et liberté.

En vrai brigand qu'il était, Tremblecourt promit tout et ne tint rien. Le 16 mars, il exigeait 15000 écus sous peine de la potence *pour les principaux*.

Les Comtois irrités de la capitulation des Vésuliens ne voulurent rien leur prêter, et ceux-ci envoyèrent trois des leurs faire un emprunt en Alsace. Le 17 avril, le Connétable de Castille arriva, on se battait dans la plaine *ayant de l'eau jusqu'aux jarretières*. Le 2 mai la ville est emportée, et 400 ennemis sont passés au fil de l'épée. Tremblecourt n'était point resté inactif, ses troupes man-

(1) Le Mercredi des Cendres, il campai' à Frotey.

quant de bois avaient arraché les vignes de la Motte, démoli le prieuré, employé les bois et les charpentes à faire des *guérites et maisonnements dans les fossés du château* (1). Il s'y maintint 20 jours, et ne capitula que le 23. Le 16 mai, son lieutenant Loupy ayant été tué d'un coup de mousquet fut enterré dans la chapelle du Château. C'est le dernier acte où il soit fait mention de cette chapelle (2).

Tremblecourt qui avait vu se joindre à son armée *toute la canaille du pays et de Montbéliard* laissa une triste idée des mœurs françaises et lorraines, plusieurs femmes maltraitées par ses soldats moururent de douleur et bon nombre d'autres n'osèrent jamais reparaître à Vesoul (3).

Bien que les effets les plus précieux eussent été portés à Besançon et à Dôle, il y en eut qui devinrent la proie des soldats, le S. Georges d'argent délivrant la pucelle disparut, le Marteroy fut pillé, ses cloches cassées par les soldats qui brûlèrent ce qu'ils ne purent emporter.

En mémoire de sa délivrance du 2 mai, la ville voua une procession solennelle le 20 octobre 1595. On y voyait

---

(1) Tremblecourt fit avec Claude et Odo Patenaille, maîtres charpentiers, un marché qui se trouve encore aux archives de la mairie. (Grivel avoue qu'il s'était fortifié de longue main dans le vieux château de la Motte.)

(2) On trouve une permission donnée en 1593, de travailler à la démolition de la chapelle du château les jours de *simple fête*. Cette permission est signée de l'évêque suffragant de Besançon (Arch. Mairie 22-144).

(3) Les soldats de Tremblecourt n'épargnèrent pas les sorciers. Ils en trouvèrent en prison dans différents endroits et les mirent à mort. A Bourguignon-les-Conflans, ils enfermèrent dans un coffre et jetèrent à la Lanterne Louise Prudhon, jugée comme sorcière. Ils allaient faire la même chose à Denis Oudot et le firent même confesser pour le jeter à l'eau. B, 5114.

figurer quatre religieux du Marteroy, sans asile et n'ayant pour tout logement que la maison curiale sise en face de l'Église. Le prieur Renobert Demesmay ne resta point inactif, mais la ville ruinée ne pouvait rien faire pour lui, et le gouverneur de la province était aussi mal disposé qu'incapable. On crut faire une grâce au prieur en lui laissant ramasser dans les décombres les morceaux de ses cloches et les tuiles qui avaient recouvert son prieuré (1) dont il résuma l'histoire dans ces lignes énergiques. *Prioratus, illiusque Ecclesia, domus, habitatio ac tota fabrica quæ arci et oppido de Vesulio intermedia erant, solo adæquata, combusta, ac funditus eversa fuerunt* (2).

Cette catastrophe était la ruine définitive du vieux monastère, qui ne devait plus se relever, il avait subsisté 503 ans.

Il est probable que les gens d'église furent assez maltraités en cette occurence, et que les mieux avisés furent ceux qui se retirèrent à Besançon. Le service paroissial fut fort troublé pendant cette campagne et on cessa de tenir les registres de baptême à partir du mois de février (3).

Le faible gouverneur de Franche Comté, Claude de Vergy sembla s'acharner sur les débris du prieuré et enleva bientôt à Renobert Demesmay tout espoir de le rebâtir, bien plus, il lui ordonna d'en distraire et d'en

---

(1) Il vendit pour 88 fr. de métal et pour 12 fr. de tuiles et obtint 100 fr. d'indemnité. Ce fut tout ce qu'il sauva du désastre (Arch. de la Mairie).
(2) Archives de la H^{te} Saône (G. 65).
(3) Archives de la mairie. Registre des baptêmes.

emporter les matériaux qui couvraient le sol, dans la crainte que l'ennemi ne s'en emparât une autre fois pour faire le siège du château de la ville (1). Les Vésuliens qui venaient de payer bien cher l'honneur d'avoir des murailles et une citadelle, furent les premiers à se réjouir de cette mesure, quand la cour d'Espagne en ordonnant de « *raser à fonds de terre* » le château de la Motte, rendit les ordres du gouverneur à peu près inutiles (2).

Cependant le plus pressant était de loger les religieux du Marteroy, qui privés d'église et de maison « étaient réduits à errer de côté et d'autres ne sachant où donner de la tête » Le prieur Renobert Demesmay s'en occupait activement. La jalousie des familiers ne permettait pas de les installer dans l'Eglise S. Georges. Après de laborieuses négociations, le prieur obtint du magistrat (19 octobre 1596) que ses religieux feraient l'office canonial dans la chapelle du Rosaire nouvellement construite au faubourg bas, et dans laquelle les Dominicains venaient d'établir le familier Pierre Boucher (7 mai 1596) directeur de la Confrérie. Ils restèrent plusieurs années dans ce petit édifice en attendant que la question de restauration du prieuré fut tranchée. Renobert Demesmay avait mis en avant un projet qui sourit aux Vésuliens, c'était

---

(1) On donna le même ordre pour toutes les maisons des Haberges Ce fut seulement en 1625 que le roi Philippe III permit à Feu Cordier de relever le grangeage de son frère, aux Haberges, où l'on voit encore une croix érigée par ce nouvel habitant.

(2) L'emplacement du Marteroy fut nivelé dans le siècle suivant et aujourd'hui rien n'indique l'emplacement du prieuré que le nom de Marteroy conservé à un canton de vigne, — et celui *des cimetières*, indiquant probablement la place du cimetière de S. Nicolas.

de transférer le Marteroy dans la vieille Église S¹ Martin de Ponts, ancienne paroissiale de Vesoul. Cette Église n'avait que 200 livres de rente, mais elle était du patronage du prieuré, les Vésuliens l'aimaient, ils la vénéraient comme leur Église mère, on pourrait facilement construire un cloître pour les religieux, et de la sorte la ville conserverait son prieuré et perpétuerait autant que possible les vieilles traditions.

Ces raisons habilement présentées furent du goût des habitants, les officiers du baillage les firent valoir, l'archevêque Ferdinand de Rye les appuya et l'infante Isabelle Claire Eugénie, par lettres patentes datées de Bruxelles (28 mai 1599) approuva ce projet, et le 5 janvier 1600, l'évêque de Nicopolis, Jean Doroz, suffragant du diocèse, du consentement des paroissiens de Ponts, unit le prieuré du Marteroy à l'Église S¹ Martin *pour ledit prieuré jouir de l'Église, avantages, profits et émoluments qui y sont attachés.*

Les religieux y continueront l'office divin conformément aux règles de leur ordre, un chanoine choisi par la communauté sera proposé à l'ordinaire pour desservir la paroisse, et ne s'ingérera point à administrer les sacrements avant d'avoir reçu ses lettres d'institution. L'acte d'union dit plus : *De peur que les chanoines ne trouvent encore quelque motif d'errer çà et là comme ils l'avaient fait depuis quatre ans, un prieuré qui prendra le nom de Marteroy sera bâti près de l'Église de Ponts, pour Messire Renobert Demesmay prieur commendataire et pour ses chanoines. Il y aura dans ce prieuré, dortoir, réfectoire, jardin, verger et dépendances nécessaires et convenables* ».

« Le tout serat bati et mis en état le plus tôt possible et le prieur aura la faculté de faire tous les changements, réparations et agrandissements nécessaires à l'Eglise pour que la majesté du culte ne soit point diminuée ».

L'acte ajoute en finissant, que pour droit d'union et cathédrale le prieur paiera chaque année 2 livres estevenant à la chambre archiépiscopale (1). On le voit cet acte n'était pas autre chose qu'une fondation nouvelle du prieuré. Robert Demesmay se mit en mesure d'exécuter le décret et d'installer ses religieux. Il fallut du temps pour bâtir, les ressources étaient loin d'être abondantes, et ce fut seulement le 5 novembre 1607 que les religieux prêtèrent serment entre les mains de l'administrateur du prieuré Antoine Fleurey, prêtre de Vesoul, et promirent «de faire leur tour de semaine suivant leur ordre d'ancienneté, de rapporter fidèlement sans fraudes ni barres, ce que chacun d'eux recevrait pour ses services dans les Eglises de Ponts et de Noidans.

L'office canonial commença le 11 novembre 1607 jour de la fête patronale. Malgré le décret archiépiscopal, le nom de Ponts prévalut sur celui de Marteroy. Les paroissiens cherchèrent querelle aux religieux ne voulant point les laisser se servir des ornements et vases sacrés « parce qu'on les userait trop ». Quand les religieux moururent il parait qu'ils ne furent pas remplacés, car vingt

---

(1) A ce moment Renobert Demesmay refusa de payer les 2 livres qu'il devait au grand chantre du Chapitre Métropolitain. En avocat consommé il trouva des raisons pour soutenir sa thèse, prétendit que Vesoul étant filiale de Ponts ne devait rien payer; que s'il devait deux livres c'était comme prieur et non comme curé etc. Il s'ensuivit un procès qui dura 20 ans, et finit par lassitude des deux partis.

ans après, Ponts se retrouvait simple église paroissiale et le prieuré n'existait plus que de nom.

Les affaires du prieuré ne faisaient point perdre de vue celles de la paroisse. Renobert Demesmay loin d'imiter certains curés qui repoussaient les ordres religieux les vit arriver avec plaisir dans la ville, il applaudit aux délibérations populaires qui appelaient les Capucins et plus tard les Jésuites à Vesoul, il posa lui-même la première pierre du couvent des Capucins le 30 avril 1605. La générosité des Vésuliens suffit à couvrir tous les frais.

Le but principal des Vésuliens était d'avoir des prédicateurs pour les stations de l'Avent, du Carême, et pour l'Octave du S. Sacrement, qui se prêchaient solennellement chaque année dans l'Église paroissiale.

Le magistrat faisait les frais de cette station, et logeait le prédicateur dans les deux chambres de l'aumônier de l'hôpital, qui devait lui faire place pour ce temps. Le successeur de Renobert Demesmay fut Charles de May évêque d'Ypres, puis de Gand. Ce haut et puissant personnage ne vint jamais que nous sachions à Vesoul, et s'occupa peu d'un bénéfice qui procurait plus d'ennuis que de revenus. Le prêtre vésulien Antoine Fleurey le remplaça comme administrateur. Quand l'évêque de Gand mourut, les Archiducs Albert et Isabelle en donnèrent avis à l'archevêque de Besançon, ils avaient reconnu l'inconvénient pour une paroisse aussi considérable d'avoir des curés commendataires. L'archevêque répondit en leur présentant un candidat doué des qualités requises. C'était Joseph Toitot, chanoine de Dôle, il fut le dernier curé de Vesoul qui porta l'habit de chanoine régulier jusqu'à sa mort (1612-1629).

Le nouveau curé vint résider dans la maison presbytérale de Vesoul, il ne trompa point la confiance de l'archevêque, et s'occupa de relever le temporel du prieuré tout en dirigeant convenablement sa paroisse. Depuis la destruction du Marteroy les tenues de justice n'avaient pas eu lieu, il obtint un arrêt du parlement qui transférait à Ponts le lieu d'exercice de la justice prieurale, accensa les terres qu'il ne pouvait faire cultiver, vendit des droits seigneuriaux qui l'embarrassaient, échangea les menues dîmes de Vesoul et d'Echenoz contre une rente de 80 francs payables par les paroissiens, et mit l'Eglise de Vesoul dans un état de prospérité qui rappelait les plus belles années du XVIe siècle.

Les Jésuites achevaient de bâtir leur collège fondé et doté libéralement par les souscriptions particulières (1), ils établissaient une congrégation de la Ste Vierge qui compta bientôt quatre cents membres, et contribua puissamment à maintenir la piété dans la ville.

En même temps, trois jeunes personnes de Vesoul sous la conduite de la vénérable mère Anne de Xainctonge entrèrent dans l'ordre de Ste Ursule, « *voulant procurer la perfection de celles de leur sexe, les excitant en la saincte crainte de Dieu et bonnes mœurs, de plus enseignant les petites filles à lire, écrire et besongner en plusieurs et divers ouvrages* ».

Ces trois religieuses fondèrent une maison d'éducation florissante pour les filles. L'instruction y étaient donnée

---

(1) La première liste se compose de 99 souscripteurs qui donnèrent 25484 francs.

gratuitement aux petites filles de la ville, car les nouvelles institutrices exerçaient leurs fonctions « *sans en prétendre aucun salaire en terre, attendant la récompense de leur labeur de l'immense et infinie libéralité de J. C.* » (1). En attendant que leur chapelle fut bâtie, les Ursulines suivaient les offices de l'Église paroissiale (19 nov. 1615).

Ce fut encore à la même époque que s'établit le couvent des Annonciades. Comme celui des Ursulines, il se recruta parmi les familles bourgeoises de la ville et des environs, et ne donna jamais que l'exemple des plus hautes vertus.

De 1619 à 1623 on s'occupa aussi de transférer l'hôpital au faubourg bas (2). Ce furent les libéralités de quelques familiers ou magistrats qui permirent encore de pourvoir à cette dépense. On eut dit que les Vésuliens avaient le pressentiment des maux qui allaient fondre sur la Franche-Comté tant ils multiplient les maisons de secours religieux et les institutions charitables. Le 14 septembre 1629 ils acceptent encore la fondation de la confrérie de la Croix faite par Nicolas Jacquinot seigneur d'Auxon qui construisit la chapelle à ses frais, et à partir de ce moment toutes les fondations pieuses sont en état de fonctionner.

La même année, Joseph Toitot, le curé actif et intel-

---

(1) Outre ces écoles, les Ursulines en ouvrirent une le dimanche pour les servantes, et pour les jeunes filles des villages voisins. A 270 ans de distance le progrès de notre siècle était dépassé (Archives des Ursulines II. 922-23).

(2) Au bord de la rivière, à l'endroit où il est encore aujourd'hui. Les dernières constructions de cette époque viennent de disparaître.

ligent qui avait aidé et approuvé toutes ces œuvres, descendait dans la tombe. Avant de mourir il s'était choisi pour coadjuteur un de ses religieux nommé Christophe Duplan, qui lui succéda.

Christophe Duplan n'abandonna jamais sa cure ni ses paroissiens de Vesoul, il fut le té>in de leurs épreuves et le consolateur de leurs afflictions pendant les vingt trois années d'un ministère qui ne fut signalé que par des calamités.

La consécration de l'église des Ursulines (1632) et des Annonciades, l'inauguration des chapelles du Collège et de la Croix signalent les premiers temps de son ministère, mais déjà on est dans des transes continuelles, les maladies contagieuses menacent sans cesse de faire leur apparition, la peste annoncée depuis 1629 arrive enfin, les magistrats, sans négliger les secours temporels, songent aux secours spirituels, ils demandent que les Capucins et les Jésuites se joignent au clergé paroissial pour assister les malades et les mourants devenus bientôt si nombreux qu'on ne les compte plus (1).

Les campagnes dévastées par la maladie, ravagées par les troupes françaises ou alliées envoient leurs enfants et leurs malades à Vesoul pour y trouver les secours de la religion. L'hôpital est toujours encombré, trois aumôniers y meurent à la peine, la terreur et le désordre sont si grands qu'on cesse de tenir les registres de catholicité. La famine se joint à la peste, à partir de 1635; les terres ne sont plus cultivées, les gens d'église qui n'avaient

(1) Les détails suivants extraits des Registres paroissiaux feront comprendre la grandeur du mal.

que des biens fonds se trouvent bientôt réduits à la détresse, le blé se vend à Vesoul en 1639 une pistole et trois francs la quarte, les religieux qui restaient encore à Ponts meurent de faim et abandonnent le prieuré pour chercher leur nourriture, les Jésuites tombent à leur poste et le collège est fermé, les Capucins desservent tour à tour les paroisses de Ponts, Pusey, Pusy, Colombier et autres privées de pasteurs. Pendant ce temps, la ville de Vesoul sans cesse menacée par les ennemis, est obligée de payer rançon sur rançon malgré le dévouement des Capucins qui vont plaider sa cause jusque dans le camp des ennemis. Grancey l'écrase, Turenne qui vient après lui la laisse piller par ses soldats, malgré la foi jurée, et pour échapper aux derniers désastres, le malheureux curé de Vesoul vient au secours de ses paroissiens en livrant ce qui reste du trésor et des vases sacrés de l'Église S. Georges. (24 juillet 1644). Il fallut en revenir aux calices d'étain proscrits par les statuts de 1605.

Les quatre années qui suivent se passent à chercher des expédients pour vivre et réparer les désastres. Les soldats de Turenne avaient dévasté l'église et le moulin de Ponts (1). Les vignes que le prieuré possédait à

En 1635 il y a 122 naissances, 8 mariages. — En 1636, 123 naissances, 15 mariages. — En 1637, 16 naissances, 11 mariages avant le mois de Mars. — En 1638, on cesse de tenir les registres. — En 1639, 40 naissances.

Et encore dès 1595 un bon nombre viennent des villages voisins, Colombier, Montey, Fleurey, Neurey, Saulx, Colombe, Villerspoz, Gressoux, Villers le Sec, Bougnon et Mailleroncourt y sont représentés avec cette note : « Isti externi, ex pagis vicinis baptisati fuerunt Visulii, propter vastationem Granatorum a diversis curatis parrochis » (Archives de l'hôtel de ville 5, 7, 8.).

(1) Le moulin fut reaccensé en 1645, *à charge de le rétablir*. Les ar-

Echenoz et Quincey n'avaient pas été cultivées depuis 1635, Christophe Duplan les accensa sous la condition assez peu onéreuse de percevoir le quinzième de la vendange qu'elles produiraient (1648). Il fallut plus de trois ans pour en tirer quelque chose. En 1653 la recette totale du prieuré ne se montait qu'à 330 francs de Comté, elle était à peu près dix fois moindre qu'en 1580 (1).

Tous les revenus des pauvres avaient disparu, les familiers au lieu d'être quatorze n'étaient plus que six, et encore étaient-ils réduits à l'indigence parce que nul ne pouvait cultiver leurs terres, et que la plupart de ceux qui leur devaient des rentes se trouvaient insolvables. Ce fut cependant par suite de cet excès de misère que la ville de Vesoul vint à bout d'obtenir ce qu'elle ambitionnait depuis longtemps, la translation de la Collégiale de Calmoutier dans l'Église paroissiale de la ville. Avant de raconter cet acte important qui unissait à perpétuité le Prieuré du Marteroy et l'illustre Chapitre de Notre-Dame pour les sauver tous les deux, et distinguer une paroisse considérable, nous devons jeter un regard en arrière, et exposer rapidement l'histoire de l'insigne Chapitre de Calmoutier.

---

chives du prieuré avaient été portées chez un bourgeois de Vesoul et échappèrent au pillage.

(1) Comptes du prieuré. Archives de la H^{te}-Saône (G. 43, 44, 70, etc.). En 1580 elle était de 1200 frs. *moins* toutes les charges ; en 1653 elle est de 1330 *avec* toutes les charges.

CHAPITRE V.

SOMMAIRE

Le Chapitre de Calmoutier. — Ses origines. — Ses différents noms. — Il est soumis un instant au Chapitre métropolitain. — Constitutions et devoirs des chanoines. — Les possessions territoriales de Notre-Dame. — Ses bienfaiteurs. — Les Archevêques de Besançon et les Comtes de Bourgogne. — Hugues de Vesoul, doyen de Calmoutier. — Pierre de Scey. — La peste de 1349 et ses suites. — La justice à Calmoutier. — Les droits seigneuriaux. — Le XVIe siècle, les procès. — La décadence. — Ruine du chapitre. — Projets de translation. De l'an 839 à 1648.

Au fond d'une étroite vallée arrosée par la petite rivière de Colombine, on rencontre à deux heures Est de Vesoul le village de Calmoutier. Malgré les constructions modernes qui surgissent le long de ses rues étroites et escarpées, on est frappé de l'air d'antiquité dont les trois quarts du village offrent l'aspect. Les maisons du seizième siècle n'y sont pas rares, quelques-unes mêmes paraissent remonter au-delà de cette époque, et l'église paroissiale, bien que de récents travaux aient semblé la rajeunir, ne compte pas moins de sept siècles d'existence.

Ces édifices indiquent évidemment un lieu qui eut de l'importance au moyen âge. Calmoutier ne fut jamais comme Chariez et Noroy ses voisins, un bourg entouré de murailles, il n'eut ni forteresse ni château ou maison forte capable de lui donner quelque notoriété ; c'est à son insigne Chapitre de Notre-Dame, à son Eglise collégiale la plus ancienne de la Franche-Comté qu'il doit ses monuments d'aujourd'hui, et ses souvenirs d'autrefois.

Sans doute, l'histoire d'une petite communauté religieuse perdue au fond d'une gorge ignorée, ne saurait offrir l'intérêt d'une histoire générale où la variété des récits le dispute à l'abondance des faits. Mais si l'on veut bien se rappeler que cette petite communauté a subsisté pendant près de mille ans, que seule dans notre province elle a su pendant ce long espace de temps conserver sa forme et sa destination primitives au milieu des bouleversements et des révolutions sans nombre qui affligèrent notre pays, on reconnaîtra sans peine que la notice du Chapitre de Calmoutier peut être de quelqu'intérêt pour l'histoire ecclésiastique de notre province.

Nous ne parlerons point des antiquités druidiques que quelques amateurs ont prétendu reconnaître à Calmoutier et dans les environs ; contentons-nous de remarquer qu'une voie romaine traversait son territoire, et qu'il était le lieu de passage obligé pour tous ceux qui venaient des terres d'Alsace ou de Lure, en Bourgogne et en France. Cette position sur une grande voie lui fut souvent funeste.

Les titres primitifs et de fondation sont perdus depuis

l'an 1595 (1). A défaut de ces titres précieux, nous sommes forcés de nous en tenir à la tradition constante qui fait remonter l'origine de ce noble chapitre à un fils ou au moins à un petit-fils de Charlemagne (2) et nous allons donner les motifs qui rendent cette opinion respectable.

Chacun sait les efforts que fit Charlemagne pour relever la discipline ecclésiastique, et rappeler le clergé de ses états à sa haute mission. Avant de mourir (813) il convoqua presque simultanément cinq conciles provinciaux (Arles, Reims, Mayence, Tours et Châlons-sur-Saône) qui travaillèrent efficacement à l'amélioration des mœurs et de la discipline. Le grand empereur en confirma les décrets par un Capitulaire rendu à Aix-la-Chapelle, appela l'attention spéciale du clergé sur la règle de Chrodegand évêque de Metz, et ordonna qu'à l'avenir tous les Ecclésiastiques fussent moines ou chanoines (Monachi, aut Canonici) (3). Tout faible que fut Louis-le-Débonnaire, il poursuivit l'exécution des projets paternels. Un concile assemblé par ses soins à Aix-la-Chapelle (816) voulut qu'on introduisit la vie commune parmi tous les membres du clergé de l'empire des Francs.

(1) C'est ce que nous apprend un mémoire présenté par les chanoines de Calmoutier au parlement de Dôle en 1597.
(2) Quand Dom Couderet a prétendu dans son mémoire sur Vesoul, que la pièce la plus ancienne mentionnant le Chapitre de Calmoutier était de 1238, il ne connaissait pas les titres de 1049, 1133, 1169 etc. que nous citerons plus loin. — Il écrivait son mémoire à Besançon et ne paraît avoir connu les Archives de Calmoutier que par le chanoine Galmiche séchal du chapitre. « C'est ce chanoine qui répondit au savant Bénédictin que la pièce la plus ancienne *renfermée dans le coffre* était de l'an 1238 : Sa lettre est encore aux archives de la mairie de Vesoul.
(3) Baluze. Tome I Page 206.

Ce décret s'exécuta en plusieurs endroits et c'est à son exécution que nous faisons remonter l'origine des vieux monastères de Calmontier, Moutier-Haute-Pierre, Vaucluse, Lantenans, Poligny et autres collèges de ce genre.

La preuve la plus convaincante qu'on en puisse donner c'est que ces monastères furent tous dans le principe des collèges de moines ou de chanoines dont le but était tout en menant la vie commune, de desservir les Eglises environnantes (1).

Le P. André, dans son grand ouvrage intitulé : *De Re Christiand Sequanorum* (2) dit qu'après avoir consulté les anciens monuments et les meilleurs auteurs, il n'hésite point à considérer comme fondateur du Chapitre de Calmoutier, Louis le Débonnaire lui-même. Ce prince lui donna non-seulement des revenus, mais des domaines temporels, et dans le partage qu'il fit de son empire en 839, il désigna expressément Calmoutier comme lui appartenant et il le donna à son fils Lothaire pour en jouir et disposer (3).

La question serait tranchée si dans ce partage on lisait le nom de Calmoutier, il ne s'y trouve pas, mais il paraît qu'il est désigné sous un autre nom.

---

(1) Au XIe siècle on retrouve en Franche-Comté des traces de ces prieurés ruraux qui ont des droits sur toutes les communes environnantes. Le vieux prieuré d'Alaise (1070). Celui de *Monasterium supra Lignonem* (aujourd'hui Mottey-Besuche 1073). La basilique S. Martin à *Monasterium supra Sagonam* (1092) étaient-ils autre chose que des collèges de prêtres rayonnant aux environs pour les desservir ?

(2) M. Castan nous a déclaré que ce manuscrit n'était pas à la bibliothèque de Besançon. Nous en concluons qu'il n'existe plus.

(3) L'opinion motivée du Père André se trouve aux pièces justificatives.

En effet, dans ce partage de l'empire qui se fit en 870, Calmoutier figure parmi les abbayes attribuées à Charles le Chauve sous le nom de *Gillini, Gildini* ou *Culdini* Monasterium, (que la chronique de St-Denis traduit par *Gildum-Mostier*.) Molanus dans ses notes sur les *Acta Sanctorum Belgii*, expliquant ce partage, assure que le monastère ainsi désigné est Calmoutier. Il a été suivi, ou du moins répété par la plupart des auteurs qui ont traité ce sujet. (1)

Dans ces titres comme dans ceux du onzième et du XII° siècle, Calmoutier porte le nom d'Abbaye (Abbatiam) c'est ce à quoi n'ont pas fait attention ceux de nos auteurs qui ne veulent pas faire (2) remonter la fondation de Calmoutier plus loin que l'épiscopat de Hugues I, parce que ce fut ce prélat qui établit les collégiales dans notre diocèse. Rien n'empêcherait qu'il eût converti cette abbaye en collégiale comme il le fit pour St-Paul de Besançon, mais d'ailleurs 100 ans après lui, Calmoutier porte encore le nom d'abbaye.

Malgré nos recherches nous n'avons pu vérifier sur quoi s'est appuyé Molanus quand il a écrit que le *Monasterium Gildini* était Calmoutier.

L'époque à laquelle il prit le nom de *Colomonasterium* ou *Columbæ monasterium* nous est également inconnue. Dunod a cru qu'il fallait attribuer ce nom à la translation

---

(1) Voir : Annales de S. Bertin. Recueil des Historiens des Gaules et de la France. Tome VII, 110.—Baluze, Tome II, 244. Chevalier, Tome I, 401. Dans le partage de 870 on le nomme après le monastère S. Mihiel sous le nom de Monasterier Gillini, vulgo Calmoutier ex Molano, dit la note de Baluze II. 214.

(2) Comme l'historien des diocèses de Besançon et St-Claude. Tom. I.

ou possession des reliques de S¹ᵉ Colombe de Sens, martyre du second siècle, et connue dans notre province. Rien ne justifie cette hypothèse. La chronique de Ste-Colombe de Sens, dont le témoignage serait décisif est complètement muette sur cette translation tandis qu'elle en mentionne beaucoup d'autres, et les archives de Calmoutier n'offrent aucune trace du culte qu'on aurait dû rendre à cette sainte martyre, si le monastère eut emprunté son nom, ou possédé ses reliques. (1)

Les anciennes chartes nous donnent une explication bien simple de son étymologie. Voici les noms sous lesquels Calmoutier y est désigné.

Colonomonastérium (1019).

Colo Monastérium (1133) *Monasterium super Columbam* Columbæ monastérium (1189).

Columbmostiers, Colomostier (1266, 1300 etc.).

Colmoustier, Calmoustier, à partir de 1400.

Ce serait donc de la rivière Colombe ou Colombine, dont les eaux coulent silencieusement dans la vallée, que le monastère tirerait son nom, et serait simplement : Moustier sur Colombe, au Colombmostier.

Dunod a été plus heureux en exposant les raisons qui lui faisaient regarder Calmoutier comme étant de fondation souveraine.

---

(1) Une seule fois, dans les titres du Chapitre, on a donné le nom de S¹ᵉ Colombe à Calmoutier, mais c'est par une pure erreur d'archiviste et de notaire (Voir Arch. H, S. G. 45. — An 1321).

1

CHAPITRE DE CALMOUTIER.

Sceau ovale, 58 mill. sur 3..

Vierge assise couronnée et nimbée, portant l'enfant Jésus assis sur les genoux et tenant une fleur de la main droite. L'enfant Jésus a deux doigts ployés pour bénir. Légende ✝ S. CAPITVL[I. COLOMONA]STERII. Mai 1312.

(Arch. Haute-Saône G. 58.)

2

THIERRY, prieur du Marteroy.

Sceau ovale, 49 mill. sur 31.

Une main tient un rameau fleuri, sommé d'une fleur de lis sur lequel perchent deux oiseaux adossés, becquetant des fleurs.

Lég : ✝ S. TERRICI : PRIORIS : MARTIREII.

Juin 1245.

(Arch. Haute-Saône H. 212).

3

HUGUES DE VESOUL, doyen de Calmoutier.

Sceau ovale, 50 mill. sur 30.

Personnage debout, vêtu d'une aube à collet, tenant de la main droite le bâton de doyen, pressant de la gauche le livre des Évangiles sur sa poitrine.

Lég : [S. H..... DE] VISVLIO..... DECANI COLV[M]BE. M[ON]ASTERII. Mai 1312.

(Arch. Haute-Saône. G. 58.)

7

CHAPITRE DE VESOUL.

Sceau ovale 30 mill. sur 27.

Vierge debout, couronnée et tenant un sceptre, portant l'Enfant Jésus, sous un dais supporté par deux colonnes torses. Lég : CAPITVLVM VRBIS VESVLANE.

XVIIe siècle.

(Collection de M. de Jallerange, au château de Jallerange (Doubs).)

5

GUILLAUME, prieur du Marteroy et curé de Vesoul.

Sceau ovale, 49 mill. sur 37. Le prieur debout sur un cul de lampe, vêtu d'une aube, la tête rasée, ceinte d'une couronne de cheveux, tient l'Évangile fermé sur la poitrine.

Lég : ✝ S. WILLI PRIORIS CVRATI VISVLII.

Juin 1358.

(Arch. Haute-Saône H. 233).

4

ETIENNE, prieur du Marteroy et curé de Vesoul.

Sceau ovale, 51 mill. sur 33.

Debout et vêtu de l'aube et de la chasuble, le prieur, tête rasée et ceinte d'une couronne de cheveux, tient sur sa poitrine le livre des Évangiles ; le fond est fretté semé d'un pointillé et de deux étoiles. Lég : S : : PRIORIS ET CVRATI DE VISULIO.

Juillet 1270.

(Archives du Doubs B. 325).

6

GUILLAUME, prieur de Saint Nicolas du Marteroy.

Sceau ovale, 55 mill. sur 36.

En haut : S. Nicolas mitré, crossé et bénissant, vu à mi corps, au-dessus des nuages, de la lune et du soleil ; en bas, Saint-Georges à cheval, nimbé et tenant une lance, terrasse le dragon. Lég : S.... NIC. [OLAI DE] MARTIREYO VISVLII.

29 Juin 1303.

(Archives du Doubs. B. 447.)

La 1re c'est qu'il eut en dot la seigneurie territoriale et en toute justice à Calmoutier et dans les environs. En droit le Chapitre l'a toujours soutenu, et en fait, il en a toujours joui, comme le prouvent les actes du Chapitre, et d'innombrables transactions, ou arrêts des baillages et parlement du Comté de Bourgogne ; or, un droit semblable ne peut venir que de fondation souveraine.

2° Le droit de nommer le doyen, a toujours été exercé par les souverains du Comté, qui étaient réputés fondateurs du Chapitre et de la Collégiale.

3° Les chanoines se sont maintenus dans tous les temps au droit d'élire aux prébendes vacantes en tout mois nonobstant les réserves du St-Siège (qui remontent au XIIe siècle) privilège qu'on ne peut guère attribuer qu'à la fondation souveraine ;

4° Enfin, le chapitre de Calmoutier tenait l'un des premiers rangs après ceux des cathédrales de Besançon, il avait depuis des siècles le titre d'*Insigne* qui lui fut maintenu par arrêt du Parlement, et s'il dut quelque fois céder à St-Anatoile de Salins, et Ste-Madelaine de Besançon, plus riches que lui et mieux appuyés, il eut du moins le pas sur tous les autres ce qui ne peut s'expliquer que par son ancienneté et son illustre origine (1).

Nous ne pouvons que faire des conjectures sur l'histoire de l'abbaye de Calmoutier durant les deux premiers siècles de son existence. Le but de sa fondation nous donne cependant lieu de croire que les clercs qui y me-

---

(1) Voir Dunod : Histoire de l'Eglise de Besançon. Tome I. — Chapitre de Vesoul.

naient la vie commune desservaient les chapelles ou paroisses du voisinage, car c'est là seulement que nous trouvons l'origine des droits du chapitre de Calmoutier sur les paroisses environnantes dont il eut toujours le patronage, et dans lesquelles ses chanoines remplirent souvent les fonctions de curé notamment à Saulx, Damvalley, Colombe, Moncey (1). Les autres paroisses lui furent données au XIIIe siècle.

Lorsque le vénérable Hugues Ier rétablit la discipline dans l'Eglise de Besançon, et lui donna une si belle place dans l'Eglise universelle, son attention se porta spécialement sur les collèges de chanoines dont il voulait faire les modèles de son clergé. Il s'occupa successivement des chapitres de St-Jean, St-Etienne, St-Paul, Ste-Madelaine de Besançon, St-Anatoile de Salins, et Notre-Dame de Calmoutier. Ce fut sans doute pour rattacher ce dernier à la Métropole par des liens plus étroits, qu'il le donna avec toutes ses dépendances aux chanoines de son Eglise métropolitaine. Le pape St-Léon IX approuva cette donation par une bulle du mois de novembre 1049 (2).

Ce fut peut-être Hugues Ier qui établit à Calmoutier l'ordre qu'il avait déjà réglé pour l'abbaye St-Paul, en supprimant la dignité abbatiale pour la remplacer par un titre de doyen électif, c'est ainsi que furent constitués tous les chapitres anciens du diocèse (3).

(1) On ne trouve nulle part les actes ou titres donnant ces paroisses à Calmoutier, il les eut, s'il est permis de parler ainsi, par droit de naissance. Nous donnerons ses titres pour les autres paroisses. Les archives de S. Mauris ont l'acte original de la donation de Molans (1141).
(2) Cette bulle est publiée dans Edouard Clerc. Tome I, page 266.
(3) Les actes du XIIe qui donnent le titre abbatial au doyen de Cal-

Par cette donation approuvée du Souverain Pontife, Calmoutier se trouva sinon soumis, du moins affilié à St-Jean de Besançon.

Nous disons affilié, ou soumis seulement pour un temps, car il ne paraît pas que la donation ait eu son effet pur et simple. Si Calmoutier dépendit de St-Jean, ce fut durant peu de temps, car la bulle du pape Calixte II, donnée en 1120, qui énumère toutes les possessions données par Hugues 1er au Chapitre métropolitain, ne fait pas mention de Calmoutier, tandis qu'elle nomme une foule de maisons, d'églises et de chapelles beaucoup moins importantes. Il n'existe d'ailleurs aucune pièce démontrant que le chapitre de St-Jean ait exercé aucune juridiction sur celui de Calmoutier, encore moins l'a-t-il considéré comme étant sous sa dépendance. Toujours le Chapitre de Notre-Dame s'est gouverné par lui-même, et a exercé ses droits canoniques ou seigneuriaux sans demander d'autorisation à qui que ce fut.

S'il y a eu des difficultés entre les deux chapitres, nous croyons qu'elles ont été arrangées à l'amiable, et à la satisfaction des deux corps. Nous pouvons du reste constater que depuis les premières années du XIIe siècle ils ont toujours vécu en bonne intelligence, à ce point qu'il y eut des chanoines de Calmoutier qui devinrent chanoines de St-Jean, et des chanoines de St-Jean qui furent doyens de Calmoutier.

Il est même certain que le Chapitre de Notre-Dame

moutier sont de monastères étrangers. — Partout dans les archives de l'Archevêché et du Chapitre, on donne aux religieux le nom de Canonici. —

sortit honorablement des difficultés qui purent lui être suscitées, puisqu'en 1133, Anserie, archevêque de Besançon, lui rendit solennellement un moulin situé sur la rivière de Colombe, près de la Collégiale, et que le domaine archiépicopal retenait indûment (1).

Cette restitution faite à la demande des chanoines, et en présence des grands officiers de l'archevêché prouve que dès lors le Chapitre de Calmoutier subsistait et agissait par lui-même, la concession de Hugues Ier ayant été non-avenue, ou annulée plus tard.

Au reste, dès ce moment, les archevêques de Besançon avaient des fiefs à Noroy et Calmoutier dont les territoires n'étaient point encore délimités.

Dans un diplôme donné à Dôle en 1157, Frédéric Barberousse dit formellement: *Sunt casamenta (Archiepiscopi Bisuntini) in potestate de Noroy, de Colummonasterio* (2).

Dans la suite la prévôté de Noroy fut appelée quelquefois prévôté de Calmoutier (3), mais les deux seigneuries furent distinctes, Noroy fut un fief de l'archevêché, Calmoutier resta indépendant, et ne releva que du Chapitre de Notre-Dame.

---

(1) Dès cette époque nos archevêques avaient un domaine féodal dans le vaste territoire de Noroy dont l'église fut donnée au Chapitre métro- en 1049-53. On trouve dans divers titres de procès, qu'une partie de Calmoutier était dans la prévôté (in potestate de Noroy). Les chanoines soutinrent vaillamment le contraire, et la restitution faite dès l'an 1133, prouve qu'ils étaient dans leur droit.

(2) (Cartul. de l'Archevêché).

(3) Cart. de l'arch. Enquêt. de 1445.

En 1141, Humbert, archevêque de Besançon, donnait l'église de Molans au Chapitre de Calmoutier à raison de de sa pauvreté.

Dans le reste du XII⁰ siècle, Calmoutier ne nous est guère connu que par cinq ou six actes dans lesquels le doyen ou les chanoines figurent comme arbitres ou comme témoins.

Quelques amateurs ont pensé que l'église St-Léger de Vellefaux avait appartenu à Calmoutier, et que le doyen Pierre soutenait en 1187 un procès contre l'abbé de Luxeuil pour le patronage de cette église. Cette opinion repose sur une équivoque. Le *Petrus abbas Calmosiaci*, dont il est question dans la bulle de Grégoire VIII est l'abbé de Chaumousey, près d'Épinal, agissant comme chef du prieuré de Marast, et non le doyen de Calmoutier (1).

A la même époque, nous trouvons des chanoines de Calmoutier cités dans diverses chartes de nos maisons religieuses. L'un d'eux, Humbert (2) figure dans un partage de serfs fait en 1178 entre les seigneurs de Pontarlier et l'abbaye de Montbenoît ; un autre, Hugues de Baume, est témoin de la donation de l'église de Bucey-les-Gy, à l'abbaye de Corneux (1189) (3) etc. — Partout ces chanoines occupent une place honorable et semblent respectés, nous verrons même les chartes du XIII⁰ siècle leur donner le titre de *Monseignor*. — Tandis que les vieilles abbayes étaient réformées ou passaient à des con-

---

(1). Grand Pouillé du diocèse. V. Vellefaux.
(2) Humbertus, canonicus Colomonasterie (Arch. de Montbenoît).
(3) Hugo Palmensis, canonicus Columbæ Monasterii (Cart. Corneux II. 415

grégations nouvelles, comme Mouthier, Vaucluse et Lantenans, Calmoutier resta fidèle à sa règle primitive. Il continua d'observer la règle des clercs réguliers vivant en commun, et ce fut seulement au XIV° siècle que ses chanoines eurent des maisons séparées. Jusque là, ils vécurent en communauté ; le doyen, bien qu'il fut le supérieur, n'était guère que le *primus inter pares* si célébré par les anciens Chapitres.

Tandis que dans les ordres réguliers les actes se font presque toujours au nom de l'abbé, à Calmoutier, les actes se font presque toujours au nom du doyen et du Chapitre — *Decanus et Capitulum* — de telle sorte qu'il est assez difficile de trouver les noms propres des doyens, même avec les archives qui nous restent. Le devoir des chanoines était de chanter régulièrement l'office de chaque jour et d'acquitter les fondations pieuses dont la collégiale était chargée. Ils vaquaient aussi au ministère des âmes dans le voisinage, et quelques-uns d'entr'eux devaient se trouver une fois tous les jours à heure fixe pour recevoir les fidèles qui venaient quelquefois de loin pour se confesser et recevoir les sacrements. Outre les chanoines, il y avait aussi quelques aspirants ou familiers ; ils étaient chargés du soin et de l'entretien de l'Église Collégiale, et ils desservaient la paroissiale de St-Martin dans laquelle les habitants du village assistaient aux offices.

Dès le treizième siècle, les cadets des meilleures familles de la contrée tenaient à y posséder une prébende. Les nobles familles de Scey, Montjustin, Vesoul, Faucogney, Vy, Vellefaux, Molans, Velleguindry et beaucoup d'autres y complèrent de nombreux représentants, et de cette maison sortirent plusieurs des hauts dignitaires de notre Chapitre métropolitain. Outre les chanoines résidants, on y comptait des chanoines, qui conservaient leur titre, tout en quittant leur prébende, témoins Gérard, chanoine de Calmoutier, curé de Cuse, qui donne en 1247 l'église de Guyans Venne à l'abbaye de Montbenoît, (1) et Bisuntius (1266) curé de St-Pierre de Besançon qui conservait son titre de chanoine de Calmoutier, tout en administrant sa paroisse. Nous trouvons même à cette époque des chanoines laïcs, mais il nous semble que ce titre purement honorifique n'était qu'une marque de reconnaissance donnée par le Chapitre à ses bienfaiteurs et à ses gardiens.

Dans l'origine, le Chapitre de Calmoutier eut d'assez vastes possessions territoriales. Ses possessions du côté de Villersexel et Héricourt sont vaguement indiquées dans quelques anciens mémoires. Le patronage des cures de Moffans, Gouhenans fut tout ce qui lui en resta dans ces contrées, quand la réforme lui eut enlevé ses droits sur S. Valbert, Clairegoutte et Saint-Julien.

Les biens territoriaux plus rapprochés du monastère étaient encore assez considérables, mais, malgré leur étendue, le Chapitre fut toujours pauvre et les causes de cette pauvreté sont faciles à indiquer. Placé dans une contrée aride et réputée encore aujourd'hui pour son infécondité (2) ne faisant point valoir ses terres par lui-même, puisque les chanoines n'étaient point agriculteurs,

---

(1) Gerardus, curatus de Cusâ, canonicus Columbæmonasterii, liberaliter et spontaneâ voluntate.... contulit quidquid habebat in jure Patronatus Ecclesiæ de Guyans en Vegnes. (Cart. Montisbened).

(2) Un dicton populaire prétend qu'à Damvalley et Calmoutier, les poules meurent de faim à la moisson.

placé sur la grande route d'Allemagne, à la frontière de l'empire, il voyait ses possessions ravagées périodiquement par toutes les invasions et toutes les guerres qui surgissaient du morcellement des seigneuries. Tandis que nos chapitres étaient dans des places fortes, ou des bourg murés, Calmoutier se trouvait sans défense, ses cloîtres et son église offraient à tous les pillards une proie aussi assurée que facile à saisir et ce fut de bonne heure qu'il dut se chercher un gardien et un avoué. Au 11e et 12e siècle les sires de Faucogney dont les vastes domaines entouraient les leurs se firent gloire de protéger les chanoines, et furent les bienfaiteurs principaux de la collégiale. Au XIIIe les comtes de Bourgogne revendiquent cet honneur, et le titre de gardien de la Collégiale de Calmoutier, devient un des titres attachés à leur terre de Montaigu.

Les châtelains de Montaigu abusèrent bientôt du titre de gardien, puisque déjà en 1294, Jean de Bourgogne fils d'Othon IV et d'Alix de Méranie prétendait avoir tout droit de justice, comme gardien de la Collégiale. Les chanoines défendirent si bien leur droit que le prince ne put le leur enlever, tout ce qu'ils lui accordèrent ce fut *l'exécution* des criminels jugés dans leur terre, on décida qu'ils seraient pendus aux fourches de Montaigu pour reconnaître les services du gardien (1).

Grâce au secours de ces puissants seigneurs, le treizième siècle fut une époque florissante pour notre Cha-

---

(1) Un dénombrement de 1385 donné par Thiébaud VI de Neuchâtel met la garde de la collégiale de Calmoutier parmi les droits de la seigneurie de Montaigu, et le droit de haute justice qu'il prétend avoir se réduit simplement à *l'exécution des corps* pour laquelle il prêtait son bourreau.

pitre, les actes des premières années sont rares et se réduisent à quelques transactions. Dans l'une d'elles le doyen Hugues assiste l'archevêque Amédée de Tramelay (1215) recevant les réparations d'offense et donations que Philippe d'Achey fait à l'abbaye de Luxeuil (1). — Dans l'autre, Aimon de Faucogney intervenant amiablement pour terminer un différent entre le Chapitre et Othon de Quenoche, donne à la collégiale ce qu'il possédait à Colombe (1238). Pierre, maire de Quincey se désiste de ses injustes prétentions sur les dîmes de Villers-le-Sec (1250). Les plus hautes puissances du Comté s'intéressent à la prospérité du Chapitre. L'archevêque de Besançon, Guillaume de la Tour y fonde son anniversaire, et lui donne (12 déc. 1256) pour cela l'église de Baulay. Dix ans plus tard, touché de la pénurie de vin où se trouve la collégiale, il lui donne un champ situé près du village afin d'y planter une vigne, dont le vin servira à la célébration des messes solennelles (Février 1266).

Le comte palatin Othon et Alix sa femme, fondent en même temps une lampe qui devra brûler nuit et jour dans l'Eglise de Notre-Dame, ils assignent à cet effet 30 soudées dont le revenu devra être payé chaque année sur les tailles de Vesoul (Mars 1265) (2). Six ans plus tard, le sire de Faucogney confirmait et garantissait au Chapitre « tous les biens qu'il tenait de ses ayeux en fiez, par achapt ou par aumoine » (juin 1271).

(1) Cartulaire de Luxeuil. On le retrouve encore scellant une charte de Lure en 1220; *Venerabilis Dominus H. Columbœ decanus Monasterii*.
(2) Cette rente fut payée exactement et porte ce titre dans les comptes du Trésor: « Aulmones : au doien et chanoine de Colomostier pour la rente de 30 sols deheue au terme N. D. de Mars sur les tailles de Vesoul pour alumer et soigner d'uille une lampe ardant de l'image N. D. en ladite Eglise » (1423). — (Archives Côte d'Or B. 1000).

Puisque les sommités du pays favorisaient ainsi notre collégiale, il n'est pas étonnant que les chevaliers des environs l'aient respectée. Leurs contestations avec Alard de Chatenois se terminent par des échanges (1260); Henri de Colombotte cesse de molester Monseignor Roubert, chanoine, curé de Saulx (1261) ; les sires de Brotte et Châtenois renoncent à courir dans les bois du Chapitre; Aubry curé de Dambenoit donne son domaine de Miserolles, et y ajoute le patronage de sa cure; les habitants de Liévans reçoivent par devant Hugues, prieur de Marast, de vastes terrains incultes, qu'ils s'obligent à mettre en valeur (1262), et qui formeront bientôt une belle prairie et Thiébaud de Faucogney consent à céder au Chapitre les bois, les prés et droits de justice qui sont à sa convenance. Cet acte qui porte la date de 1282 est le seul qui ait conservé le sceau du Chapitre. Il est de forme ovale, porte la Vierge assise, avec l'enfant Jésus sur son giron et autour on lit

SIGILLUM. CAP. COLUMB. MONAST.

Il y avait alors à la tête du Chapitre de Calmoutier un homme remarquable à tous égards, et dont le décanat fut le plus long et le plus florissant de tous (1) c'était Hugues de Vesoul, frère du bon Prévôt de cette ville. Pendant plus de quarante ans (1260-1305) on le vit successivement terminer les procès et mettre fin aux discordes qui désolaient Calmoutier et les environs, réprimer les entreprises des chevaliers sur les terres du Chapitre, recevoir des plus grands seigneurs de l'époque des marques publiques d'estime et de vénération, agran-

---

(1) Archives du chapitre G. 58. 69. 63. 64.

dir par des transactions habilement ménagées l'autorité et l'influence de son chapitre, faire des chevaliers de Calmoutier (1) les amis et les bienfaiteurs d'une institution qui les éclipsait presque complètement.

En s'occupant de l'intérieur, le doyen Hugues de Vesoul ne négligeait point les choses spirituelles. Par ses soins, l'Eglise collégiale fut réparée et ornée, les cloitres qui l'environnaient restaurés, il construisit à neuf et à ses propres frais le maitre-autel, et régla le service des chanoines, des familiers et des aspirants au canonical, attachés au service des Eglises N-Dame et St-Martin.

Dans l'assemblée générale tenue le 9 septembre 1300, on décida sur sa motion que désormais tous les chanoines, et même les familiers prêtres ou non, admis à participer aux revenus de la collégiale, donneraient une somme de douze livres destinée à fonder l'anniversaire de chacun d'eux (2).

L'analyse d'une charte de la même époque nous ap-

(1) La maison de Calmoutier était ancienne. Guillelmus de Colombæ monasterio (1168). Jacques de Calmoutier bienfaiteur du Chapitre (1300) Guillaume et Vuillemin de Calmoutier figurent comme donataires dans le testament du duc Eudes (1351). On en trouve encore au XV⁰ siècle En général ils vécurent en très bonne intelligence avec le Chapitre. Il n'en fut pas de même des hobereaux qui les remplacèrent dans les deux derniers siècles.
(2) Archives du chapitre G. 45. Les tours de semaines devront commencer par les plus dignes : *a dignioribus*. — L'anniversaire consiste à chanter *un libera* la veille du jour commémoratif, et l'office des morts tout entier, le même jour. A ce moment N. D. de Calmoutier avait 500 livrées de terre.

prend quel usage le doyen Hugues faisait de la justice dont il était dépositaire. Un de ses serfs de Colombier qu'il avait affranchi, se montra indigne du bienfait de la liberté, en se rendant capable d'homicide. Il devait subir la mort, mais Hugues de Vesoul usant du droit suprême qui lui appartenait, commua sa peine et le condamna simplement à redevenir lui et sa famille mainmortable et serf du Chapitre. Preuve que même au XIII⁰ siècle on connaissait le prix de la liberté, puisque le servage pouvait être une commutation de la peine de mort.

Avant de mourir, Hugues de Vesoul reçut une marque du bon vouloir des seigneurs de Montaigu contre lesquels il avait victorieusement soutenu les droits de son monastère ; Marguerite de Blemont comtesse de Ferette, dame de Montcey, donnait à la collégiale 100 soudées de terre sur le territoire de Montcey, elle y ajoutait encore les dîmes de Colombier, et demandait en retour des prières pour Jean de Bourgogne son turbulent mari et pour elle-même.

Ce testament semblait avertir Hugues de Vesoul qu'il était temps de faire le sien. Cette pièce ouverte à l'officialité de Besançon le lundi après l'octave de St-Jean devant la Porte Latine (Mai 1305) est un modèle de la charité et de la piété qui distinguaient la noble famille du doyen. Si la mort le surprend à Besançon dont il est aussi chanoine, il y sera enterré dans l'Église métropolitaine, mais s'il meurt à Calmoutier il veut être inhumé devant le maître autel de la Collégiale reconstruit à ses frais. Il lègue au Chapitre sa maison de pierre, donne 60 sous aux chanoines qui assisteront à ses funérailles, vingt sous aux autres prêtres, et fait d'autres aumônes considérables (1). Sa famille vient ensuite; il donne à ses neveux sa maison de Calmoutier et celle de Besançon. Ces neveux, clercs et chanoines à leur tour, habitèrent les maisons léguées par leur oncle, et plus tard elles appartinrent aux deux Chapitres et devinrent demeures canoniales (2). C'est par Hugues de Vesoul et les siens que commencèrent les relations suivies entre le Chapitre et la ville de Vesoul, relations qui firent longtemps désirer aux Vésuliens de voir la Collégiale transportée dans leur ville et qui aboutirent en effet à sa translation 350 ans plus tard.

Hugues de Vesoul laissait le Chapitre dans une situation florissante lorsqu'il mourut et cette prospérité continua sous Hugues de Velleguindry, son neveu (1305-1321), Jean de Montjustin (1321), et sous Pierre de Scey qui lui succédèrent. La piété de ce dernier égalait sa haute naissance; il fut —chose assez remarquable pour être citée— chéri de ses chanoines comme le prouve le testament d'Étienne de Vesoul l'un d'eux (3). Lui-même sembla préférer Calmoutier à St-Jean dont il était aussi chanoine, et demanda par testament d'être enterré dans la Collégiale de Notre-Dame.

Guillaume de Ceys, chanoine de Besançon, et Thomas de Ceys, curé de Liesle, exécutèrent ses dernières volontés (4).

(1) Testament de Hugues de Vesoul, doyen de Calmoutier aux archives du Chapitre. G. 68.
(2) Un des neveux de Hugues, Jacques de Vesoul, devint chapelain d'Isabelle de France, mariée au Dauphin. Par son testament fait au château de Montmirey (Juin 1345), elle lui légua XL livres estevenant. (Dom Plancher. CCXX).
(3) Aux archives du Chapitre. G. 66-68.
(4) Ils étaient les neveux du doyen Pierre. Philippe de Ceys, chantre

A peine Pierre de Scey est-il mort qu'une série de malheurs commence pour le Chapitre. Le sire de Montaigu, Henri de Bourgogne, ayant enlevé une jeune fille de Vesoul ou des environs, attira la haine des Vésuliens contre lui; trop faibles pour assiéger son château, ils ravagèrent ses terres, prenant le bétail, coupant les arbres dans les forêts(1), et chevauchant librement jusque sous les murs de Montjustin. Si Calmoutier fut épargné, ses domaines de Colombier, Montcey et Damvalley enclavés dans ceux de Montaigu eurent grandement à souffrir de ces courses qui durèrent trois ans,(2) et quand la paix fut faite vingt ans plus tard, on estimait le dommage à quatorze cents livres, somme énorme pour l'époque. Un ennemi plus redoutable vint s'abattre sur Calmoutier, la peste noire lui enleva les deux tiers de ses membres. De neuf chanoines il n'en resta que trois, et le reste des habitants diminua dans la même proportion.

Le Chapitre se trouva bientôt dans une position sin-

de Besançon, chanoine de Calmoutier, y fonde son anniversaire le 7 juillet 1315.

(1) On trouve ce fait curieux dans l'enquête qui suivit ces méfaits. Perrin Chalpas dépose qu'il fu' saisi par les gens de Vesoul, et conduit aux bois où on l'obligea de couper des chênes. Jacques Chicault qui avait refusé de le faire, eut un bras cassé... « Item, tranchièrent xLv chesnes au bois de Montcelx, cent à Columbier, et les charriarent à Vesoul. — Interrogé comment il sait le nombre des chesnes qu'ils lui firent tranchier, dit que pour chascun chesne qu'il tranchait, mit en son chaperon une estelle, qu'il compta ensuite. — Item à Villemas, Begnergue, de Moncelx, prirent une vaiche, un asne, douze jovenceaux et aussi les pièces de bestes grasses et des barbis de la vile...... etc. (Enquête de 1358) Chambre des Comptes.

(2) Comme compensation, Girard de Montjustin donna au Chapitre en 1345 tout ce qu'il avait sur Calmoutier, Molans, Epenoux et Colombotte (G. 46). Margot d'Esmoncourt, dont le fils Henri était chanoine de Calmoutier, donne aussi des biens et des hommes sur Damvalley et Calmoutier. Richard de Vy en vend plusieurs.

gulière. Comme seigneur territorial, il avait, selon l'usage féodal, le droit d'échute, c'est-à-dire le droit d'hériter de ses sujets mainmortables; comme ils étaient morts en grand nombre, il se trouva qu'à Liévans, Colombotte, Calmoutier, Dampvalley et Colombe qui étaient de son domaine direct, la plupart des maisons et des terres revinrent au Chapitre, et la fin du XIV° siècle fut laborieusement occupée à régler ces successions, ou à chercher des bras pour cultiver les terres.

Cette richesse inattendue devint pour lui un embarras, les colons manquaient, les terres restaient en friche, les maisons s'écroulaient et on fut heureux de trouver à les accenser perpétuellement pour d'insignifiantes redevances.

Malgré cela, le mal ne fit qu'augmenter par la venue des Grandes Compagnies qui rançonnèrent le Chapitre pendant quatre années (1360-64). Leur quartier général était à Noroy, et tout le pays en était infesté. Un détail de mœurs nous montre à quel degré les chemins étaient peu sûrs. Pour aller faire une commission dans un village voisin, les hommes marchaient par groupes de quinze ou vingt. Une troupe d'hommes de Montaigu étant allée ainsi à Velleminfroy, les habitants les prirent de loin pour des Anglais, coururent aux armes et en tuèrent un. Il fallut payer 80 florins d'or au sire de Montaigu pour racheter ce délit. En 1364, les Bretons quittèrent enfin Noroy, mais le pays tout entier était réduit à la misère.

Malgré ces épreuves, le respect profond qu'avaient les populations pour Notre-Dame de Calmoutier leur fit trouver encore dans leur misère le moyen de venir au secours de la Collégiale, et dans la seule paroisse de Montcey nos trouvons dans l'espace de soixante ans, dix-huit chartes de donations en faveur du Chapitre.

Le nombre des chanoines augmenta peu à peu, et on en trouve sept vers l'an 1380. Un procès remarquable jugé en 1383, va nous montrer quelles étaient les formes de la justice canoniale.

En 1383, les archers de Montjustin saisirent en flagrant délit d'un crime infâme, Jehan dit Vuilla, et le conduisirent dans les prisons du château. Comme il était de Liévans et justiciable du Chapitre, celui-ci réclama le coupable qui fut amené dans la basse fosse de la maison décanale. L'affaire était grave et devait entraîner la peine de mort. Le Chapitre s'assembla le 24 avril, et à l'unanimité des suffrages institua un juge extraordinaire pour cette cause, le chevalier Jacques de Vellefaux fut choisi, et après toutes les formalités d'usage porta une sentence condamnant le coupable à être *ars et occis*. On la mit bientôt à exécution, suivant le cérémonial usité en pareil cas. La justice appartient en tout au Chapitre, mais l'exécution appartient au sire de Montaigu, gardien de la Collégiale. En conséquence, on prévient les officiers de justice du gardien de venir chercher le coupable. Deux sergents du Chapitre saisissent Jehan Vuilla, il est en chemise, les mains liées derrière le dos, on le place sur une jument, sous le ventre de laquelle ses pieds sont solidement attachés et on se met en marche. Arrivé au Pont Harnaud (1), les officiers du Chapitre allument un bran-

(1) Ce pont existe encore, et se trouve à l'entrée Ouest de Calmou-

don de feu, le passent devant la barbe du patient pour lui annoncer le sort qui l'attend, jettent le reste du brandon contre la monture du coupable, et mettent monture et cavalier entre les mains des archers de Montaigu qui attendent sur le pont, et le conduisent droit aux fourches après avoir donné quittance (1).

Ces formes solennelles se ressentent de la sévérité des lois et de la rudesse de l'époque, mais les chanoines, sur le territoire de qui on n'exécutait jamais les condamnés, tenaient à ces formes judiciaires avec d'autant plus de raison que leur gardien songeait toujours à contester leurs droits, et que deux ans après (1385) Thiébaud de Neufchâtel affichait encore ses prétentions sur leur justice. Il ne réussit point, le Chapitre se défendit si longtemps et si bien qu'au XVIIe siècle les détails de procédure étaient encore les mêmes qu'en 1383.

Après la mort de Jean II de Montjustin, le décanat paraît avoir vaqué pendant dix années. Il est probable que l'opposition au droit d'élection exercé par les chanoines venait du pouvoir civil et ce fut sans doute en vertu d'un indult pontifical que Jean III de Vaithes fut nommé doyen en 1397 par le duc et comte de Bourgogne. Pendant l'interrègne, les chanoines avaient acquis le patronage de la cure de Genevrey moyennant 80 florins.

Une espèce de *coutumier* écrit vers cette époque et souvent invoqué dans les procès pendants, nous fait con-

tier en face l'ancien chemin de Montcey. Il s'appelle aujourd'hui Pont Ternaux.
(1) Archives du Chapitre. G. 46.

naître les usages et statuts du Chapitre dans ces temps reculés. Résumons-le brièvement.

La liturgie suivie à Calmoutier présente diverses bizarreries que les chanoines considèrent comme des privilèges. Ils chantent l'office canonial sans surplus, sans *roquets, amicts* ou *chaperons,* mais avec leurs habits de ville. Pour la messe, ils ont des habits de forme ancienne et particulière, le prêtre, le diacre et le sous diacre célèbrent *la tête couverte.*

Il y a égalité parfaite entre tous, l'hebdomadaire ou chanoine de semaine est à peu près le seul maître de régler tout dans le courant de la semaine, offices, bénédictions, processions. Le doyen n'a pas plus de privilèges et autant de charges que les autres, il doit faire son tour de semaine. Dans les processions, qui sont fréquentes, les chanoines marchent *à la file, un à un,* par rang d'ancienneté.

Pour faire partie du Chapitre il faut être prêtre, de bonne vie et mœurs, avoir certificat d'études ou titre canonique, sortir d'une famille noble ou au moins de famille bourgeoise et *non sujette a la main morte.*

Les aspirants devaient se présenter à Calmoutier aux premières vêpres de la Circoncision de N. S. Le lendemain, l'assemblée générale du Chapitre statuait sur leur sort et faisait l'élection. Celui qui manquait était renvoyé à l'année suivante.

L'élu devait apporter une chape valant douze écus d'or pour le service de l'église; payer dix écus d'or pour l'*osculum pacis,* baiser de paix, et 20 écus d'or pour droit de joyeux avénement — *jucundi adventus.* — Avec cela on achetait des gants et des bonnets au doyen et aux chanoines ministrants. Le prêtre marguillier ne recevait ni gants ni bonnets, mais l'élu lui mettait dans la main 40 sous tournois.

En outre, un stage de trois mois était de rigueur pour le nouveau venu. Doyen ou simple chanoine, il devait assister à tous les offices depuis le 1ᵉʳ janvier jusqu'au 31 mars sans toucher aucun émolument. Il en était de même pendant les neuf mois suivants. Ces douze mois s'appelaient l'*annus mortuorum*; pour le Chapitre, le nouveau chanoine n'était pas encore vivant. On lui payait cependant ses cinq ou six tours de semaine ou service actif.

A chaque élection de chanoine, il y avait fête à Calmoutier. L'élu mis en possession de sa demeure canoniale y recevait ses collègues. Il devait tenir cette maison en bon état, la disposant comme bon lui semblait. A la mort ou au départ du titulaire, la disposition de sa maison revenait au Chapitre. Les chanoines portaient en hiver une robe fourrée d'agneau blanc ou d'agneau noir, en été une robe de serge ou tiretaine noire.

Quand le Chapitre assemblé avait décidé une chose, elle était acquise et irrévocablement jugée, n'y eut-il que deux chanoines présents à la délibération.

Un économe portant le nom de séchal était chargé de veiller à la fortune temporelle du Chapitre. Il en centralisait les revenus et les partageait par lots égaux à chaque chanoine. C'est lui qui soutenait les procès, faisait rentrer les fonds, ramassait les échutes et épaves revenant à la Collégiale. Il était élu par ses confrères qui attendaient de lui *bonne et briefve justice*, sinon, ils en choisissaient un autre.

Nous verrons plus tard ces traditions fidèlement observées par le Chapitre de Vesoul. Jean de Vaithe défendit ses sujets contre les exigences des officiers de Jean-sans-Peur, qui voulaient obliger les habitants de Liévans à figurer aux montres d'armes de Montjustin. A sa requête Hérard du Four, bailli d'Amont déclara que les sujets du Chapitre ne devaient pas comparoir en armes ailleurs que dans Calmoutier même (23 Mars 1418).

Le XVe et le XVIe siècle nous offrent peu de faits remarquables. L'époque des donations et libéralités est passée, celle des transactions et des procès commence. Pour mettre ses propriétés en valeur, le Chapitre s'ingénie à faire venir des colons en leur offrant des avantages. Les colons viennent des montagnes de Faucogney et de Sainte-Marie-en-Chanois, ils accensent les moulins et les terres de Chariez, Colombe et Damvalley; les bourgeois de Vesoul paient volontiers une redevance au Chapitre pour exploiter ses vignes d'Echenoz avec les mêmes privilèges que les habitants de ce village (1413) et le Chapitre, à force de concessions, rétablit ses affaires temporelles toujours ébranlées par les guerres et les malheurs du temps.

Pour la première fois les habitants de Calmoutier deviennent exigeants et prétendent à un droit d'usage qui n'est pas le leur (1450). Condamnés «par Jehan de Valoines de Vesoul, juge de messieurs les doyens et Chappitre de Colombmostier», ils en appellent au bailli de Montaigu qui les condamne également, puis au lieutenant-général d'Amont qui confirma la décision des premiers juges.

Le doyen qui présidait alors le Chapitre de Notre-Dame, était l'âme de ces mesures de prudence, et de ces défenses couronnées de succès. Nicolas de Senoncourt gouverna Calmoutier pendant trente années. Sa réputation de prudence était si bien établie que l'abbé et les religieux de Faverney le choisirent (1442) pour trancher les difficultés qui s'étaient élevées entr'eux. Il visita le sépulcre de N. S. et fit le pélérinage de Terre Sainte comme nous l'apprend sa tombe placée derrière le maître-autel de la collégiale. Il mourut en 1452 (1).

Les bandes indisciplinées que le Dauphin de France avait amenées en Suisse et qui revenaient en désordre laissèrent Calmoutier sur la gauche et les éclaireurs qui y passèrent firent peu de mal, on en fut quitte pour la perte de quelques pièces de bétail. Déjà en 1428, une troupe allemande venant défier Vesoul à feu et à sang, avait causé de semblables dégâts, trop fréquents à cette

---

(1) La tombe de Nicolas de Senoncourt est la seule qui reste de toutes les tombes décanales. Bien qu'usée et placée sur le chemin de la sacristie, elle représente le défunt en costume de chanoine. Autour on lit cette inscription : HIC JACET SEPULTUS VENERABIS DNS NICHOLAUS DE SENCURIA QUI FUIT ELES IN DECANUM HUI ECCLIE. ILLU. NTRE. PSONALIT. COSTITUTUS. IN. ANO MCCCC XXII. QUI HIS SSM. VISITAVIT SEPULCRUM. OBIIT DIE XV MENSIS JULII AÑO MCCCCLII AIA. EI. I PACE REQIESCAT. AMÊN.

époque pour que nous nous arrêtions à les signaler(1).

Indiquons plutôt les droits de la seigneurie, tels qu'ils sont consignés dans les reconnaissances et dénombrements du XV⁰ siècle. Ce sont:

1° La justice haute, moyenne et basse rière les lieux et finages de Calmoutier, Colombotte, Colombe en partie, Liévans et autres lieux, à l'exclusion de tous autres.

2° Pour exercer cette justice, le Chapitre établit juge procureur et scribe pour tout mésus et crime quelconque.

3° Le Chapitre établit un vicaire ou sergent pour les assignations de justice et levées de tailles, lequel a droit de visiter les pintes, hôtelleries, cabarets, faire un rapport en cas d'abus pour en procurer le chatoy suivant l'exigence du cas.

4° Le droit d'avoir et de faire poser carcan et attacher à un poteau, lorsque le cas le requiert, les délinquants.

5° D'avoir en la maison décanale prison et fond de fosse (2) pour y mettre les criminels.

6° Faire comparoir les criminels, les accompagner en armes si on les condamne à mort, et les livrer aux offi-

(1) On trouve dans ce siècle et le suivant une douzaine de faits de ce genre, occasionnés par les guerres de l'abbaye de Lure, les Suisses après la bataille d'Héricourt, l'invasion Française, les courses de Maximilien et autres qui se rattachent à l'histoire générale du pays.

(2) Ces droits sont énumérés à différentes reprises. La dernière reconnaissance qui s'en fit est de 1689 (G. 42 à 50).

ciers de Montaigu, à raison du droit de gardienneté, pour l'exécution ultérieure.

7° Comparoir devant les officiers du Chapitre pour les revues d'armes et faits militaires.

8° Droits d'échute et d'épave dans toute la seigneurie.

9° Les échevins des 4 villages doivent rendre compte de leur gestion aux officiers du Chapitre, et faire les taxes du pain et du vin, à peine de soixante sols d'amende.

Nous avons déjà vu que le Chapitre usait du droit de faire grâce, il avait aussi les dîmes de sa terre (fixées au douzième), et jouissait par conséquent des droits seigneuriaux les plus estimés. A part le droit de battre monnaie et de déclarer la guerre, c'était presque la puissance souveraine.

Dans les processions solennelles, ou dans les cérémonies d'apparat où il marchait en corps, le Chapitre était précédé de son sergent, de ses huissiers et marguilliers avec masses d'armes ou baguettes, quelquefois il y joignait même ses archers ou hommes d'armes, et marchait ainsi à l'instar des plus grands seigneurs ou des plus puissantes corporations.

Nous n'hésitons point à dire que cette puissance nuisit à la régularité du Chapitre. Obligé de soutenir ses droits contre des voisins entreprenants et redoutables, trop faible pour les faire respecter toujours, il finit par épuiser dans des luttes sans gloire et des procès sans issue, les ressources qu'il aurait dû employer à faire le bien. La nécessité où il se trouvait, le força quelquefois à se montrer exigeant envers ses sujets. Ce fut seulement en 1784 que le village de Calmoutier put payer son affranchissement et se libérer de la servitude de main morte (1).

Toutefois le relâchement des chanoines de Notre-Dame ne les rendit point infidèles, et l'on n'eut point à déplorer de défection dans leurs rangs quand la Réforme arriva. Ils en furent même les premières victimes, et les troupes des paysans qui coururent la contrée au printemps de 1525 firent d'assez grands dégâts dans leurs terres; ils n'eurent cependant pas le temps de piller le Chapitre comme ils pillèrent les Trois rois et Bithaine. Cette course ne fut qu'un orage, mais le tonnerre grondait dans les environs, et le résultat le plus clair des excitations parties de Montbéliard fut le soulèvement des villages soumis au Chapitre qui refusèrent de payer les dîmes et redevances. Les habitants de Liévans se montrèrent les plus entêtés et refusèrent de payer les cens dûs pour leur prairie (1531). Rien n'était plus injuste que leur prétention, mais il fallut un procès pour les réduire. Le séchal du Chapitre, Antoine Poinsot, se rendit à Dôle, exhiba le titre de 1262 portant accensement des terres canoniales aux habitants (2) moyennant redevance, et le Parlement confirma tous les droits du Chapitre sur les récalcitrants.

Lorsque les Etats de la Province tinrent régulièrement leurs assemblées, le doyen du Chapitre de Notre-Dame

(1) Moyennant 24000 francs.
(2) Ce titre existe encore aux Archives (G. 70).

fut toujours appelé à y prendre part, et il occupait une place très honorable dans la chambre du clergé, puisqu'il siégeait immédiatement après la Collégiale de St-Anatoile qui était la seconde de la province et passait avant tous les autres doyens ou prévôts (1).

La fin du XVI° siècle est marquée par de tristes débats. Le Chapitre à moitié ruiné par les guerres, et voyant une partie de ses terres en friche par suite du manque de bras, veut faire un nouveau partage de prébendes, on attribue à chaque chanoine la portion de terre dont le revenu doit le faire vivre, la maison qu'il doit habiter, et le patronage d'une cure (2) relevant de la Collégiale. Le doyen, qui n'avait guère d'autre supériorité que celle d'une prééminence souvent contestée, et le droit d'habiter seul la maison décanale (3) dans laquelle il faisait les honneurs du Chapitre, prétendait avoir aussi des revenus plus considérables. Les chanoines, conformément aux traditions du corps, tinrent ferme, il s'éleva (1590-94) d'orageuses contestations qui n'étaient point terminées quand les bandes de Tremblecourt arrivèrent. C'était le 13 février 1595. Le village et le Chapitre furent dévastés et pillés, mais on avait eu le temps de mettre en sû-

---

(1) Le doyen figure sous le titre de prévôt de Calmoutier aux Etats de 1568, 74, 1606, 1614, 1621, etc.

(2) Par suite de la réforme, le Chapitre avait perdu le patronage des cures de Clairegoutte et de St-Julien.

(3) La maison décanale de Calmoutier condamnée à tomber à cause de sa proximité de la route impériale de Paris à Bâle s'est écroulée en 1808. Cette vénérable construction remontait au moins au XIV° siècle. Ses caves, souterrains ou cachots, font depuis longtemps la joie des enfants du village. Nous aurions donné ici une vue de la façade, il est trop tard de le faire. Il y avait huit maisons canoniales, outre la maison décanale.

reté les effets les plus précieux. En pillant la maison décanale, les soldats avisèrent un énorme coffre bardé de fer, ils le prirent pour le trésor du Chapitre. En effet, c'était le trésor des Chartes. Irrités de ne trouver que de vieux parchemins où ils croyaient puiser de l'or à pleines mains, ils y mirent le feu, et brûlèrent en outre plusieurs maisons (1).

Le Chapitre de Calmoutier était exempt de la juridiction épiscopale, mais le concile de Trente ayant donné aux évêques le droit de visiter les Chapitres comme délégués du St-Siège, l'archevêque Ferdinand de Rye usa de ce droit pour mettre fin aux disputes du doyen et des chanoines. Il envoya l'évêque de Nicopolis, son suffragant, comme médiateur. Ce prélat décida que le doyen, outre la préséance et le droit d'occuper la maison décanale, aurait le patronage de deux cures (2), tandis que chaque chanoine en aurait une seule à sa disposition, et le débat parut s'apaiser pour un temps.

Les premières années du XVIIe siècle furent employées à relever les maisons canoniales ébréchées par les bandes de Tremblecourt et à demi ruinées. Malgré les bonnes intentions qui les animaient, les archiducs Albert et Isabelle firent une faute en dispensant le doyen de la résidence, comme ils le firent pour Claude Chapuisot, d'abord avocat, puis curé de Port-sur-Saône, nommé doyen de Calmoutier par leurs Altesses sérénissimes. Tandis que le nouveau titulaire achevait ses études théologiques à

---

(1) Requête de 1597. Archives du Chapitre. C'est alors que périrent les titres les plus anciens.
(2) Saulx et Gouhenans.

l'Université de Dôle, on loua la maison décanale pour en tirer parti. C'était une leçon un peu dure peut-être, les Archiducs s'en offensèrent et firent adresser en 1517 une sévère réprimande au Chapitre par le président du Parlement, Adrien Thomassin.

La ville de Vesoul sut mettre ces débats à profit, ses magistrats désiraient vivement avoir une Collégiale; ils regardaient comme une honte pour leur ville de n'avoir qu'une simple église paroissiale tandis que Gray, Champlette et Ray-sur-Saône avaient des Chapitres. Aussi, les hommes de loi vésuliens prirent-ils à tâche de plaider cette cause, depuis l'an 1593 à l'an 1650, ils ne craignirent point pour la gagner d'employer l'exagération, bien naturelle sans doute à des avocats, mais peu excusable dans des hommes graves et sérieux.

A les entendre raconter les dangers de l'isolement pour les chanoines, on croirait volontiers que Vesoul était une place de guerre inexpugnable, et qu'il suffisait de vivre au milieu de ses habitants pour être à l'abri de toutes les faiblesses humaines. Si nous en jugeons par les nombreux amis que les chanoines comptaient à Vesoul, les correspondances qu'ils entretenaient avec eux, et les voyages trop fréquents qu'ils faisaient (1) dans cette ville (dont plusieurs d'entr'eux étaient originaires), les membres du Chapitre auraient vu sans trop de chagrin la translation de leur collégiale au chef-lieu du bailliage d'Amont.

Malgré leurs éternels procès avec le doyen et leurs

(1) Ces voyages leur étaient reprochés aigrement par le président Thomassin. (Lettres, passim. Archives du Chapitre.)

fréquents voyages, les chanoines de Calmoutier ne négligeaient pourtant ni la culture des lettres, ni l'étude des sciences ecclésiastiques. A cette époque, Jacques Durand de Vesoul, devenu chanoine de l'insigne collégiale, cultivait avec succès diverses branches de la science sacrée. En 1595, il faisait imprimer à Lyon une traduction de la Paraphrase de Pancirole sur les Psaumes. En 1608, nous le trouvons à Faverney, assistant au miracle de la Ste Hostie conservée dans les flammes; il en écrivit la relation, devint ensuite Théologal du diocèse, et mourut en 1614.

Le doyen Chapuisot qui était aussi de Vesoul eut de la réputation comme orateur. Il devint chapelain de l'archiduc Albert, et prononça l'oraison funèbre de ce prince, et celle d'Isabelle Claire son épouse (1).

En visitant la collégiale comme délégué du St-Siège, le vénérable archevêque de Corinthe, suffragant de Besançon, renouvela les anciens statuts du Chapitre, et ces statuts furent solennellement publiés et acceptés par les chanoines présents le 30 septembre 1613. La révérence et l'obéissance au doyen, l'assistance régulière à l'office canonial, la gravité dans les cérémonies y sont particulièrement recommandées, et désormais on n'acceptera pour chanoines que des gradués de l'Université de Dôle et au moins licenciés (2). Pour dédommager le

---

(1) Le *discours mortuaire d'Isabelle Claire Eugénie*, par Claude Chappusot, se trouve à la bibliothèque de Dôle N° 1625. Le doyen de Calmoutier a laissé deux ouvrages latins manuscrits, intitulés: *De notis prædestinationis*; et: *De cultu virginis propagando*.

(2) Si le chapitre de Calmoutier n'a pas produit de grands savants, ses suppôts étaient pourtant des esprits cultivés. Les lettres et corres-

Théologal du Chapitre de ses travaux particuliers, c'est à lui qu'appartiendront les amendes payées par les chanoines retardataires. Bien que le doyen Chapuisot fut souvent en discussion avec son Chapitre, il lui obtint, grâce à la faveur dont il jouissait à la cour, différentes exemptions et soutint parfaitement ses droits. De leur côté les chanoines ne laissaient tomber en désuétude aucun des privilèges dont leurs devanciers avaient joui; nous les voyons encore en 1630 nommer un juge extraordinaire avec les mêmes formalités qu'en 1383. Il s'agissait de trois malheureux sorciers qui furent convaincus « d'avoir vu le diable sous la forme d'un gros chien noir, d'être allés au sabbat pour s'y livrer à des pratiques désordonnées ». Nicolas Coillaboz, Claudine Richardey et Claudine Nicolas, reconnus coupable par le juge de la Courvée, furent livrés aux officiers de Montaigu et moururent victimes d'une folie qui était bien plutôt celle de leur époque que la leur. Ce serait trop exiger des seigneurs chanoines de Calmoutier de vouloir qu'ils aient été au-dessus des préjugés de leur temps (1).

En 1634, les Vésuliens songeaient sérieusement à faire une tentative désespérée pour obtenir la transla-

---

pondances de Guillaume Petiet (1470), Antoine Poinsot (1539), Etienne Labrung (1549-80) et autres, mériteraient d'être publiées. Elles indiquent du moins un niveau d'instruction suffisant pour l'époque.

(1) Le procès de ces trois sorciers a été publié par la Société archéologique de la Haute-Saône. Elle a cru devoir cacher le nom du juge que nous désignons ici. Ce juge n'était point un chanoine, mais bel et bien un homme de loi vésulien. Ce n'était ni l'inquisition ni la foi ou la religion qui ordonnaient ces supplices. A Montbéliard, en pleine réforme, on brûla les sorciers jusqu'en 1099, et nous pourrions en citer 39! qui périrent de la main du bourreau. C'était la manie de l'époque.

tion de la Collégiale, mais les événements qui se succédèrent tournèrent bientôt leur sollicitude d'un autre côté. Calmoutier fut un des points les plus maltraités. Aux ravages de la contagion vinrent se joindre ceux de la guerre. L'armée de Gallasse toute entière vient camper dans la vallée de la Colombine (7-9 septembre 1636) et, sous prétexte de porter secours, elle fait plus de mal que n'en feraient des ennemis acharnés. En revenant de leur triste expédition de Bourgogne, les Impériaux rançonnent encore le Chapitre. Etablis à Lure, qui était considéré comme terre de l'empire, les partis ennemis de la Franche-Comté font à chaque instant des excursions dans le voisinage. Français ou Suédois, ils ne cherchent qu'à piller, et tout est pour eux de bonne prise. C'est dans une expédition de ce genre qu'ils prennent les cloches du Chapitre. L'office canonial cesse, les chanoines ne sont plus en sûreté, ils se retirent soit à Vesoul, soit à Besançon, et le vicaire général du diocèse dispense le chanoine Bourgeois d'aller à la réunion capitulaire du 1er janvier 1638, « parce qu'on ne peut aborder Calmoutier (1) sans s'exposer à être tué ou pris. »

Les Français qui vinrent ensuite sous les ordres de Grancey (1641) et de Turenne (1644) firent encore plus de mal que les Suédois. Ils dissipèrent ou massacrèrent les habitants de Calmoutier, Damvalley et Colombe.

La tradition veut qu'une seule femme ait échappé à

(1) Archives du Chapitre. Correspondances à ce sujet. Tout chanoine manquant à la réunion capitulaire du 1er janvier était privé de son revenu pour l'année. Aussi n'y manquait-on jamais.

Damvalley, en se cachant dans les roues d'un moulin abandonné. La conséquence naturelle de ces désastres fut la ruine complète du Chapitre dont les terres furent incultes pendant près de vingt ans.

Les chanoines étaient morts, il n'en restait que deux avec le doyen, encore n'ayant plus de ressource prirent-ils le parti de quitter leur chef pour aller vivre dans quelque cure moins maltraitée que leur bénéfice.

Claude Chapuisot mort en 1632 avait été remplacé comme doyen par Jean de Verchouain; celui-ci, retiré avec le chanoine Piquet dans un château des environs, et représentant à eux deux le Chapitre, s'adjoignit Pierre de la Courvée (7 juin 1637) qui resta seul au milieu des ruines de Calmoutier, après la mort de son doyen. Le 20 décembre 1644, Philippe IV, roi d'Espagne, donnait pour successeur à celui-ci Claude Baalin, de Vesoul, chapelain major du maître de camp La Verne. En venant à Calmoutier, le nouveau dignitaire put se convaincre que le seul moyen de sauver la Collégiale ruinée était de la transférer à Vesoul et de réaliser enfin une mesure que les chanoines repoussaient depuis cinquante ans, mais dont les circonstances faisaient une impérieuse nécessité.

CHAPITRE VI.

La Collégiale. St-Georges, église collégiale de Vesoul.

SOMMAIRE

Efforts de la ville de Vesoul pour obtenir la translation du Chapitre. — Traité préliminaire. — Installation du Chapitre. — Visite de l'archevêque à Vesoul et à Calmoutier. — Les chanoines aux Etats de 1651. — La confrérie de St-Georges. — Bulle d'Alexandre VII prononçant l'union et translation. — Organisation de la nouvelle Collégiale. — La conquête française et ses suites. — Description de l'ancienne église. — Construction de la nouvelle. — Obstacles qu'elle rencontre. — Le Chapitre de Vesoul maintenu dans le droit de s'appeler *Insigne*. — Ornementation de l'église. — Derniers actes du Chapitre de Vesoul.

De 1649 à 1790.

Une circonstance fortuite aida beaucoup à résoudre les difficultés qui empêchaient la translation du Chapitre de Calmoutier. Le prieur du Marteroy était le parent et le parrain du doyen de la vieille Collégiale. Pour arriver à l'union des deux bénéfices, il fallait que l'un d'eux fût vacant par la démission ou la mort de son titulaire. En se démettant de son prieuré, Christophe Duplan le résignait en faveur de son filleul et rendait possible la translation si désirée par les Vésuliens. Ce fut à cette combinaison que s'arrêtèrent les magistrats de Vesoul, et ils mirent tout en œuvre pour réussir. De leur côté, les familiers de St-Georges, prévoyant bien que le Chapitre les éclipserait complètement, commencèrent une campagne en règle pour entraver les entreprises du magistrat, détourner le curé de donner sa démission, prouver que les biens du Marteroy ne devaient point sortir de l'ordre de St-Augustin, et que toutes les lois canoniques seraient foulées aux pieds si ce projet était mis à exécution. Ils entremêlèrent à ces divers actes de résistance quatre ou cinq de ces procès qu'ils avaient le secret de faire durer éternellement, et ils eussent peut-être réussi à décourager la ville quand on imagina un moyen assez simple de leur fermer la bouche, ce fut de leur donner en perspective et de leur promettre l'aumusse canoniale dont ils étaient si jaloux. Rien n'était plus naturel, en effet, que de choisir les futurs chanoines parmi les familiers de St-Georges, puisque les religieux du Marteroy n'existaient plus, et que Calmoutier n'avait que les trois membres rigoureusement exigés pour constituer un Chapitre (1). Cette résolution simplifia les choses, et le 8 juin 1649, le prieur curé, Christophe Duplan consentait à signer un compromis avec la ville de Vesoul et les chanoines de Calmoutier, réglant les conditions auxquelles le Chapitre serait reçu dans l'église St-Georges s'il venait à y être transféré.

Ce traité porte en substance que la ville de Vesoul

(1) Tres faciunt Capitulum. — Dès 1649, on nomma chanoines quatre familiers, et le neveu de Christ.-Duplan, Christophe Grisey.

s'oblige à fournir les lampes, luminaires et cierges nécessaires pour les offices publics.

Les marigliers établis par la ville sonneront les offices, et, outre leurs émoluments, ils auront chaque année dix livres à prendre sur la dotation du Chapitre. Le doyen et les chanoines auront la première place à l'église et aux processions, tous les chanoines seront de droit familiers de l'église paroissiale. Le Chapitre conservera son droit de justice sur ses membres et suppôts, et s'il réclame les coupables, on les lui rendra.

Il sera exempt des impositions de gabelle, d'entrée de bois et sortie de grains, comme aussi des logements militaires.

Toutes les conventions anciennes faites avec les prieurs du Marteroy subsisteront, et la translation aura lieu le plus tôt possible. La ville se charge de faire toutes les démarches, frais et dépenses nécessaires, à Bruxelles et à Rome, pour obtenir le décret d'union des deux bénéfices (8 juin 1649) (1).

Les magistrats ne perdirent point de temps. Ils obtinrent d'abord l'assentiment de Claude d'Achey, archevêque de Besançon, puis remontrèrent au roi d'Espagne : « Qu'en sa ville de Vesoul la piété est en honneur chez

---

(1) Pour montrer leur bonne volonté, le doyen et les deux chanoines existants élurent chanoines le même jour trois familiers de l'église de Vesoul : Claude Faivre, Nicolas Lambelin, Balthasar Marandet. Le 28 juin 1649 ils en nommèrent encore deux autres : Guyottet et Grivel. Deux ans après l'archiduc se réservait le droit de nommer la moitié des chanoines. Le Chapitre devait élire l'autre moitié.

les officiers et principaux habitants, qui désireraient d'autant plus posséder le Chapitre que les débordements de certains chanoines décédés avaient produit grand ravalement d'un corps si illustre que celui de Calmoutier, on espère qu'ils seront retenus par la présence des officiers du roi et gens d'honnête condition. »

On voit qu'en se donnant de l'importance, les magistrats et officiers du roi ne flattaient guère le Chapitre. Mais tel était le désir des Vésuliens qu'ils crurent donner une excellente raison en parlant du « ravalement » des chanoines. »

La longue et minutieuse enquête ouverte peu après laisse à penser que les magistrats exagéraient les désordres des chanoines décédés. On peut leur reprocher la manie des procès, les sorties fréquentes, les querelles avec le doyen et autres misères de ce genre qui furent la plaie de tous les Chapitres, mais on n'y trouve aucune preuve « de désordres produisant grand ravalement ». Ces magistrats disent que : Depuis 30, 40 ou 50 ans qu'ils voient le Chapitre, ils le connaissent pour un des plus illustres de la province, tenant le troisième rang aux Etats, et pourvu de suppôts nobles ou doctes et gradués ; que le malheur des temps l'a privé de ses revenus, à peine suffisants maintenant pour faire vivre deux ou trois chanoines ; que les maisons canoniales sont brûlées et en ruines. Ils disent de même que le Prieuré, quoique ses revenus dépassent actuellement ceux du Chapitre, n'est pas dans un meilleur état, et que le meilleur moyen d'empêcher leur disparition serait de les réunir. L'ancien receveur du Chapitre, cité à son tour, produit ses comptes, et prouve que dans les dernières années le revenu de la Collégiale a varié de 130 à 250 livres, chiffre trop éloquent pour avoir besoin de commentaire (1).

Les magistrats savaient, du reste, varier leur style selon les circonstances, et dans leur requête au Pape, ils ne parlèrent point du « ravalement des chanoines » ni de la crainte salutaire que leur inspireraient les procureurs royaux. La grande raison qu'ils invoquèrent fut la nécessité de sauver un corps aussi respectable et d'honorer leur ville, qu'ils ne manquèrent pas de donner comme importante et digne de cette faveur.

En attendant la fin des enquêtes et des procédures beaucoup trop longues au gré de leurs désirs, les magistrats demandèrent une installation provisoire du Chapitre. L'archevêque de Besançon y consentit le 13 février 1651, la Cour de Bruxelles le 5 mai suivant, le Parlement enregistra les lettres royales le 12 juillet, et un mois après (8 août 1651) le Chapitre de Notre-Dame de Calmoutier s'installait solennellement dans l'Église paroissiale de Vesoul. Le procès-verbal de cette cérémonie nous apprend que les vicomte mayeur, échevins et notables ainsi que « plusieurs hommes et femmes de la populace de Vesoul » étaient présents. Le Chapitre était au complet ; il se composait du doyen, de sept chanoines prêtres et d'un minoré (2). Les sept chanoines prêtres étaient en grand costume ; ils avaient le bonnet sur la tête en signe d'autorité sacerdotale ; le minoré

(1) Enquête. Déposition du sieur Blondeau de Frotey. En sa qualité de familier, il ne flattait guère les chanoines.
(2) Procès-verbal d'installation. Arch. du Chapitre, G. 42.

Mandray marchait la tête découverte. Les nouveaux dignitaires sonnèrent les cloches, baisèrent le grand autel, prirent place dans les stalles, et l'office canonial commença par le chant des vêpres.

Quinze jours plus tard, l'archevêque de Besançon, voulant faire honneur à la nouvelle Collégiale, vint lui rendre visite « avec le train en tel cas requis. » Toute la ville alla en procession recevoir le prélat près de la chapelle du Rosaire; il fit sa prière dans la chapelle et vint ensuite à l'Eglise collégiale, où il fut reçu sans protestation (26 août 1651).

Claude d'Achey avait été moins bien reçu trois mois auparavant quand il se présenta (24 mai 1651) pour visiter l'église de Calmoutier. Le doyen n'avait près de lui que les deux anciens chanoines Guy Ponsot et Nicolas de la Courvée. Ils protestèrent qu'ils étaient exempts : l'archevêque les somma d'en donner les preuves et passa outre. La visite constate que l'Eglise est dédiée à la bienheureuse Vierge Marie, qu'elle est collégiale et fondée par les ducs de Bourgogne pour un doyen et huit chanoines. Elle a 250 pieds de Bourgogne en longueur et 80 en largeur. Le chœur est bien fermé et compte 38 stalles ; le maître-autel est entier avec son tabernacle. Il manque de conopée ou baldaquin. Les cloches ont été emportées par les ennemis; les calices, reliquaires et vases sacrés semblent avoir eu le même sort. Les fondations et anniversaires n'ont plus lieu ; on somme les chanoines d'avoir à en fournir les titres à l'archevêque.

Ajoutons, pour compléter le tableau, que le maître-autel est orné de nombreuses images de saints et des douze apôtres peints et dorés, que la nef a six travées et 12 colonnes, que des six autels un seul est encore consacré mais non doté, et nous aurons une idée de ce qu'était la Collégiale de N.-D. avant l'écroulement qui eut lieu en 1678 et lui fit perdre son portail et ses deux travées orientales.

L'Eglise paroissiale de St-Martin, qui joint Notre-Dame, menace ruine; elle est sans ornements; son autel est pollué, ses revenus sont tellement réduits qu'il n'est pas possible d'y mettre un curé; les saintes huiles et les fonds baptismaux se conservent à la Collégiale. Le baptistère n'a ni couvercle ni ornement. Il reste dix-huit familles dans le village et trois ou quatre dans les granges; il y a un maître d'école pour instruire leurs enfants (1).

En quittant Calmoutier, les chanoines apportèrent avec eux une épine de la sainte couronne de Notre-Seigneur qu'ils conservaient probablement depuis l'époque des croisades, mais ils laissèrent dans la Collégiale l'antique statue de Notre-Dame que les peuples venaient y vénérer. Cette statue, haute seulement de 30 centimètres, n'a point cessé d'être honorée dans l'église de Calmoutier. Cette Vierge, portant l'enfant Jésus sur son giron, rappelle assez le sceau de la Collégiale tel qu'il était au XIVe siècle, les formes raides et anguleuses de la sculp-

---

(1) Extrait du procès-verbal de visite. Arch. du Chapitre, G. 48. En 1701, les habitants de Calmoutier furent autorisés à vendre les matériaux et l'emplacement de leur église St-Martin, et *le Cloître* avoisinant avec permission aux acheteurs d'y faire logements et jardins mais *jamais* d'écurie.

ture, et les souliers pointus dont la Vierge est chaussée, trahissent sa haute antiquité (1).

Les arrangements pris entre la ville de Vesoul et le Chapitre, l'archevêque et le gouvernement de Bruxelles n'eurent force de loi qu'après la fulmination des bulles du pape. C'est ce qui explique les débats qui eurent lieu en 1654.

L'archiduc Léopold Guillaume écrivait au Chapitre de se trouver, le 22 avril, aux Etats qui devaient s'assembler à Dôle pour prendre « bonne briesve et fructueuse résolution (2). On élut un député, mais au lieu de s'assembler dans l'église, comme on l'avait fait à Calmoutier pour les affaires importantes, on s'était réuni dans la maison du chanoine Billard. Son collègue de la Courvée, qui était absent, s'échauffa quand il sut qu'on avait si mal gardé les anciennes formes; il attaqua l'élection comme nulle et faite en lieu illégitime. Dans le débat qui eut lieu à Dôle, les nouveaux élus eurent la douleur de s'entendre appeler juridiquement « les soi-disant chanoines de Vesoul. » Ils déclinèrent ce titre et répondirent qu'ils étaient chanoines de Calmoutier; aussi dès que la translation fut définitive, s'intitulèrent-ils dans tous leurs actes : *Nous, doyen, chanoines et Chapitre de N. D. de Calmoutier, transféré dans la ville et Eglise paroissiale de S. Georges de Vesoul, par l'union du*

---

(1) Cette statue, fort respectée dans la paroisse, se trouve aujourd'hui placée sur l'autel de la Vierge, au fond de la nef gauche de l'église et contre le clocher (1869). Le grand Christ suspendu à la voûte y est encore; des huit tombes alors signalées, il ne reste plus que celle de Nicolas de Senoncourt.

(2) Archives du Chapitre. Lettre autographe de l'archiduc. G 43.

prieuré S. Nicolas du Marteroy (1). En apprenant la translation, la cour d'Espagne se réserva le droit de nommer alternativement les chanoines à cause de ses droits sur la nomination au prieuré, droits qu'elle abandonnait complètement. Les vieux chanoines, qui tenaient fort à leur antique privilège de nommer en tout temps, acceptèrent cette condition avec assez de peine. Ils se soumirent cependant.

Dans le temps où l'église de Vesoul recevait l'antique chapitre sous ses voûtes, elle donnait aussi asile à la noble confrérie des chevaliers de St-Georges.

La ruine de l'église de Rougemont avait obligé les confrères à chercher un local nouveau pour célébrer la fête de leur patron. Vesoul était un point central très fréquenté par les gens de robe et d'épée; son église, dédiée au patron de la confrérie, convenait parfaitement pour les réunions solennelles du 23 avril. On vit les confrères aller deux à deux, « *par rang d'ancienneté* (2), » chercher le bâtonnier à son domicile. On chanta l'office de St-Georges suivi de l'office des trépassés; le lendemain on célébrait un service de trois messes, l'une en l'honneur du St-Esprit, l'autre en l'honneur de Notre-Dame et la troisième pour les trépassés. Le bâtonnier offrait une bannière à l'écu de ses armes, et on la suspendait à son rang aux piliers de

---

(1) *Nos Decanus Canonici et Capitulum Beatæ Mariæ Virginis de Columbæ monasterio in urbem et parochialem Ecclesiam S. Georgii de Vesulio, per unionem prioratus S. Nicholaï de Martereto translatum.* (Protocoles des Actes capitulaires.)

(2) Cette clause froissant l'orgueil des grands barons, les empêcha d'entrer dans la confrérie de St-Georges.

l'Église. Ces fêtes attirèrent des foules considérables à Vesoul pendant les dernières années de la domination espagnole et causèrent aux Vésuliens une joie d'autant plus grande qu'ils y voyaient un hommage rendu au patron de leur ville (2).

Le 2 juillet 1656, le pape Alexandre VII décréta l'union canonique et la translation du Chapitre et du prieuré. La bulle est adressée à l'official de Besançon. Elle le charge de vérifier l'état des choses et de ne fulminer les bulles qu'autant que les faits exposés seront vrais. La misère des temps, la nécessité d'unir les deux bénéfices pour les empêcher de disparaître, le désir des Vésuliens et la convenance de leur église sont les seuls motifs de la translation. Par cet acte, la cure ou charge pastorale de la ville est unie au Chapitre, et tous les droits de l'ancienne collégiale de Notre-Dame sont transférés à St-Georges.

Le Parlement de Dole ne fit aucune opposition, approuva les bulles et reçut le serment des chanoines qu'on ne traite plus dès lors de *soi-disant*. L'official de Besançon prit tout son temps pour examiner l'affaire; dans son enquête juridique il ne recueillit que les détails déjà cités, et ce fut seulement en 1662 qu'il fulmina les bulles d'union et translation.

Les chanoines de Vesoul se firent scrupule d'observer en tout les vieilles coutumes de Calmoutier. A l'assemblée générale du 1ᵉʳ janvier 1663, à l'occasion de

---

(2) Les réunions de la confrérie de St-Georges eurent lieu à Vesoul en 1650, 52, 53, 55, 56, 57, 59 et 1662.

l'entrée de Jacques Aymonnet, premier chanoine élu canoniquement, on décida que l'*annus mortuorum*, le droit de chape et d'osculum seraient exigibles de tout chanoine nouveau (1). La charge de l'*annus mortuorum* consistait à ne toucher aucun revenu pendant la première année du titulariat. C'était le stage exigé par le Chapitre.

La nouvelle Collégiale s'organisait peu à peu. Pendant les vingt premières années, ses revenus furent assez minces, parce qu'il fallut remettre en valeur toutes les terres restées en friche depuis quinze ans. Mais comme la plupart des chanoines étaient familiers de l'église ou originaires de la ville, ils demeurèrent dans leurs maisons particulières, et l'on n'eut point à s'occuper de construire des demeures canoniales. La première conquête française ne laissa que peu de traces à Vesoul et ne détourna point les chanoines de leurs paisibles occupations.

Malgré les tracasseries suscitées par les familiers, nous voyons l'organisation du Chapitre se compléter peu à peu; il s'assemble le premier vendredi de chaque mois au son de la cloche, comme à Calmoutier, et délibère sur ses intérêts et ses devoirs avec une maturité qui ne se dément pas un seul instant (2). Les biens de la Collégiale et du Prieuré avaient été partagés d'abord en neuf prébendes dont les revenus devaient faire vivre

(1) Jacques Aymonnet cultivait la poésie. On a de lui trois odes sur la naissance du roi d'Espagne, publiées en 1657.
(2) Le registre des Actes capitulaires de Vesoul est d'un bout à l'autre un modèle de genre délibératif. Tous les détails cités en sont extraits. (G. 33-35.)

chacun de ses titulaires : on avait mis à part les biens de Calmoutier à titre de mense capitulaire ou de réserve pour faire face aux besoins généraux et soutenir les droits du corps, on ne tarda pas à voir que ces biens étaient insuffisants, et dans l'assemblée du 1er janvier 1673, il fut résolu de procéder à une nouvelle distribution. On mit seulement en prébendes les vignes du prieuré. Chaque chanoine en eut à peu près 20 ouvrées. Le reste des biens forma une masse commune destinée à fournir aux distributions manuelles et supporter les frais généraux d'administration. Chaque prébende prit le nom d'une ou deux cures dont elle eut le patronage.

Les droits du doyen furent nettement définis; on lui promit l'honneur et la révérence, on lui reconnut le droit d'habiter la cure de Vesoul, qui prit le nom de décanale, d'entonner le *Te Deum* aux jours de Pâques, Noël, Fête-Dieu et St-Georges. Ce fut tout ce qu'il put obtenir, et les chanoines furent inflexibles sur les autres demandes.

On élut aussi un sécbal ou procureur chargé de la gestion des biens, et des soins matériels. Une commission de trois chanoines devait contrôler ses comptes. Les absences aux offices furent soigneusement marquées par le ponctuateur, et tous ceux qui arrivaient trop tard ou sortaient trop tôt, étaient privés de la distribution.

Ces notes existent encore, et nous pouvons juger de la régularité du Chapitre en sachant que celui qui avait manqué le plus comptait 202 absences dans l'année, celui qui avait manqué le moins en comptait 12(1).

(1) On devait être présent au moins trois fois par jour, aux trois grand-

Le Chapitre célébrait trois grandes messes chaque jour, mais il suffisait à la rigueur de n'assister qu'à une seule.

L'heure des offices fut réglée comme à Calmoutier. Les matines se chantaient à cinq heures en été, à six heures en hiver. On décida que pendant l'Avent et le Carême on les chanterait le soir afin de ne pas empêcher le sermon qui se faisait chaque matin pour le peuple.

Le costume fut ainsi réglé : « Depuis Pasques, on portera l'*Omus* jusqu'aux premières vêpres de tous les saints, èsquelles on commencera de porter le rocquet avec les cappes ou manteaux de chœur, jusqu'aux complies du grand samedy. »

Le culte se célèbre aussi avec toute la solemnité qui convient à une Collégiale : les choristes sont en chape les dimanches et fêtes doubles; le maitre des enfants de chœur y assiste, et ses choriaux chantent quelques motets, tandis que les familiers font diacre et sous-diacre.

Les officiers du roi occupaient les places d'honneur au fond de l'église : ils les quittèrent d'assez mauvaise grâce pour faire place au doyen et à ses chanoines. On leur donna un banc rapproché de l'autel, et les magis-

---

offices Matines, Messe et Vêpres. La distribution manuelle qui se faisait à ces offices était de 4 blancs par tête; pour y avoir droit il fallait être arrivé à « *Gloria Patri* du premier psaume des matines, et y rester jusqu'à la fin du *Benedictus*; à la messe, depuis l'Epitre jusqu'à l'*Ite missa est*; à vêpres, depuis le *Gloria Patri* du premier psaume jusqu'au *Nunc dimittis* (G. 33). Avec l'argent provenant des absences, on achetait chaque année quelque objet d'utilité générale, ornement, livre, pupitre, etc.

trats de Vesoul se contentèrent du banc d'œuvre qui était en face de la chaire. Le promoteur de ces sages mesures était le doyen nouveau, Jean-François Brouhard, nommé en décembre 1672. A peine ces règlements furent-ils adoptés qu'une révolution politique vint y apporter des modifications imprévues. La conquête de Vesoul était facile, l'or de la France avait gagné bien des cœurs, mais ce ne fut pas dans le sein du Chapitre que l'on trouva des traîtres. Lorsque la ville de Vesoul, subissant la loi du plus fort, se rendit sans résistance (mars 1674), le doyen, docteur Brouhard, protesta hautement, et même se retira en Flandre pour ne point accepter l'ordre de choses nouveau.

Le chanoine Demesmay parait avoir fait de même. Tous deux manquaient à la réunion du 1er janvier 1675 : selon la coutume immémoriale du Chapitre, ils furent privés des fruits de l'année. En vain le doyen représenta-t-il pendant quatre ans que les circonstances politiques rendaient sa présence impossible à Vesoul, les chanoines répondirent invariablement qu'ils le regrettaient, qu'ils avaient toute révérence pour le doyen, mais qu'en le privant des fruits, ils ne faisaient qu'appliquer un règlement consenti par lui-même à son entrée en charge (1). La paix de Nimègue enleva au doyen tout espoir de voir la Franche-Comté retourner à ses anciens maitres; il ne revint jamais à Vesoul, et nous aimons à croire que le roi d'Espagne récompensa ce fidèle sujet en lui donnant quelque autre bénéfice.

La conquête modifia la position du Chapitre de

(1) Registre des délibérations du Chapitre.

Vesoul. Louis XIV voulait ménager le clergé comtois, « le plus pauvre et le plus fier qu'il eut rencontré ; » il ordonna que ses immunités fussent respectées. En vertu de cet ordre, le duc de Navaille fit retirer les gens de guerre logés chez les chanoines par le commandant La Feuillée (18 mars 1674), et le seul grief sérieux que le Chapitre put articuler fut une plainte sur les dégâts commis par les dragons français dans son grand pré de de Pontalchier. C'était un pré de moines ; on passa outre, et il n'y eut aucune indemnité d'accordée par le grand roi.

Les chanoines furent dédommagés de cette perte par la tranquillité qui régna désormais dans la province. Le doyen Brouhard ne revenant pas, fut remplacé par François Lampinet, qui employa ses talents oratoires à plaider souvent contre ses chanoines. Il y réussit peu, et malgré ses chicanes, le Chapitre maintint les anciens droits et obligea le doyen à quitter sa résidence de Dôle pour se trouver aux assemblées capitulaires, sous peine de privation des fruits de l'année (1). Le Roi nomma désormais la moitié des chanoines, l'autre moitié fut laissée à l'élection du Chapitre.

La paix était bien nécessaire pour remettre toutes choses sur un pied respectable. Partout il y avait des ruines, et on se sent pris de compassion lorsqu'on lit en détail dans les actes capitulaires la pénurie qu'avait dû subir l'Eglise de Vesoul. Tous les anciens ornements

(1) Ce fut avec les amendes et ponctuations du doyen dans sa première année qu'on fit les bâtons cantoraux. Les semaines d'absence lui revenaient à deux pistoles l'une (G. 33).

de drap d'or, les reliquaires précieux, les vases sacrés, les linges de prix de la vieille église St-Georges avaient disparu. La plus sévère économie régnait dans les dépenses du Chapitre; pour faire valoir ses terres de Calmoutier, Damvalley et Montcey, il attire de nouveaux colons en réduisant la dîme de moitié ; il voit s'écrouler une partie de l'Eglise Notre-Dame de Calmoutier laissée comme paroissiale aux habitants du lieu (1661), et c'est au prix de sacrifices communs que cette vénérable église est conservée, tandis qu'on laisse tomber ses cloîtres désormais inutiles.

C'est seulement en 1680 qu'on put acheter les bâtons cantoraux d'argent, insignes favoris des chanoines ; ils furent surmontés, l'un de la Vierge avec l'Enfant-Jésus, patronne de Calmoutier, l'autre de St-Georges, patron de Vesoul. L'ancien sceau était perdu ; on en fit faire un nouveau (1673), et pour conserver le souvenir du prieuré, on y plaça l'image de St-Nicolas à gauche de la Vierge de Calmoutier (1). En 1698, St-Nicolas disparut complètement, et les armes assignées au Chapitre par la grande chancellerie de France furent : d'azur, avec une Vierge de carnation debout dans une châsse d'or (2).

L'archevêque Pierre-Antoine de Grammont vint faire sa visite pastorale à Vesoul en 1681. Son procès-verbal de visite, rapproché de quelques autres pièces du même genre, nous donne d'intéressants détails sur les mœurs du temps. On célébrait, à quatre heures du matin en été, et à cinq en hiver, une messe à laquelle assistaient

(1) Nous n'avons trouvé aucune empreinte de ce sceau dans les archives du Chapitre de la ville.
(2) Décret du 19 décembre 1698. (D'Hozier) (G. 42).

les ouvriers, artisans, vignerons et domestiques. Les matines du Chapitre venaient ensuite et, à la messe qui les suivait, on voyait se presser les échevins, magistrats et gens de justice avec les riches et les nobles de la ville. Les stations étaient ordinairement prêchées par les capucins, quelquefois les jésuites alternaient avec eux. Les dévotions particulières avaient multiplié les autels ; on en comptait plus de vingt dans l'église, et ils occupaient tant de place que la foule allait s'asseoir sur leurs marches et gênaient même les mouvements du prêtre célébrant. L'archevêque s'en aperçut, et il porta un décret daté de Saulx (17 juin 1681) ordonnant de détruire dans l'espace d'un mois huit autels appartenant à diverses confréries, parce qu'ils sont mal ornés, déparent l'église et favorisent l'immodestie du peuple. A la place de ces autels on construisit des bancs que les meilleures familles louèrent fort cher, afin d'avoir leur place assurée dans l'église.

Contrairement à la bulle d'Alexandre VII, les chanoines avaient fait administrer la cure par des vicaires amovibles, sous la direction d'un chanoine. Ils eurent lieu de s'en repentir quelquefois, et le 24 décembre 1698, un vicaire ayant menacé de prêcher contre le Chapitre, le lendemain, on décida qu'un chanoine *prônerait* à la place du vicaire rebelle (1), que désormais le curé serait un membre du Chapitre, que le chanoine hebdomadier pourrait le suppléer aux enterrements et processions. Les premières années du XVIIIe siècle furent marquées par la concession de nombreuses indulgences

(1) Il fallut un procès en règle pour obliger ce vicaire (Jean-François Boillot) à faire sous-diacre.

accordées par les souverains pontifes à l'Eglise St-Georges et à ses différents autels et confréries. La confrérie des marchands, sous l'invocation de Ste-Barbe, fut celle qui obtint les faveurs les plus signalées en ce genre (1). De nombreuses fondations, faites à l'église et à l'hôpital, signalent cette époque. Les familiers, oubliant leurs rancunes et leurs procès, se montrent généreux envers l'Eglise. Leur chef, le chanoine Foillenot, curé de la ville, donne l'exemple, fonde la messe du St-Sacrement dans son église paroissiale et la chapelle de N.-D. de Pitié à l'hôpital, tandis que les familiers Renaud, Midy et Tisserand dotent les pauvres honteux et jettent les fondements de l'aumône générale qui commence (1704) dès lors à fonctionner, bien qu'elle ne soit légalement reconnue qu'en 1729.

Avant de raconter la reconstruction de l'église, qui fut l'œuvre capitale de ce siècle, faisons connaître le vieux monument qui abrite l'insigne Chapitre de Notre-Dame.

Ce monument, si toutefois on peut lui donner ce nom, portait, pour ainsi dire, son histoire écrite sur ses murailles.

Une multitude de chapelles avaient été successivement ajoutées à la construction primitive et nuisaient à sa régularité. L'église était orientée. Elle avait 19 toises

---

(1) Innocent XII accorde l'indulgence plénière à ceux qui visiteront l'église le jour de la fête de St-Georges (28 juillet 1700). L'autel de Ste-Barbe est privilégié le lundi de chaque semaine (21 juin 1701). pour la fête de Ste-Barbe, l'Immaculée-Conception, la Toussaint chaque samedi, etc. (G. 13).

de long sur 7 de large et comptait trois nefs. La hauteur des voûtes latérales n'était que de 13 pieds sous clef, et encore y avait-il dans ce peu d'espace des tribunes élevées seulement de 7 pieds au-dessus du pavé, ce qui ne contribuait pas peu à rendre l'église obscure (1). Sous le curé prieur Christophe Duplan, on avait ouvert au fond du chœur, qui était carré, une grande fenêtre partagée par six meneaux: mais la lumière qu'elle donnait était interceptée par un jubé que le Chapitre avait fait construire soixante ans plus tard (1679), autant pour soutenir l'édifice que pour imiter l'usage des grandes églises.

Un procès-verbal d'expertise fait en 1626, nous apprend que dès cette époque les voûtes étaient fendues, et que les six piliers du chœur construits en gros moellons, donnaient de grandes inquiétudes.

Des chapelles ornées avec plus ou moins de goût et de richesse étaient adossées aux murs latéraux et aux piliers de la grande nef. La plupart d'entr'elles n'étaient défendues par aucune barrière contre l'empressement de la foule, et le sans-façon avec lequel on les traitait, obligea les archevêques à en faire supprimer plusieurs (1681-1715-1725).

L'extérieur n'offrait guère plus de régularité. Deux tours inégales flanquaient l'édifice au nord et au midi. L'une, placée sur le chœur, était surmontée d'une flèche ou pyramide quadrangulaire aiguë. l'autre d'un dôme en

---

(1) Le voisinage du cimetière entretenait l'humidité, on le supprima définitivement en 1683.

fer blanc et tuiles émaillées avec un piédestal surmonté d'une statue de St-Georges à cheval (1).

La sonnerie de l'église se ressentit beaucoup des misères du temps, et on pourrait presque faire l'histoire de la ville par l'histoire de ses cloches. Dans les temps de guerre, l'ennemi ne manquait jamais de s'en emparer; c'était la monnaie la plus facile à trouver, et dans l'espace de quatre-vingts ans nous voyons les cloches de Vesoul prises ou fondues 5 ou 6 fois.

Après le passage de Tremblecourt on se servit de crécelles pour annoncer les offices; Turenne consentit à laisser la grosse cloche au prix de 20 sols la livre. Elle pesait 2045 livres (2).

Le rude hiver de 1709 en gelant la moitié des vignes du Chapitre amena un certain embarras dans ses finances, parmi les diverses mesures employées pour combler le déficit, nous trouvons la vente de la seigneurie de Colombe consistant en droit de patronage sur la cure, moyenne et basse justice, rentes de blé et d'avoine, et d'une poule par ménage. Le tout fut vendu 1350 francs.

Quand un chanoine avait été titulaire pendant cinquante ans, il se démettait moyennant pension, et le Chapitre le nommait chanoine honoraire.

---

(1) Une estampe conservée à la bibliothèque nationale est à peu près conforme aux documents écrits.
(2) On trouve aux archives de la mairie différents débats et marchés au sujet des cloches. — On en achète une des gens de Fleurey en 1652. On en fond 3 en 1664 au Pays-Billot. En 1694 on en refond 4 pesant ensemble 5012 livres. La façon est de 349 fr. etc. (L. 52-144).

C'est ainsi que fit Jean Foillenot après un demi siècle de titulariat (1719) en cédant sa place à son neveu. Le chanoine honoraire ne pouvait présider qu'en l'absence de tous les titulaires, il n'avait pas de juridiction.

La longévité semble avoir été l'apanage des doyens du Chapitre de Vesoul. François Lampinet occupait le décanat depuis 41 ans quand sa mort permit au roi de le conférer à Jean François Lampinet (neveu du précédent) qui le conserva lui-même pendant quarante années (3 février 1720.

L'église de Vesoul menaçait ruine, le chœur surtout était endommagé, on songeait sérieusement à tout reconstruire et le 22 mai 1727 les magistrats demandèrent l'interdiction de la vieille église et le transport des offices dans la chapelle des Annonciades. Les ressources manquaient et le don de 16000 livres offert pour cette œuvre par Georges Aymonnet était loin de suffire. Le conseil « s'étant vanté que le Chapitre devait rebâtir le chœur » le Chapitre protesta et les procès commencèrent. Les chanoines furent condamnés comme ils devaient s'y attendre, et souscrivirent pour 7000 livres à prendre en 10 ans sur les dîmes de Vesoul et Coulevon. Moyennant 450 francs, l'architecte Galerot de Besançon fit un plan que chacun trouva superbe, mais qu'il fallut modifier à cause du peu d'espace dont on disposait.

L'intendant de la province M. de la Neuville vint avec les architectes Dom Mathieu Duchesne et le P. Archange, arrêter le plan définitif, et ils décidèrent que si le clocher était placé au-dessus du portail, l'église serait beaucoup trop courte, on le plaça sur le flanc méridional. La proximité de la rue et le manque de fonds ne permirent pas de rebâtir le clocher du nord (1).

Les fondations étaient creusées, les habitants avaient donné 20000 livres, l'intendant en avait promis 18000, et l'adjudication était faite pour 80.000, (2) lorsqu'une opposition imprévue vint tout entraver. Claude Tisserand, procureur au baillage, se mit en tête de faire changer l'emplacement du clocher « parce qu'il était trop près de sa maison, empêcherait ses cheminées de fumer librement, et que le bruit des cloches l'étourdirait ». Les motifs étaient assurément des plus futiles, mais la position de Tisserand était considérable, il entassa mémoires sur mémoires et eut le talent d'arrêter les travaux pendant trois ans et de décourager les entrepreneurs, tant la manie tracassière de l'époque rendait esclave des formes judiciaires. Un procès-verbal de visite du 27 septembre 1735 constate que les fondations ouvertes depuis quatre ans sont remplies d'une eau fétide qui infecte le voisinage, et cependant on conclut à ne pas les remplir par économie. Le conseil de la bâtisse, dont faisaient partie le doyen et un chanoine, avait nommé un économe chargé de la dépense. Cet homme devint fou et laissa des comptes assez mal en ordre. Tant d'épreuves semblaient faire désespérer de la réussite, et la population commençait à menacer Tisserand quand enfin on le débouta de sa demande. Les travaux furent commencés en 1736, mais

---

(1) On ne connaissait point alors l'expropriation forcée si largement pratiquée de nos jours. Si on l'eut employée, l'édifice serait beaucoup plus régulier qu'il ne l'est.

(2) A Julien Chambert, Maurice Chalandre de Besançon et Daniel Condeyret de Vesoul. Ce Daniel était le père du Benédictin Dom Couderet, historien de Vesoul.

il fallut les suspendre en 1741 faute d'argent, et ce ne fut qu'en 1745 que les bâtiments furent achevés (1).

Pendant ce temps, les offices du Chapitre et de la paroisse se faisaient dans la chapelle des Confrères de la Croix; ce fut dans cette chapelle que Louis XV entendit la messe quand il vint à Vesoul en 1744.

Le Chapitre faisait des sacrifices pour avancer la construction de l'église, et il avait des dettes à cette époque. Les hommes de loi n'épargnaient aucune occasion d'arracher quelques pistoles à la mense canoniale; ayant découvert que plusieurs chanoines n'avaient pas payé le droit de chape, ils obtinrent un arrêt du Parlement qui contraignit les retardataires à solder ce droit. On en tira 678 francs qui furent employés à l'achat d'ornements d'église (1733).

Si les chanoines perdaient leur argent, ils prenaient une revanche bien douce en conservant leur honneur.

Le 4 mai 1734, dans l'assemblée générale du clergé, le prévôt de St-Anatoile de Salins se plaint de ce que le Chapitre de Ste-Madeleine se donne à tort le titre d'*Insigne*, que St-Anatoile a seul le droit de porter. Le chanoine Castanier, député du Chapitre de Vesoul, se lève aussitôt et prétend que la Collégiale de Vesoul est aussi une *Insigne Église*. Grand émoi dans l'assemblée.

(1) Tous ces détails sont tirés des archives de la mairie (L. 162-163) La pierre venait de Frotey et Fanicamp; la chaux se faisait à Damvalley, et on la fondait dans un grand trou, près du fort. On employa les matériaux de la vieille église.

Pour mettre un terme au débat, l'archevêque donne acte de tout, mais laisse aux parties le soin de soutenir leurs droits respectifs. Il sortit de là un magnifique procès dont les chanoines de Vesoul eurent toute la gloire, car le Parlement reconnut que le titre d'*Insigne* n'était point usurpé, et que le Chapitre de Calmoutier, transféré à Vesoul, méritait de le porter.

La nouvelle construction fut un motif pour les chanoines d'obtenir l'union de plusieurs chapelles au Chapitre. Par décret du 24 janvier 1742, l'archevêque de Besançon prononça l'union de neuf d'entre elles, et leurs revenus servirent à payer quatre chantres ecclésiastiques (1).

La nouvelle Eglise St-Georges était achevée, mais elle manquait d'ornements; les confréries se firent un honneur de pourvoir aux premières dépenses (2). Les vignerons se chargèrent d'orner la chapelle St-Vincent. Trente-six cordonniers, *ayant l'usage des lettres*, promirent de décorer celle des bienheureux Crépin et Crépinien ; les confréries de l'Immaculée-Conception,

---

(1) Deux chapelles de St-Eloi, celles de St-Etienne, St-Nicolas, Notre-Dame et St-Valentin, St-Pierre et Notre-Dame, St-Jean l'Evangéliste avaient des chapelains. Celles de St-Jean Porte-Latine, la Trinité, la Toussaint, Ste-Marie-Madeleine, St-Jean-Baptiste, Ste-Anne, St-Vincent, St-Férréol, etc., n'en avaient pas.

(2) La charpente coûta 45,000 fr.; la gypserie, 16,000 livres; la serrurerie, 415. En 1728, on avait acheté la croix, les six chandeliers du maître-autel, un soleil et une montre d'argent pour 7,718 livres. Les confrères de Ste-Barbe se chargent d'une chapelle, pourvu que le prix de la décoration ne dépasse point 6 ou 700 fr.; 17 ont signé ; 8 confrères de St-Eloi et 10 de St-Vincent firent la même demande pour les corporations des maréchaux et des vignerons.

de Ste-Barbe et de Ste-Anne rivalisèrent d'empressement; la famille Sonnet donna un sépulcre en pierre blanche dont les sculptures sont estimées des connaisseurs, et quand le cardinal de Choiseul vint la consacrer solennellement le 17 octobre 1756, la nouvelle Collégiale était resplendissante, le Chapitre au comble de la joie et tout le peuple en liesse. Le doyen Lampinet prétendait n'avoir plus à dire que son *Nunc dimittis*. Il le dit seulement quatre ans après et fut remplacé, le 24 janvier 1760, par Joseph-Léopold Duban.

Pour remercier l'archevêque de la bienveillance qu'il avait témoignée au Chapitre dans toutes les affaires relatives à l'église, on offrit la première place de chanoine qui vaquerait à son secrétaire Jean-Baptiste Bossu. Il fut élu le 2 décembre 1757, et on poussa l'amabilité jusqu'à le dispenser de la résidence, parce que le cardinal de Choiseul désirait le garder près de lui. On stipula néanmoins qu'il aurait seulement 500 livres pour prébende.

Le nouveau doyen et son Chapitre se conduisirent noblement envers les Jésuites poursuivis par les ministres de Louis XV, et en 1761, ils délivrèrent à ces religieux, les certificats les plus flatteurs pour les services qu'ils avaient rendus et les vertus dont ils avaient donné l'exemple dans la ville de Vesoul dont ils dirigeaient le collège depuis 150 ans.

Les trente années qui précédèrent la Révolution furent marquées par une tranquillité fort grande et des transactions de peu d'importance. Notons un droit singulier qu'avait le Chapitre de tenir un bœuf en pâture dans le pré du Breuil, depuis le 23 avril jusqu'au 24 juin. Comme ce bœuf gâtait tout sans profit, les chanoines échangèrent ce droit contre l'entrée en franchise de douze moules de bois et d'une banne de charbon (1771) (1).

Divers règlements avaient contribué à donner grand éclat au culte dans la nouvelle église. Neuf chanoines, 12 familiers, 4 chantres, un organiste, quatre enfants de chœur composaient son clergé. Elle avait en outre sonneurs, marigliers, gonfaloniers, sergents et bedeaux; la plupart de ses ornements étaient neufs; on commençait même à voir des lampes et des chandeliers d'argent comme aux beaux jours du XVIe siècle, et des noëls en patois vésulien célébraient les gloires et les pompes de la Collégiale de St-Georges.

Des caveaux ménagés sous les nefs latérales recevaient les défunts des meilleures familles. Le caveau du chœur servait à la sépulture des familiers et des chanoines (2), et l'Eglise de Vesoul était réellement dans une situation florissante quand la Révolution éclata.

Disons cependant que le Chapitre était loin d'être riche. Une enquête faite par le curé de Ponts, doyen rural de Luxeuil, nous donne le chiffre de ses revenus. Chacune des neuf prébendes consistait en 80 paires,

---

(1) Ce droit s'appelait droit de Cresson. Le Chapitre pouvait tenir deux bœufs dans la prairie de Noidans aux mêmes conditions.
(2) On y compte encore une quarantaine de corps revêtus d'habits sacerdotaux, bonnet carré en tête et assez bien conservés.

c'est-à-dire 80 quartes de blé (1) et autant d'avoine, 150 francs d'argent et un casuel qui pouvait atteindre une centaine de francs. Il est vrai que les chanoines appartenaient presque tous aux familles bourgeoises de la ville et des environs, et tout en menant une vie modeste, ils tenaient une grande place dans la société vésulienne, où ils étaient fort considérés. Il n'en est presque pas un qui n'ait été pendant sa vie, ou au moins à sa mort le bienfaiteur de l'église et des pauvres. On peut dire à peu près la même chose des familiers. Enfants de la ville, élevés et instruits au moyen des revenus de l'église, relégués au second rang par l'arrivée du Chapitre, ils n'en formaient pas moins une corporation puissante et d'autant plus jalouse de ses droits qu'elle se sentait appuyée par la population. L'espérance d'arriver au canonicat par voie d'élection, engagea souvent les familiers à ménager les chanoines. D'après les règlements de 1683, reproduction quelque peu modifiée des anciens statuts (2), les familiers promettaient au moment de leur réception, d'assister tous les jours à l'office, d'y faire diacre et sous-diacre tant qu'ils seront les deux derniers reçus. Ils doivent entonner les antiennes, chanter l'*Ite missa est* sous peine d'être privés de distribution le jour où ils auront manqué. Ils doivent prouver qu'ils connaissent le plain-chant, et servir gratis la première année de leur admission. Le dernier reçu devait remplacer le marguiller et sonner les cloches en cas d'absence de celui-ci (3). Le magistrat

---

(1) 210 doubles décalitres.
(2) Donnés en 1613 par l'arch. de Corinthe, suffragant.
(3) Tiré des procès-verbaux de réception. Aux archives de la mairie et de l'hôpital de Vesoul.

essaya plusieurs fois de s'immiscer dans les élections des familiers, mais il fut toujours repoussé avec perte. Le revenu de chaque familier variait de 4 à 600 francs, selon la chapelle dont il était pourvu (1). Si ce corps était turbulent, il faut reconnaître aussi qu'il était généreux et toutes les bonnes œuvres de Vesoul eurent part à ses libéralités.

Soit que la multitude des procès eut rendu leur retour impossible, soit que les chanoines et familiers eussent pris la sage résolution de les terminer à l'amiable, les trente dernières années du Chapitre furent exemptes de ces débats futiles qui avaient tenu trop de place dans son histoire. Ses derniers actes furent de repousser les prétentions de quelques magistrats anoblis qui lui disputaient les restes de sa puissance féodale (2) Il fit disparaître les derniers vestiges de la mainmorte en affranchissant Calmoutier (1784) et remplaça le vieux maître-autel de l'église par un bel autel en marbre noir qui fut inauguré en 1788 (3).

La dernière réunion capitulaire inscrite au registre porte la date du 1er janvier 1790. Les chanoines Flavi-

---

(1) Les revenus de la familiarité et des chapelles varièrent beaucoup. En 1450 ils sont de 220 livres; en 1661, de 1,039 francs. En 1692 la recette est de 3,200 fr.; la dépense, 407 fr. Il reste à partager 2,702 fr. Le chapitre, comme curé, a une part à diviser entre les neuf chanoines; chacun obtient 62 fr.; il reste pour chaque familier 398 fr. En 1780, la chapelle St-Agapit a 775 fr. de rente; la chapelle St-Paul n'en a que 224, etc.

(2) Entre autres M. Bureaux de Pusy.

(3) Cet autel coûta 5,000 fr. La ville, toujours pauvre, laissa aux chanoines le revenu des chaises pour vingt ans afin de couvrir les frais. Par suite de la Révolution, les chanoines seuls payèrent.

gny, Naudenot, Huot, Ratte, Canot, Bouttemeut, Bernard de Beauchamp et Barbey s'y trouvèrent. Ils ne purent que vérifier les comptes de l'année et jeter leurs regards sur un avenir que de tristes pressentiments leur faisaient redouter; ils n'exprimèrent ni un vœu ni une plainte. Hâtons-nous de dire que ce ne fut point le courage qui leur manqua : ils protestèrent tous contre la constitution civile du clergé ; plusieurs d'entre eux prirent le chemin de l'exil, et un seul, le curé Flavigny, joua un rôle dans l'Eglise constitutionnelle pendant la Révolution (1).

---

(1) Le doyen, Joseph-Léopold Duban fut rapporteur du don gratuit à la dernière assemblée des Etats du clergé. On rendait hommage au Chapitre de Vesoul en sa personne (6 août 1790).

CHAPITRE VI

Saint-Georges, Eglise cathédrale schismatique et paroissiale.

SOMMAIRE

Etat des esprits à Vesoul. — Premières attaques contre le clergé. — La Constitution civile. — Choix d'un évêque pour la Haute-Saône. — Jean-Baptiste Flavigny est élu. — Son sacre. — Son installation. — Organisation du nouveau diocèse. — Les lettres pastorales de Flavigny. — Résistance au schisme. — Les visites pastorales. — Les prêtres déportés. — Spoliation de l'Eglise. — Conduite honorable de Flavigny blâmée à la Convention. — L'église est fermée. — Elle devient le temple de l'Eternel. — Flavigny en prison. — Sa délivrance. — Efforts pour relever l'Eglise constitutionnelle. — Un martyr. — Deux synodes à Vesoul. — L'évêque redevient curé. — Sa mort. — Etat actuel de l'Eglise de Vesoul.

De 1790 à 1869.

Si on ne jugeait l'état de l'Eglise de Vesoul que d'après les symptômes qui signalèrent les approches de la Révolution, on pourrait s'attendre à la voir noyée dans le sang de ses prêtres et de ses fidèles. La petite capitale du baillage d'Amont était en effet un des plus ardents foyers de l'effervescence révolutionnaire en 1789. Des brochures menaçantes circulaient dans la ville, des placards sinistres couvraient ses murs, et les doctrines les plus extravagantes étaient les plus applaudies de tout ce peuple d'avocats, de légistes et de marchands. Telle était cependant la naïve confiance du clergé que 950 de ses membres assistaient le 27 avril 1789 à la messe du St-Esprit qui se chanta dans la Collégiale de Vesoul pour implorer l'assistance divine sur les États-généraux à la veille de se réunir.

Cette cérémonie devint déjà un sujet de discorde : le conseiller Demesmay, seigneur de Quincey, y fut mal noté des Vésuliens.

Le Chapitre de Vesoul, composé d'hommes âgés ou paisibles, ne prit aucune part aux luttes électorales. Nul de ses membres n'était assez fougueux pour briguer la députation aux États-généraux ou une position quelconque dans les magistratures alors ouvertes à toutes les ambitions. L'explosion de Quincey vint fournir un prétexte et donner un aliment à des colères que le parti révolutionnaire entretenait avec soin. Lorsque le conseiller Demesmay, pour faire oublier son impopularité, eut offert aux Vésuliens une fête qui se termina par une catastrophe (19 juillet 1789), il y eut un déchaînement digne des plus mauvais jours. La populace de Vesoul se rua sur les châteaux de Navenne et de Noidans, vida les caves, brisa les meubles et donna le signal d'excès qui se reproduisirent dans tout le nord du baillage (1).

(1) Les châteaux de Molans, du Sauley, de Fougerolles, Vauvillers, les abbayes de Bithaine et de Luxeuil furent envahis. Aujourd'hui

La guerre au clergé n'était pas encore ouvertement déclarée, cependant l'administration municipale composée d'hommes nouveaux et inconnus donna une première marque de son mauvais vouloir à Vesoul en reprenant d'une manière assez aigre les professeurs du collège. Quoiqu'ils fussent prêtres, ces lettrés étaient trop bien disposés en faveur de la Révolution pour mériter les reproches qu'on leur adressa. Pouvait-on leur faire un crime de donner trop de congés, et de trop bien vivre pour des hommes de lettres ? C'étaient les principaux griefs énoncés contre eux. Le professeur de rhétorique Tribouillet démontra la fausseté de ces accusations. On lui répondit brutalement que « ses rhétoriquades » ne signifiaient rien, et la cause fut jugée.

Il était plus difficile d'atteindre le Chapitre, et il fallut attendre les lois de 1790 pour oser l'attaquer.

C'est le 12 Juillet 1790 que la constitution civile du clergé fut votée par l'Assemblée nationale. On a remarqué avec raison qu'elle fut votée par les philosophes et les incrédules sous la présidence d'un juif, et sur la motion d'un protestant. Cela donne une idée de cette constitution que des auteurs modernes ne craignent pas de nous présenter comme un chef-d'œuvre qui devait, au dire de ses partisans, ramener l'âge d'or du christianisme, et les gloires de l'Église primitive.

Il était plus facile de trouver un décret de ce genre que de le faire exécuter, et l'Assemblée nationale semblait ne pas s'attendre à la résistance. S'il n'était pas facile de

---

encore, quand les paysans de ces contrées font les plus grandes menaces, ils disent : *Nous ferons le tiers-état !* Pour eux c'est la jacquerie.

trouver des pontifes, il ne l'était guère plus de trouver des fidèles. Ce fut seulement en novembre 1790 qu'on commença d'appliquer la loi nouvelle, et que le directoire du département en pressa l'exécution. Le diocèse de Besançon était démembré, la Haute-Saône formait à elle seule un diocèse, Vesoul devenait ville épiscopale, et de par la loi, l'église de St-Georges était érigée en cathédrale.

Les chanoines n'exerçant pas de fonctions publiques semblent n'avoir pas été molestés beaucoup au sujet du premier serment. Ils étaient trop considérés et trop influents dans cette petite ville dont les meilleures familles leur étaient attachées par des liens étroits de parenté, pourqu'on ne procédât pas vis à vis d'eux avec tous les égards que comportaient les circonstances. On leur signifia la dissolution de leur ci-devant Chapitre, ils fournirent le dénombrement exact de leurs biens, possessions, revenus et charges (1), protestèrent contre l'inique mesure qui les dépouillait, et laissèrent le champ libre au curé Flavigny qui avait prêté le serment pur et simple. Ce

---

(1) Voici en bloc l'état détaillé des revenus du Chapitre donné par les chanoines et contrôlé par les municipalités de chaque commune citée:

Revenus sur Vesoul:	4784 fr.	
id.	Coulevon	1456
id.	Pusey et Pusy	1755
id.	Vaivre et Chariez	852
id.	Noidans, Echenoz-le-Sec	55
id.	Navenne, Frotey	300
id.	Calmoutier	2547
		11749

Report —	11749
Montcey, Echenoz-la-Meline, Colombotte	4317
Auxon, La Villeneuve	526
Quincey, Colombe	530
Damvalley, Noroy, Brotte	320
Villeparois	502
	17.164 fr

Total général: Dix sept mille 164 francs. (Arch. du Chap. G, 43.)

serment était la base du nouvel édifice religieux que la Révolution prétendait élever. La liste primitive constate que 126 prêtres du département l'ont prêté soit à Vesoul, soit devant leurs municipalités respectives, mais un bon nombre y mirent cette restriction « *en tant qu'il ne blesse en rien la Religion Catholique, Apostolique et Romaine, dans laquelle je veux vivre et mourir* » (1). L'exemple du curé de Vesoul ne fit pas beaucoup d'impression sur eux, ils préfèrent suivre l'avis de la majorité du clergé et des Capucins (2) qui dirigeaient la conscience de plusieurs d'entr'eux.

Une fois la constitution civile proclamée, il s'agissait de trouver un évêque, d'organiser le jeune diocèse et sa nouvelle cathédrale. Les meneurs du parti révolutionnaire ne cherchèrent pas longtemps, et le chanoine Jean-Baptiste Flavigny, curé de la ville depuis 16 ans, leur parut répondre à toutes les exigences du moment. Il était né à Vesoul le 20 février 1732. Sa famille, sans être des plus distinguées de la ville, y tenait un rang honorable. Elle avait fourni des avocats et des procureurs au baillage, des échevins à la municipalité, et son grand oncle, Georges, docteur en théologie, curé de Calmoutier puis de St-Sauveur où il était mort en 1710, avait acquis une certaine renommée en écrivant des mémoires et soutenant des procès contre les Bénédictins de Luxeuil. Le curé de Vesoul jouissait d'une fortune qui, sans être considérable, lui permit en mainte occasion de pratiquer le désintéressement et la charité (3). Familier de l'Église St-Georges,

(1) Les curés de la Villeneuve, Vellefrie, Colombier, Montcey, Varogne, Auxon, jurèrent avec cette restriction (Arch. modernes 52).
(2) Il y avait au couvent des Capucins (Séminaire actuel) 12 religieux prêtres et 3 frères servants.
(3) La charité semble avoir été traditionnelle dans la famille de Flavigny.

jusqu'à l'âge de trente ans, il en fut nommé chanoine le 23 août 1762 en remplacement de René Lyautey. La délibération du 1ᵉʳ Janvier 1764, en l'admettant à jouir des droits du canonicat, déclare qu'il a fait « *avec édification son stage ou annus mortuorum* ».

Ce fut le 14 mars 1771 que ses collègues lui confièrent d'un commun accord le soin de la cure de Vesoul. Dans les délibérations du Chapitre, on voit que le curé administre la paroisse « à la satisfaction et contentement des paroissiens » En réalité la paroisse fut tranquille pendant ce temps, d'ailleurs, c'était le Chapitre plutôt que le curé qui prenait l'initiative dans toutes les affaires importantes (1). Seize années d'administration firent vraiment aimer Flavigny de ses paroissiens. S'il ne les étonna jamais par son éloquence et ses talents, il se les attacha par son indulgence, sa bonhomie et sa charité. Il ne joua toujours qu'un rôle secondaire dans le schisme constitutionnel, prit conseil de son entourage plus que de lui-même, et resta jusqu'à sa mort l'humble serviteur de la coterie qui en avait fait son instrument. D'un bon curé elle fit un assez pauvre évêque.

La ville de Vesoul qui avait montré tant d'ardeur pour la révolution naissante, ne s'enthousiasma guère pour la constitution du clergé. Le curé Flavigny et les profes-

---

Jean Georges légua ses biens à l'église du S. Sauveur, et son testament est un monument remarquable de bienfaisance. --

(1). En 1784 il y eut une querelle avec la municipalité. Elle exigeait l'enterrement d'une demoiselle Bernière dans les caveaux de l'Eglise. Le procureur du roi s'y opposait. Le Chapitre se rangea du côté des officiers du roi, et à dater de ce jour on n'inhuma plus à l'église que les prêtres et chanoines (G. 83).

seurs du collège étaient presque seuls à la soutenir. Les Chanoines, les Confrères de la Croix, les Capucins, les Ursulines, les Annonciades, ne cachaient pas leur répulsion. Le Directoire était entravé dans sa marche et n'appliquait les lois révolutionnaires qu'à l'extrémité, souvent un mois après les Directoires du Doubs et du Jura. L'office canonial cessa dès la fin de 1790, mais les ci-devant chanoines comme on les appelait, ne cédèrent qu'à la force, et Flavigny se trouva seul maître de l'Eglise paroissiale avec la qualité de curé. Le Directoire l'avait trouvé si accommodant, qu'il résolut d'en faire un évêque.

Il y avait près d'un mois que l'évêque du Doubs était nommé, et la Haute-Saône attendait encore un pasteur. Pour familiariser les Vésuliens avec les élections ecclésiastiques, on rassembla le 11 mars 1791 les électeurs des neufs cantons du district, afin de pourvoir au remplacement de 28 curés qui avaient refusé le serment. Les 63 électeurs présents se réunirent à la cathédrale (1). (C'est ainsi qu'on appelait déjà l'église St-Georges). Les hommes de loi, avocats, huissiers et greffiers y étaient en majorité, les opérations furent laborieuses, la moitié des électeurs se réfugia dans les tavernes voisines, mais enfin on pourvut tant bien que mal aux cures vacantes en y nommant des inconnus ou les cousins de quelque électeur influent.

(1) Le canton de Vesoul compte dans cette assemblée 14 électeurs.— Celui de Granvelle 4; Colombier 6; Noroy 6; Authoison 4; Rioz 6, Montbozon 3; Cromary 4; Faverney 6, etc. A la fin de la séance il n'en restait qu'une trentaine en tout.

Chaque électeur dit ce serment: « Je jure de ne nommer que celui que j'aurai choisi en mon âme et conscience, comme le plus digne, sans y avoir été déterminé par dons, promesses, sollicitations ou menaces ». De nos jours, on a du moins supprimé cette comédie.

Deux jours après une solemnité du même genre amena (13 Mars 1791) de tous les points du département 314 électeurs envoyés par les assemblées primaires des 48 cantons, pour choisir l'évêque du nouveau diocèse. Le plus grand nombre de ces hommes arrachés aux travaux des semailles du printemps, venait pour se soustraire aux rigueurs de la loi. C'était un troupeau docile, n'ayant ni candidat, ni protégé, et disposé à nommer le premier qu'on lui désignerait. Les électeurs du district de Luxeuil paraissent seuls avoir eu le dessein de porter leurs voix sur l'abbé Demandre curé de St-Pierre de Besançon, et ils le soutinrent jusqu'au bout, mais la bureaucratie vésulienne et le Directoire avaient décidé que Flavigny serait élu, et la manière dont l'élection se passa prouve que tout était réglé d'avance.

Philippe Bolopion, de Pierrecourt présida comme doyen d'âge, l'assemblée du 13 Mars, il fallut la journée pour élire le président de l'élection. Ce fut Emmanuel Tricornot, de Gray qui obtint le plus de suffrages au second scrutin ; on lui donna pour assesseurs le procureur Bressand, le médecin Siblot et Cl. Et. de la Roche, tous attachés à l'administration du département.

Le 14 Mars à 8 heures du matin après la messe du St-Esprit, l'élection commença. Le premier scrutin ne donna aucun résultat, c'est du moins ce qu'annoncèrent les scrutateurs, et personne ne put savoir s'ils disaient vrai, car nul autre n'eut le droit de contrôler leurs dires. Pendant le dépouillement, les affidés du Directoire parcouraient les groupes en représentant aux électeurs campagnards qu'il convenait de nommer le curé de Vesoul, bon homme, excellent patriote, dont la nomination ne dérangerait rien, qui avait en outre une belle maison près de l'Eglise pouvant servir d'évêché, ce qui était une économie et simplifiait encore les choses. Pressés de retourner à leurs travaux, bon nombre goûtaient ces raisons, et au second tour les scrutateurs annoncèrent que les citoyens Flavigny et Demandre avaient la pluralité des suffrages. C'était un progrès, aussi le président déclara qu'on allait procéder à un nouveau scrutin, dans lequel on ne pourrait voter que pour les deux candidats.

Tandis qu'on achevait cette opération, le président reçut du curé de Vesoul une lettre déclarant qu'il refusait les suffrages, à raison de ses infirmités et de son peu de talent. Le style de la lettre indique assez que son auteur disait vrai, quant au talent, et nous aimons à croire que les humbles sentiments qu'il y exprime étaient les siens, mais il n'eut pas le courage de les soutenir ; sa lettre fut considérée comme non avenue et le 15 mars au matin, le président Tricornot monté sur le second gradin du maître-autel, annonça que les suffrages s'étaient ainsi repartis. J.-B^{te} Demandre 84 ; Jean-Baptiste Flavigny 236 ; Billets nuls 11, et en conséquence il proclame le citoyen Flavigny évêque de la Haute-Saône.

« Après quoi, continue le procès-verbal » le clergé s'est rendu processionnellement suivi du corps électoral et de tous les corps séculiers de la veille, au domicile de M. Flavigny ». Le trajet n'était que de quelques pas. L'élu ne se souvint plus des objections de la ville, et se laissa conduire à l'église, accepta la charge et entendit la foule applaudir à son acceptation. On chanta le *Te Deum*, la messe solennelle d'actions de grâces, et tandis que les électeurs réunis au palais de justice s'occupaient de l'élection des juges au Tribunal, les ecclésiastiques de la ville de Vesoul viennent « remercier tout le corps électoral sur l'évêque qu'il leur a donné » (1).

Nous verrons plus tard quels étaient ces ecclésiastiques, car nous les retrouverons autour de l'évêque, bornons-nous à dire qu'ils étaient loin de former la majorité.

Le département qui se trouvait en retard pressa aussitôt Flavigny de partir pour Paris, seul lieu où les évêques nouveaux pouvaient recevoir l'imposition des mains. Quoique élu des derniers, il fut des premiers sacrés (2). Ce fut l'évêque de Lydda, Gobel qui lui imposa les mains dans les premiers jours d'Avril 1791. Sur la fin du mois, il revint à Vesoul et fit son entrée solennelle dans la cathédrale. Des témoins oculaires nous l'ont racontée. On y voyait force soldats et garde nationaux, et le bruit des tambours couvrait le son des orgues.

Comme la maison épiscopale était trop près de l'église, on fit une procession afin que le nouveau Pontife fut vu d'un plus grand nombre, il était de très petite taille, sa chape traînait à terre, et il avait peine à porter sa lourde crosse. — Au-dessus de la porte d'entrée de St-Georges on avait écrit en grandes lettres ces mots qui rendaient assez bien le sentiment des Vésuliens vis-à-vis leur curé :

Dabo vobis Pastores juxta cor meum,

---

(1) Procès verbal d'élection. Archives de la H^{te} Saône (L. 58).
(2) Ses collègues, les anciens chanoines s'amusaient un peu de cette précipitation: *Et erunt novissimi primi* disaient-ils.

mais tout le monde était loin de partager cet avis, comme la suite va le prouver.

Le chef suprême de l'Eglise venait de condamner les évêques intrus ; par un bref du 13 Avril, il les suspendait de leurs fonctions. Flavigny ne connaissait point encore cette mesure quand il publia sa lettre de prise de possession, elle est du 2 mai 1791. Dans l'avertissement qui la précède, il dit que son intention était d'écrire en peu de mots au souverain Pontife, mais réfléchissant que sa Sainteté est entourée de personnes dévouées au parti des anciens Evêques, il a cru qu'il était indispensable d'éclairer la sagesse du premier Pasteur, en lui exposant fidèlement l'état des choses, et les dispositions et opinions du clergé, convaincu que la simple exposition des sentiments bien saisis, suffirait pour mettre tout esprit droit et exempt de préjugés en état de décider la trop fameuse question du serment, puis il terminera par une profession de foi claire et authentique qui montrera combien on calomnie les évêques patriotes lorsqu'on ose dire qu'ils méconnaissent l'autorité du Pape « *Heureux, dit-il, si j'ai su concilier le ton du respect avec celui de la dignité épiscopale, les droits du sacerdoce avec ceux de l'empire, les principes de la foi avec ceux d'une raison éclairée !* »

Dans le corps du discours il démontre au Pape la nécessité où les bons prêtres se sont trouvés d'adopter les lois émanées de la première nation de l'Europe.

Ces lois *comme on l'a savamment prouvé* ne blessent ni la foi, ni les mœurs, ni la discipline, elles coupent jusqu'à la racine des scandales et doivent offrir à l'univers le plus beau de tous les spectacles, le Christianisme dans toute sa pureté, et les hommes heureux sous son empire.....

Des pasteurs malavisés n'en ont point voulu, mais obligé par un serment de fonctionnaire public d'opter entre deux opinions si opposées, il s'est rangé avec Saint Augustin du parti de la charité, craignant les suites fâcheuses pour la Religion.

Elevé ensuite malgré ses résistances les plus formelles et les plus authentiques au siège épiscopal de la Haute-Saône, pourvu de l'institution canonique par l'évêque du Doubs, et sacré par l'évêque de Paris commis à cet effet, il s'empresse de demander au St-Père le secours de ses lumières, de ses prières ferventes et il termine par une chaleureuse profession de foi.

Cette lettre fut envoyée au Pape, et le procureur général Vigneron en adressa un exemplaire à toutes les communes du département, avec une circulaire faisant l'éloge du «zélé pasteur» qui était en si bons termes avec Rome.

La réponse de Rome était déjà en chemin, elle fut connue vers le 15 mai, c'était le bref du 13 Avril portant suspension des évêques constitutionnels. Malgré les précautions du gouvernement, les catholiques ne négligèrent rien pour en prévenir Flavigny (1).

En comparant cette lettre avec celle qu'écrivait Flavigny le 14 mars, on trouve une grande différence de

(1) C'est à dater de ce moment que les malins lui adressaient ainsi leurs lettres : Au citoyen Flavigny évêque, *à côté de l'église*, Vesoul.

style, à l'avantage de la seconde. Celle-ci était l'œuvre du professeur Tribouillet, chancelier du nouvel évêque, rhéteur habile dont la plume exercée se reconnaît dans tous les écrits signés de son supérieur. Aucun des chanoines de Vesoul n'avait voulu s'associer aux actes de l'évêque schismatique. Il choisit pour vicaires deux vieillards de Vesoul, l'un, Ambroise Bouvier, ancien curé de Vereux, âgé de 71 ans, l'autre, Laurent Revillout, aumônier de l'hôpital, dont la nullité ne fut dépassée que par celle de Nicolas Tisserand, qui leur fut adjoint comme troisième vicaire.

Les abbés Bobilier, Galmiche, Tribouillet, Barbaud, Dupont et Billequez furent les orateurs et les écrivains de la nouvelle église. Flavigny eut promptement besoin de leurs talents. Tribouillet fut le principal auteur de la *Lettre de deux amis* sur les bulles et brefs du pape. Il tâcha de prouver que le pape n'avait rien condamné dans la constitution civile. Le directoire fut si satisfait de cet écrit qu'il en expédia un exemplaire à toutes les municipalités.

Les catholiques ripostèrent par une pluie de brochures venant de Paris, et intitulées *Avis aux fidèles* (1). Pour en neutraliser l'effet, Tribouillet reprit la plume et écrivit le premier mandement aux fidèles de la Haute-Saône. Le but de l'évêque est d'éclairer les consciences en démontrant « *que la constitution civile ne propose que le retranchement des vieux abus, le rétablissement de l'ancienne discipline, et le retour à l'Église primitive* ».

(1) *Avis aux fidèles*, ou principes propres à diriger leurs sentiments et leur conduite dans les circonstances présentes — Dufresne. Paris. 1791.

Cette lettre pastorale datée du 27 juillet 1791, n'eut guère d'effet, c'est Flavigny lui-même qui nous l'apprend dans son mandement de carême du 3 février 1792. « Il « n'en a pas été ainsi malheureusement dit-il, la dis- « corde et le scandale sont partout » ses jours en seront abrégés. Le meilleur remède à ces maux, c'est la soumission aux lois de la patrie et le paiement de l'impôt. L'évêque déplore les scènes d'horreur qu'il a eu sous les yeux dans les paroisses, où il aurait mieux valu obéir que de faire des victimes : *Melior est obedientia quam victimæ*. Il termine en prémunissant les fidèles contre l'estime qu'ils pourraient faire de l'armée d'outre-Rhin, harangue les soldats et volontaires de la patrie, et fait des vœux touchants pour leurs succès.

Le dispositif déclare que sur la demande du directoire et à cause de la rareté des légumes et du numéraire, l'évêque permet l'usage de la viande les Dimanche, Lundi, Mardi et Jeudi de Carême jusqu'à la Passion. Les soldats auront une semaine de plus.

Cette pièce nous indique le peu de succès qu'obtenait l'évêque constitutionnel. D'après les lois du temps, il avait procédé à une nouvelle démarcation des paroisses, 3 laïques et 3 ecclésiastiques avaient été chargés de ce travail (Août 1791). Vesoul forma une paroisse à lui seul, Echenoz, Noidans et Navenne furent réunis, la cure de Damvalley supprimée (1). Les populations n'acceptèrent point ces mesures sans protester, plusieurs curés des

---

(1) Le tableau porte : Vesoul 5814 habitants. Eglise cathédrale et paroissiale. Echenoz 802 habitants, paroissiale, Noidans 658, Navenne 283, oratoires. Coulevon 181 et Velleperrot 137 sont réunis et confiés à un vicaire (Arch. L. 52).

environs de Vesoul refusèrent de reconnaître Flavigny, on les déposséda, et un ordre du directoire les obligea rester à 3 lieues au moins de leurs anciennes paroisses. Les paroissiens prirent fait et cause pour eux, il fallut envoyer des troupes dans plusieurs villages.

Les villages de Noroy, Damvalley, la Villeneuve, Varogne et Vellefrie se montraient ardents catholiques. Calmoutier, Colombier et Flagy étaient révolutionnaires. Les lettres de l'évêque intrus n'étaient pas lues par un certain nombre de curés, aussi, le conseil épiscopal piqué de ce mépris, demanda-t-il que chaque destinataire donnât reçu au facteur à la remise du mandement de 1792. La totalité des prêtres qui adhérèrent à Flavigny fut de 169.

M. l'abbé Richard et une brochure intitulée : *la Naïve vérité*, ont prétendu que les lettres pastorales de Flavigny n'eurent pas les honneurs d'une réfutation. Cela est est inexact. On y fit même une réponse assez volumineuse et fort vive, dans laquelle on s'étonne que le pacifique curé de Vesoul soit devenu tout à la fois si belliqueux et si érudit (1).

L'éloquence et l'ardeur du conseil épiscopal n'amélioraient pas la position ; une tentative de visite pastorale dans les environs de Vesoul, eut peu de succès. Dans l'été de 1792 on crut avoir bien préparé les environs de Gy et de Burey. La moitié des familles refusèrent d'envoyer leurs enfants à la confirmation, et le modeste char

---

(1) Avertissement aux fidèles de la Haute-Saône, pour servir d'examen à la lettre pastorale de Flavigny. Paris, Crapart 1792. 81 pages.

à banc de l'évêque reçut même des projectiles de différents genres.

Une ordination de quatre prêtres—les seuls à qui Flavigny ait imposé les mains, fournit des sujets que nuls ne voulut accepter. Trois d'entr'eux furent successivement nommés à la cure de Rupt, les deux premiers, Tournier de Navenne, et Parrin de Baudoncourt furent chassés, le troisième n'osa pas accepter. Pour réduire cette paroisse rebelle, Flavigny fit une expédition regrettable ; le 30 août 1792, il traversa Rupt, accompagné de tous les patriotes de Dampierre-sur-Salon et du voisinage. Ils dévastèrent les maisons des catholiques, tondirent les femmes et mirent le feu au château. Les vases sacrés de cette paroisse furent vendus sur la place publique de Vesoul (1) et l'odieux de cette expédition retomba tout entier sur son promoteur.

En ce moment on dressait la liste des prêtres de la H[te] Saône sujets à la déportation. Il s'en trouva 496. Le quart d'entr'eux seulement, avait adhéré au schisme. Quatre anciens membres du Chapitre déclarèrent qu'ils resteraient à Vesoul, les autres prirent le chemin de l'exil. Malgré les beaux discours que les abbés Tribouillet et Barbaud font à l'occasion de toutes les fêtes nationales, les affaires de l'Église constitutionnelle déclinent visiblement, mais la force d'inertie des Vésuliens ne peut plus arrêter le torrent révolutionnaire.

La Société des amis de la constitution dont les prêtres

---

(1) Registre de l'église paroissiale de Rupt. Déposition de Gabriel Collot témoin oculaire, auteur d'un poème en bouts rimés intitulé : La bagarre de Rupt.

Tribouillet, Bobilier et Galmiche étaient l'âme est dépassée par la Société populaire et montagarde qui devint plus tard le club des Sans acottes. Les religieuses, Ursulines et Annonciades de Vesoul furent unanimes à garder leurs supérieures et leurs vœux. Elles ne cédèrent qu'à la force et leurs maisons furent fermées le 27 novembre 1792. De l'une on fit une maison de détention, de l'autre une fabrique de salpêtre (1).

A mesure que les eaux de la révolution montaient, le patriotisme de l'évêque montait aussi. Dans son mandement de carême (2 février 1793) il s'intitule *Citoyen évêque de la H^{te} Saône*, et prouve modestement qu'il n'y a point de bonheur sans religion. Il appose sa signature aux délibérations communales qui dépouillent son église, la privent de ses cloches, de ses ornements précieux et de ses vases sacrés. Cette lâcheté ne le sauva pas. L'inventaire déposé aux archives communales nous apprend que « la pompeuse argenterie » de cette église pesait 316 marcs, 6 gros, en y joignant les galons et vases sacrés pris au couvents et chapelles de la ville on atteignit un poids total de 745 marcs.

On commençait aussi à vendre les biens de l'église et du Chapitre. Quelques-unes des terres ecclésiastiques atteignirent des prix considérables (2). Il est vrai qu'en

---

(1) Il y avait 19 sœurs chez les Annonciades, 24 chez les Ursulines. Elles déclarèrent *toutes* vouloir continuer la vie commune. Sommées d'élire de nouvelles supérieures, elles élurent à *l'unanimité* Mmes Seguin et Vuilleret, leurs supérieures légitimes. La Confrérie de la Croix fut aussi maltraitée, et son aumônier Cariage, destitué pour refus de serment. Les Hospitalières restèrent.

(2) Le moulin des prés fut adjugé à 50000 francs ! (Procès-verbal de criée, Q,107).

les payant en assignats deux ans plus tard, on les eut à peu près pour rien, et naturellement ce furent les plus désintéressés qui les achetèrent.

Toutefois le tribunal criminel de Vesoul fut un des plus modérés et on en trouverait difficilement un seul dans toute la France qui l'ait été davantage. Aussi les représentants Bernard, Bassal et Robespierre y firent-ils des épurations; l'accusateur public Sériot et plusieurs autres furent révoqués, parce qu'ils étaient trop bons au gré des terroristes.

Rendons aussi justice à Flavigny. S'il fit des mandements contre les prêtres insermentés, il ne les persécuta point. Il n'invoqua le bras séculier que pour soutenir son autorité chancelante, et non pour livrer à la rigueur des lois ceux qui refusaient de s'y soumettre. Sa sœur même était une catholique dévouée. Elle habitait la maison épiscopale, y offrait quelquefois asile aux prêtres fidèles, et avait même une chambre où l'un deux célébrait presque tous les jours. Connaissant la bonhomie de son frère qui lui reprochait de le compromettre en garainsi un réfractaire, elle lui répondait d'un air narquois Trouve le si tu peux, et fais le prendre si tu l'oses !

Un arrêté ministériel (1 juin 1793) abolit le costume ecclésiastique. Flavigny s'empressa d'endosser l'habit séculier, et une circulaire du département annonça à tous les curés que « ce zélé Pasteur» avait donné un exemple qu'il fallait suivre. On y mettait des formes, mais quand on vit que l'exemple du Pasteur n'était pas même suivi dans la ville épiscopale où l'on riait beaucoup de son habit à la française, les administrateurs se fâchèrent et dans une proclamation du 9 Octobre 1793, ils reprochèrent amèrement à la ville de Vesoul le scandale qu'elle donne à toute la France en tolérant encore que des habits religieux soient portés en plein midi dans ses rues (1).

Une complication d'affaires ecclésiastiques dont l'une fut portée à la Convention Nationale vint en ce moment faire regretter à l'évêque le temps où il n'était que simple chanoine. Les sieurs Thibolot et Chevalot, curés de Courtesoult et de Fouvent s'étaient mariés dans la nuit du 9 au 10 Juillet 1793. Chevalot annonça son mariage en chaire le lendemain, avec des propos obscènes. Les paroissiens scandalisés de cette conduite sortirent de l'église, et 32 chefs de famille signèrent une adresse à l'évêque, dénonçant la conduite de leur curé comme indigne, et demandant que ses pouvoirs lui fussent retirés. Le maire de Fouvent apporta cette pièce et le citoyen évêque reconnaissant les torts de son subordonné eut le courage de le destituer. Et s'il ne veut pas sortir de la cure où il est avec sa femme ? Vous les mettrez dehors répondit Flavigny.

Les habitants de Fouvent ne se firent point donner cet ordre par écrit ; mais l'indigne Chevalot chassé de son presbytère, s'abrita derrière les lois du temps, en appela au ministre, à la Convention. Flavigny fut accusé d'obscurantisme, d'attaque contre la liberté, on le traita rudement, il se défendit en répondant qu'il n'avait point attaqué la Constitution et la liberté, qu'il avait seulement

(1) Cette proclamation si honorable pour la ville de Vesoul est signée des administrateurs Seguin, Rochet, David.

obtempéré à la juste réquisition des paroissiens de Fouvent. La Convention qui tenait très peu compte des voix du peuple condamna l'évêque et annula par son décret du 12 août 1793, toutes les destitutions portées contre les prêtres pour raison de mariage. Cette condamnation était un vrai triomphe pour l'évêque, tous les gens honnêtes et sensés lui donnèrent raison, et l'acte annulé par la Convention fut certainement le plus louable de son épiscopat.

Cependant les évènements se précipitaient, les jours de l'Eglise constitutionnelle étaient comptés. Les prisons regorgeaient de détenus, la peine de la déportation était fréquemment appliquée par le tribunal criminel, et l'abandon que l'évêque patriote fit de son traitement pour le déposer sur l'autel de la Patrie, ne put le faire échapper à la loi générale. Un décret du 7 novembre 1793 abolit du même coup la Religion Catholique, et trois jours après on inaugurait le culte de la Raison.

Les effets de ce décret ne tardèrent point à se faire sentir, une bande de forcenés se précipitèrent dans l'église St-Georges pour la dévaster, en brisa les images, pilla les chapelles, et voulut renverser le maître autel, (1) qu'un homme de bien fit épargner en représentant que ce beau bloc de marbre noir serait un magnifique piédestal pour la déesse Raison. On parodia même d'une manière sacrilège le décret de la Convention portant la mort du christianisme. Les caveaux de l'église furent

(1) Le maître-autel de Vesoul porte encore la marque du premier coup de hache qu'il reçut en cette circonstance. —

ouverts, et on y précipita le Christ au sépulcre avec les six personnages de pierre qui l'entouraient (1)

Après ces dévastations non moins inutiles que coupables on ferma l'église, et une brutale circulaire de l'agent national Boisot, annonça au clergé constitutionnel « que son rôle était fini, qu'ayant été l'échafaudage nécessaire pour diminuer le fanatisme, il devait disparaître, maintenant que l'édifice de la raison était construit » (6 Messidor an II).

Le malheureux évêque de la Haute-Saône n'avait point attendu cette cruelle ironie, pour résigner des fonctions qu'il ne pouvait plus exercer. Le 10 Février 1794, il adressa un simple avis à la place du mandement ordinaire. Par cet avis il diminuait la rigueur du Carême pour ses diocésains. Au point où les choses en étaient venues, cette démarche peut encore passer pour un trait de courage.

Le culte de la raison était le seul qui fut toléré à Vesoul, les fêtes les plus ridicules, les exhibitions les plus burlesques, les processions les plus singulières étaient à la mode, les bustes de Robespierre et de Marat remplaçaient les statues des saints, et sous prétexte de civisme et de raison, on outrageait autant la patrie que le bon sens (2). La grande majorité ds la population s'abs-

(1) Ce sépulcre est celui que l'on voit encore dans la première chapelle à droite en entrant.
(2) Nous ne retracerons point ici ces fêtes dont les pompes sont célébrées dans les brochures du temps. Citons seulement. Celles de l'inauguration du Monument civique de la Montagne (la Motte) 23 germinal an II, (dont l'idée avait été suggérée par Robespierre jeune, de passage à Vesoul (Février 1794) ; La fête de la Réunion : la fête de la

tenait d'y prendre part, les relations officielles disent que nombre de citoyens regardèrent de leurs fenêtres ce « charmant spectacle ».

On aime à croire que ce fut pour protester contre ces folies que Flavigny donna sa démission (1). Toujours est-il que le 17 juin 1794, le représentant Lejeune envoyé par la Convention pour visiter les départements de l'Est déclare que : « le ci-devant évêque Flavigny qui « a volontairement abdiqué ses fonctions, est devenu un « sujet d'inquiétude pour la République, à l'occasion « d'un rassemblement sympathique qui a eu lieu devant « sa maison, le lendemain de la fête de l'Être suprême ».

Ce rassemblement n'était autre chose qu'une protestation des honnêtes gens de Vesoul contre les avanies que l'on faisait subir à leur ancien curé, en déployant sous ses fenêtres le spectacle des fêtes soi-disant nationales. Le citoyen Flavigny jugea qu'il était prudent de quitter la ville, et de se retirer à Besançon. A peine y était-il arrivé que l'arrêté de Lejeune l'y internait, avec ordre de se présenter tous les jours à l'agent national.

De l'internement à la prison il n'y a qu'un pas, et le malheureux évêque l'eut bientôt franchi. Ce fut un honneur pour lui d'être arrêté dans un temps où les meilleurs citoyens étaient condamnés à la prison, où mon-

---

Raison ; la Procession à l'autel de la Patrie, etc. — Les assemblées populaire qui se rendaient à ces fêtes tenaient leur séance Rue du Breuil. (Brochure de 57 pages. Vesoul an II.

(1) Flavigny avait renoncé d'abord à son traitement d'évêque (21 prairial.) A cette occasion la municipalité lui délivra un certificat de civisme et déclara que les trois vicaires *épiscopos* Revillout, Bouvier et Billequez ont conduite régulière et civique.

taient sur l'échafaud. Mais il était si manifestement innocent que les Vésuliens s'émurent à la nouvelle de son incarcération, et firent aussitôt une pétition pour demander l'élargissement de celui qu'il appellent « le plus vertueux des hommes ». Cette pétition à laquelle se trouvent annexées 6 pages in-folio, d'honorables signatures, porte la date du 10 thermidor (28 juillet 1794) (1).

La chute de Robespierre était arrivée la veille même, elle amena la mise en liberté de l'évêque Flavigny et d'une foule de détenus, mais ne rendit guère meilleure la position des Catholiques de la H{te} Saône. Une lettre anonyme répandue dans toutes les communes du département, invitait les principaux d'entr'eux à se réunir à Vesoul le 1er nivôse an III pour y réclamer collectivement la liberté du culte catholique. Le comité révolutionnaire vit dans cette aspiration si légitime une tentative de révolte, et lança une circulaire foudroyante contre les perturbateurs. Le règne de la Terreur était cependant passé, et quand Flavigny revint de Besançon en avril 1795 on commençait à rouvrir les églises.

La cathédrale de St-Georges avait, de par les décrets révolutionnaires, perdu son nom pour s'appeler désormais, le Temple de l'Eternel (Août 1794). Une délibération de la commune nous apprend que ce temple doit avoir « 250 chaises qui seront toujours propres » (2).

---

(1) Archives de la H{te} Saône. L. 51.
(2) Délibération du 14 Thermidor. An III. Arch. de la Mairie. Ce nombre de chaises semble représenter à peu près celui des adeptes de l'Eternel, y compris les fonctionnaires toujours prêts à s'incliner devant le régime.

Une brochure éditée sans doute par les constitutionnels constate qu'il y eut des démonstrations de joie au retour de l'évêque Flavigny. Ses paroissiens tinrent à lui donner des marques de leur vive sympathie, il y eut illumination en ville, la municipalité ne s'opposa point à ce que le *Te Deum* fût chanté dans l'église, et un feu de joie fut allumé devant la maison épiscopale, le brave Flavigny se remit à exercer comme s'il n'avait pas donné sa démission.

Le 22 mai 1795, le chancelier Tribouillet reprit la plume pour écrire un mandement d'actions de grâce : *Sur la liberté faite à la Religion*, liberté dont le retour de l'évêque et la réouverture des églises sont la preuve.

Flavigny s'y compare à Esdras revenant de la captivité, et les applications ne manquent pas d'à-propos quoiqu'on puisse les trouver quelque peu prétentieuses.

Les prêtres insermentés étaient toujours poursuivis dans le département, mais le tribunal criminel les condamnait avec répugnance, et se prêtait volontiers à tous les moyens imaginés pour leur sauver la vie.

Il vint cependant un jour où la crainte de violer la loi par trop ouvertement, leur fit prononcer la peine capitale contre un jeune religieux capucin originaire de St-Loup, c'était le P. Grégoire. On peut voir dans la relation écrite par M. de Chaffoy (1) les détails émouvants de ce procès dont l'issue impressionna si fort la ville de Vesoul, qu'on n'eut point osé en recommencer un sem-

---

(1) Notices historiques sur les prêtres du diocèse de Besançon mis à mort pendant la Révolution. In-12. 1821.

blable (1). Le jour de l'exécution, les Vésuliens protestèrent contre la barbarie de ce jugement en prenant le deuil. La plupart des boutiques furent fermées et l'attitude de la population prouva au tribunal, que la modération était pour lui le meilleur moyen d'obtenir les sympathies publiques.

Le P. Grégoire fut le seul prêtre mis à mort pour la foi dans notre département (15 Janvier 1796). Dans la nuit qui suivit son supplice, deux âmes fidèles se rendirent au cimetière, ouvrirent en toute hâte la fosse du martyr, et rencontrant ses pieds au lieu de trouver sa tête (2), les rapportèrent comme des reliques.

Pendant ce temps l'Eglise constitutionnelle essayait de se réorganiser, et faisait d'inutiles appels aux prêtres insermentés. Dans l'Avis de 14 pages qui lui servit de mandement de carême en 1796, l'évêque de la H^{te} Saône déplore l'absence de la paix que la réouverture des églises n'a pu faire revenir.

Le 15 août de la même année il assiste à Colmar au sacre d'Antoine Berdolet, évêque du Haut-Rhin. Le mandement de 1797 a pour but de prouver qu'il importe à tous les citoyens et à toutes les opinions, de voir re-

(1) Chacun à Vesoul, juges, procureurs, avocats témoins —jusqu'au bourreau — mit la meilleur volonté à sauver le P. Grégoire. Il lui suffisait de dire un seul mensonge pour échapper à la mort. Il ne voulut point conserver la vie à ce prix. Son nom de famille était P. J. Cornibert. Son nom de guerre citoyen Jacquot.

(2) Les courageuses filles de Vesoul qui allèrent déterrer le martyr dans la nuit du 15 au 16 janvier se nommaient Jeanne Juif et Thérèse Rebillot. Les pieds coupés une demi-heure avant le passage d'une patrouille furent portés à Vaivre et embaumés.

fleurir la religion, et restaurer les ruines du passé. On y trouve des pages pleines de cœur et d'onction, et il faut avouer que le sujet s'y prêtait.

La lettre du 6 mai 1797 ouvrit la série des *Te Deum* que l'on allait chanter pendant 18 ans. Celui-ci était ordonné au sujet de la paix avec l'Autriche (Traité de Campo formio). Les prêtres détenus et non encore envoyés à la Guyane (1) furent mis en liberté à cette occasion.

Le 17 juillet 1797 Flavigny leur adressa une lettre pour les inviter à s'unir à lui, étouffer les divisions et et envoyer au moins un député au futur concile national. Dix jours plus tard (27 juillet), il ordonne des prières pour la tenue du concile et demande une communion à chaque fidèle de son diocèse.

Flavigny fut un des 33 Evêques qui se rendirent à ce concile soi-disant national qui se tint à N.-D. de Paris du 15 août au 15 novembre. Si l'évêque de la H^{te} Saône ne brillait point parmi les pères de cette assemblée, le député qui l'accompagnait pouvait du moins lui faire honneur par ses talents, c'était l'ancien bénédictin Dom Grappin, rattaché depuis quelque temps au diocèse de Vesoul, dans lequel il était né, et qui put partager avec l'abbé Tribouillet les soucis de la chancellerie épiscopale.

Les décisions du concile de 1797 parurent imprimer

---

(1) Il étaient détenus au Ursulines. (Théâtre et école normale actuels). Trois prêtres originaires de Vesoul figurent parmi les déportés de l'île de Ré ; Charles Barbey, chanoine de Vesoul ; J.-B. Durget vicaire de Fougerolle, Nicolas Billebaud, religieux récollet.

une nouvelle vigueur au schisme constitutionnel, Flavigny indiqua la publication de ces décrets par une circulaire du 10 janvier 1798, et annonça l'ouverture d'un synode diocésain pour le 26 juin suivant. Les catholiques restèrent sourds aux appels des schismatiques. Ils ne pouvait oublier qu'on fusillait encore les prêtres fidèles, et que la faiblesse des assermentés, avait causé une partie des malheurs de l'Eglise. Bon nombre de paroisses avaient constamment repoussé les constitutionnels, et une fois que la force armée ne servit plus d'auxiliaire aux intrus, ils eurent assez de peine à se maintenir dans leurs postes, et ils ne parvinrent guère qu'à occuper le tiers des cures du département (1).

Dans les plus mauvais jours les paroisses de la Hte-Saône furent visitées par des prêtres catholiques ; le le comité de sûreté générale de Paris avait stimulé à plusieurs reprises le zèle de l'agent national Boisot, Saladin avait lancé des proclamations délirantes « contre ces monstres insaisissables qui parcouraient les campagnes, et entretenaient le fanatisme dans tout le département ». Si ces prêtres fidèles avaient bravé le schisme et la terreur dans le temps de leur puissance, ils n'avaient garde de s'y soumettre alors que cette puissance avait disparu.

Aussi beaucoup de paroisses cherchaient à se procurer un prêtre fidèle (2), les anciens curés revenaient ; plusieurs installaient leur chapelle dans une grange

---

(1) Pour 405 curés il n'y eut que 169 prêtres assermentés.

(2) Espérons qu'un jour quelque investigateur dévoué aura la patience de puiser dans les archives modernes de la Hte-Saône, les nombreuses preuve d'attachement à la foi catholique qui s'y trouvent accumulées.

tandis que le constitutionnel conservait son église à peu près déserte, de sorte que, dans chaque village il y avait deux camps bien tranchés, les constitutionnels et les Acéphales ou catholiques (ainsi nommés parce qu'on les prétendait sans chefs). Flavigny espérait au moyen d'un synode organiser le diocèse et ramener toutes les paroisses à l'obéissance. Ce synode commença le 26 juin 1798. En tête des actes, son président prend ce titre :
« Jean Baptiste Flavigny par la miséricorde divine et
« dans la communion du St-Siège, Evêque de Vesoul,
« diocèse de la Hte-Saône, à ses coopérateurs dans le
« St-Ministère et aux fidèles de son diocèse salut et béné-
« diction en N. S. J. C. ».

Comme la soumission aux lois était la grande vertu des constitutionnels, trois membres du synode allèrent prier la municipalité de Vesoul, d'envoyer quelque représentant aux séances pour protéger la liberté de l'assemblée et constater que tout est conforme aux lois de la république. A neuf heures, le cortège entrait à la cathédrale et l'évêque officie pontificalement entouré de tous les curés en surplis et en étole. On se rend ensuite dans une enceinte préparée, en face de la chaire, on lit solennellement la profession de foi de Pie IV, et tous jurent sur les saints évangiles d'y être fidèles. Le citoyen Buffe, curé de Quenoche est ensuite nommé vice-président ; Grappin, Tribouillet et Lempereur (curé de Gray), secrétaires. Les congrégations particulières au nombre de cinq, tenaient leur séance à la chapelle de la Charité. On s'occupa successivement de l'organisation du diocèse en 25 archiprêtrés (1); de la liturgie — de la discipline des

(1) Champlitte, Faucogney, Luxeuil, Gray, Lure, Jussey, Pesmes, Villersexel etc.

clercs — de l'étude — de la soumission aux lois de la république — du devoir des archiprêtres — des devoirs particuliers des pasteurs. Le 28 juin, l'évêque nomma son Presbytère ou conseil, et le 29, aux vêpres solennelles chantées à la cathédrale, eut lieu la clôture.

Les statuts arrêtés dans le cours du synode furent promulgués et on en écouta la lecture « avec un tendre intérêt ». Une assistance nombreuse attirée bien plus par la nouveauté du spectacle que par la dévotion, entourait les membres du synode lorsqu'ils firent les acclamations « à Dieu, à l'Église, au Pape, à l'évêque, aux « habitants de Vesoul, aux citoyens français, aux auto- « ritées constituées, à la République, et à toutes les na- « tions ».

Avant de se séparer, les membres du synode se donnèrent l'accolade fraternelle et la municipalité qui avait assisté tous les jours aux séances, témoigna sa satisfaction de l'ordre, de la bonne intelligence, et du patriotisme éclairé qui avaient présidé aux délibérations de l'assemblée. On comptait à ce synode 31 archiprêtres ou députés, les 3 vicaires épiscopaux Bouvier, Revillout, Tisserand et cinq autres prêtres (1).

En général les actes de cette assemblée sont graves et dignes. On ne peut leur reprocher que leur teinte prononcée de Jansénisme, et la persistance avec laquelle ils demandent la soumission des dissidents et acéphales dont ils ne reconnaissaient ni la mission, ni les pouvoirs.

(1) Les actes de ce synode furent imprimés par l'ex-prêtre Bobilier qui s'était fait imprimeur, et qui devint vicaire de Vesoul. (43 pages).

Les décrets du synode furent promulgués dans une lettre du 7 juillet suivant.

L'évêque déclare humblement qu'il ne les impose point, et prie les prêtres et les fidèles de les accepter.

Après avoir donné cette marque de la vitalité de l'Église constitutionnelle, Flavigny fit quelques voyages pour donner la confirmation dans les lieux où il était sûr de n'être pas trop mal reçu et pour grossir le nombre des confirmants, le clergé de son obédience présenta des enfants âgés seulement de huit ans.

L'approche du concile national de 1800, donna de nouvelles occupations à l'évêque de Vesoul. Du 15 au 20 juillet il tint un nouveau synode dans lequel on gémit sur les plaies faites à la religion, et la nécessité de ne point employer les prêtres non reconnus par l'évêque de la Hte-Saône.

Une lettre fut adressée dans ce sens aux pasteurs et aux fidèles du département, une autre fut envoyée à Pie VII pour le féliciter de son avènement, on célébra un grand service pour Desaix et la Tour d'Auvergne, et un discours plein de charité, fait par Flavigny marque la dernière réunion.

Lempereur, curé de Gray, fut élu député au concile national, et Bolot, curé de la Chapelle St-Quillain, député suppléant (1).

---

(1) Le vice président de ce synode fut Hacquard curé d'Anjeux. Lempereur de Gray, Bouvier, de Velle et Henri, de Filain furent secrétaires.

Les actes de ce synode ressemblent assez à ceux du précédent on y trouve seulement quelques erreurs théologiques de plus, et un servilisme encore plus grand envers l'autorité civile.

Le nouveau métropolitain de l'Est, évêque du Doubs, convoqua un concile provincial qui se tint trois semaines après le synode de Vesoul. Ce concile dura six jours et retentit de plaintes amères contre les insermentés; l'évêque de la H^{te} Saône s'y trouvait avec ses collègues du Jura et du Haut-Rhin. On n'y fit guère que des projets destinés à réorganiser définitivement l'Eglise constitutionnelle qui se mourait.

Le concile national de Paris tenu en 1801 ne put prolonger son agonie, et se séparait le 15 août, sur l'invitation du gouvernement. Après avoir prêché en toute occasion le respect aux volontés de la République, les évêques constitutionnels auraient eu mauvaise grâce de se montrer récalcitrants, il eut été, du reste, dangereux de résister. Le premier consul avait signé le Concordat, et Flavigny en donnant sa démission d'évêque fut très heureux de conserver son titre ancien et légitime, celui de curé de Vesoul. Il paraît cependant que ce ne fut pas sans peine qu'il perdit l'habitude de la signature épiscopale puisque le registre de fabrique, ouvert à cette époque porte encore deux suscriptions de ce genre. Il ne lui fut pas difficile de reprendre des habitudes qu'il n'avait guère quittées. Le nouvel archevêque de Besançon ne maltraita point l'évêque démissionnaire, et Flavigny put d'autant mieux se livrer à ses habitudes paisibles et charitables, qu'on lui laissa toute liberté, et que le gouvernement lui accorda une pension de 3600 fr. Aidé de vicaires qu'il avait choisis, il leur laissa tous les revenus de la cure, pour se contenter de sa pension et de ses biens patrimoniaux au moyen desquels il put se montrer généreux envers les pauvres et les affligés.

L'Eglise paroissiale de Vesoul avait payé bien cher le titre de Cathédrale, qu'elle portait depuis onze ans, de par la loi. Elle avait été à peu près complètement dépouillée de ses ornements, il ne lui restait qu'une cloche, et les registres de fabrique constatent que les prêtres qui venaient y dire la messe devaient subvenir à tous leurs frais. La ville était obérée, ce fut seulement en 1804 qu'on put recouvrir de fer blanc le clocher dont la toiture manquait depuis une dizaine d'années. Ce fut à force de temps, d'économie, de patience du côté des fabriciens, et de générosité de la part des fidèles, qu'on put rétablir les orgues, orner les chapelles, fondre des cloches, et mettre enfin l'église sur le pied qui convient à une paroissiale de premier ordre.

Trois années avant de mourir, le curé Flavigny, accablé par le poids des ans, cessa de s'occuper de la paroisse dont le premier vicaire, Billequez était en réalité depuis longtemps le chef et directeur. Il espérait en être un jour le titulaire, mais la mort de Mgr Lecoz en ruinant les espérances des anciens constitutionnels, ruina les siennes sans retour. Flavigny mourut le 31 mars 1816, sans s'être rétracté. La rétractation qu'il tenait entre les mains le jour de ses funérailles n'était qu'une concession faite aux catholiques, et si *l'Ami de la Religion* a vu dans cette circonstance une preuve des sentiments nouveaux du défunt, il a été mal informé. Ses dernières années avaient été attristées par des différends où la politique se mêlait à la religion, et la conduite du comte d'Artois qui, en passant à Vesoul n'avait voulu ni de lui ni de son vicaire chéri, Billequez, le peinait vivement, et n'était pas de nature à le ramener.

Flavigny porta jusqu'à la fin de sa vie, la croix pastorale des évêques, il la donnait volontiers à baiser aux enfants de la ville. Quand on lui parlait du schisme constitutionnel, il détournait la question. Quoiqu'il eut peu de talent, il prêchait avec une certaine onction, et on l'entendait parfois avec plaisir. C'était un bon curé dont les circonstances firent un évêque assez médiocre et un chef de parti malgré lui. Ses mœurs furent toujours pures et son désintéressement ne se démentit jamais, la ville de Vesoul a oublié ses erreurs et ses faiblesses pour ne se souvenir que de sa bonhomie et de sa grande charité.

Au reste, l'Église de Vesoul eut le bonheur de ne compter que des hommes de ce genre parmi les prêtres qui lui furent attachés. En dehors de leurs erreurs, les vicaires Tribouillet et Billequez étaient des hommes recommandables par leur talent et leur influence. Les anciens élèves de l'abbé Tribouillet ne parlent de lui qu'avec vénération et respect (1), et avouent qu'il avait une grande influence sur la jeunesse de Vesoul. L'abbé Billequez parlait avec entraînement et chaleur, et était fort estimé dans la paroisse. La tache que le schisme religieux imprime sur lui n'en est que plus regrettable, et leur responsabilité ne nous en paraît que plus grande (2).

(1) Monseigneur Guerrin, évêque actuel de Langres, et plusieurs autres élèves du professeur Tribouillet, parlent de lui avec éloge. Il mourut en 1814 sans s'être rétracté.

(2) Quelques uns trouveront sans doute que nous sommes trop indul-

En somme, l'Église de Vesoul ne traversa pas sans honneur la crise révolutionnaire, les trois quarts de ses membres furent fidèles, et ceux mêmes qui oublièrent leurs devoirs envers l'Église catholique peuvent encore être comptés parmi les moins mauvais de ceux qui donnèrent dans le schisme.

Bien qu'on tolérât les anciens constitutionnels à cause de leurs qualités et vertus personnelles, la multitude désirait cependant voir finir leur administration. Les désirs de M. Billequez ne furent point remplis et son ambition fut déçue. Bien plus, le vicaire général capitulaire ayant nommé pour successeur à Flavigny l'abbé Théret,

gents pour les prêtres constitutionnels. Nous croyons que l'histoire pour être vraie doit tenir compte des temps, des circonstances et des idées reçues à chaque époque.

Aujourd'hui que l'expérience est faite et les idées vis-à-vis des papes et de l'Église sont bien différentes de ce qu'elles étaient alors, une Église nationale ou schismatique n'aurait guère plus de chance de réussite que les églises de l'abbé Chatel ou du P. Loyson.

Avec les idées jansénistes et gallicanes professées par les hautes classes et soutenues avec une chaleur inouïe par les philosophes, les gens du roi et les parlements, les succès éphémères de la constitution civile du clergé sont parfaitement explicables. Le degré de platitude auquel descendent les prêtres assermentés dont tout le zèle se réduit à faire l'éloge du régime qui les paie quelquefois, pour les humilier toujours, nous donne l'idée de ce que serait une Église asservie par l'État. En quelques occasions Flavigny montra du courage, comme dans la question du divorce légal, dans celle des mariages des prêtres, mais sa voix resta sans écho, il était débordé, il était *à côté de l'Église*, il y resta jusqu'à la fin. Il avait pour lui les gens de loi, les fonctionnaires, les enrichis des biens nationaux et de temps en temps les gendarmes. En faut-il davantage pour fonder une petite église? Quand l'orgie révolutionnaire fut terminée, la réaction fut vive, les malheureux constitutionnels furent traités rudement; froissés, ils s'obstinèrent et moururent dans leur péché. Voilà ce que nous ont affirmé les anciens qui les avaient encore connus et qui les plaignirent.

curé de Servance, les catholiques de Vesoul réclamèrent et n'en voulurent point, parcequ'il était l'ami de M. Billequez et passait pour trop tolérant vis-à-vis des constitutionnels.

M. Bidaux, curé de Faverney, fut appelé à remplir ce poste, qu'il occupa pendant vingt six ans (1816-42) (1). Il sut dans des circonstances difficiles rassembler les nombreux éléments de bien qui existaient encore à Vesoul et mettre la paroisse sur un pied respectable. Il n'avait que deux vicaires, et la circonscription paroissiale se composait de Vesoul, Coulevon, Navenne et Frotey. C'est sous son administration que furent établies et développées les écoles des frères de la doctrine chrétienne et des sœurs de la charité, que fut installé le séminaire, et que se donna la grande mission du Jubilé en 1826.

Notre tâche est maintenant achevée et nous sommes trop près des hommes et des choses, pour apprécier les faits les plus saillants de ces trente dernières années. Contentons-nous d'indiquer l'état présent de l'Église de Vesoul, en laissant au lecteur le soin de le comparer à son état passé. Aujourd'hui on ne trouve à Vesoul ni prieur, ni doyen, ni dignitaire. Si le curé actuel est chanoine honoraire de Besançon, c'est par accident. Il n'est aux yeux de l'Église et de l'État que le titulaire d'une cure de première classe. Tout son clergé se compose de quatre vicaires qui sont chargés du service de la paroisse et

---

(1) M. Bidaux mourut chanoine de Besançon en 1847. Avant d'aller prendre possession de sa stalle (Mai 1842) il récita publiquement un *De profundis* pour son successeur M. Oudet, mort avant d'avoir été installé. — M. Boilloz s'installe à Vesoul en mai 1842.

doivent en outre desservir deux prisons, deux hospices et professer l'instruction religieuse à l'école normale primaire; c'est à la condition de cumuler tous ces titres qu'ils peuvent avoir un traitement suffisant, car la fabrique ménage ses revenus avec autant de soin que la municipalité met de persistance à refuser tout secours à la paroisse. Les revenus annuels montent à 8 ou 9000 francs provenant surtout de l'amodiation des chaises, et de trois ou quatre échoppes qui défigurent le côté nord de l'Église. Chaque fois qu'il faut faire quelque dépense extraordinaire on est réduit à implorer les aumônes des fidèles, et ce sont des dons particuliers qui ont procuré à la sacristie les ornements et les vases sacrés qu'elle déploie dans les cérémonies publiques (1).

Au point de vue spirituel, l'Eglise de Vesoul est mieux partagée. Son enceinte est aujourd'hui bien étroite pour pour les 8000 âmes qui forment sa population. Sans doute, la multitude de fonctionnaires publics et d'étrangers qui viennent périodiquement y séjourner, a fort altéré les traditions anciennes de ce peuples foncièrement religieux. Cependant la foi est vive à Vesoul, elle y fait éclore et y maintient dans un état satisfaisant les œuvres de la charité.

Si les anciennes confréries des corporations ne sont plus guère que des souvenirs, les congrégations d'hommes, de dames, demoiselles, et filles de service y sont florissantes, la Propagation de la foi y compte six cents membres, et depuis quelques années une dizaine de prêtres

---

(1) En 1859, on a fait une quête et dépensé 10,000 fr. pour restaurer la sonnerie et fondre quatre cloches.

originaires de la ville, prouvent que les Vésuliens n'ont point oublié les traditions de leurs ancêtres qui fournirent tant de recrues à la tribu sacerdotale de Besançon.

Après avoir suivi pas à pas les destinées de St-Georges de Vesoul, et l'avoir vu tour à tour simple chapelle, Eglise paroissiale, Collégiale et Cathédrale schismatique, nous pourrions peut-être conjecturer son avenir. Si jamais le département de la H^{te} Saône était démembré du diocèse de Besançon, l'Eglise de Vesoul aurait grande chance de devenir vraiment cathédrale. La ville de Luxeuil pourrait seule lui faire une concurrence sérieuse. Vesoul a pour lui la position centrale et les raisons administratives, le gouvernement se rangerait sans doute de son côté : Luxeuil se présente avec sa cathédrale et son évêché tout prêts, il évoque surtout ses grands souvenirs, et Rome serait certainement de son avis. Si la balance penchait en faveur de Vesoul, il y aurait un nouveau chapitre à faire sur l'histoire de son église, et ce ne serait pas le moins honorable pour elle. Qu'il nous suffise en offrant à l'académie de Besançon ces matériaux imparfaits, de lui fournir les bases d'un travail qui pourra servir quelque jour à montrer que les annales de l'Eglise vésulienne ne furent ni sans intérêt ni sans gloire.

FIN.

NOTES ET PIÈCES JUSTIFICATIVES

NOTE I

Les Juifs et l'Église de Vesoul.

Sur la foi des pamphlétaires qui travestissent l'histoire et ne tiennent aucun compte de pièces originales et de redressements historiques, beaucoup de Français croient encore que les prêtres étaient les ennemis acharnés des Juifs au moyen âge.

On peut répondre à cela par l'indication des mesures que les souverains pontifes ont décrétées dans la suite des siècles, pour protéger les juifs contre la malveillance des chrétiens. L'Eglise n'a pris de mesures préventives que contre les juifs qui voulaient faire de la propagande. La *roue* ou marque jaune qu'ils étaient obligés de porter au moyen âge sur leurs habits avait surtout en vue de préserver les chrétiens en les prévenant. Dans tous les actes de la vie civile et commerciale, nous les voyons jouir à Vesoul d'une liberté et d'une égalité vraiment surprenantes.

Un savant hébraïsant (M. Isidore Loëb) vient de publier une étude remarquable sur deux livres de compte du fameux juif Elias, commerçant et banquier à Vesoul de l'an 1300 à 1318.

Ces livres, écrits en caractères hébreux, mais en français du temps, nous donnent des détails curieux et incontestables, d'où il résulte que les juifs sont nombreux et puissauts à Vesoul ; ils y possèdent synagogue, rabbin, sacrificateur, maître d'école. Ils font un commerce très étendu, sont en bons termes avec les autorités, font même l'office de percepteurs des deniers publics. On trouve parmi leur clientèle non seulement les seigneurs, mais les personnages ecclésiastiques, abbés, prieurs, chanoines, curés, vicaires et béguines des environs. Ils font payer très régulièrement ce qui leur est dû et, chose assez curieuse pour être signalée, ils exécutent le prieur curé de Vesoul qui n'a pu payer sa dette et qui se voit saisi par ordre d'Elias.

Les comptes sont très minutieux, très exacts, et on trouve en général une grande bonne foi dans toutes les transactions et nulle trace d'animosité ou récrimination contre les chrétiens. Ces registres, témoins muets et incorruptibles de ce qui se passait il y a cinq cent quatre-vingts ans, nous font connaître les détails les plus intimes de la vie d'alors. Ils prouvent surtout que si on en voulait aux juifs, ce n'était pas toujours à cause de leur religion, mais à cause de leurs richesses.

En Franche-Comté leur sort ne paraît point trop malheureux, et c'est le roi Philippe le Bel, devenu l'époux de la comtesse Jeanne, qui les bannit et confisque leurs biens. Cette confiscation était dans les mœurs du temps ; nous ne l'approuvons point, mais nous ne la trouvons pas plus odieuse que les révocations de notre époque qui ruinent des hommes et des familles honorables. En acceptant pour son église des biens venant d'une pareille source, le prieur de Vesoul sacrifiait aux préjugés de son époque et restait dans la légalité d'alors, mais il eut parfois des paroissiens qui le tracassèrent plus que ne le firent les juifs.

Aussi ne le voyons-nous figurer dans aucune des procédures entamées au XIV° siècle contre les enfants d'Israël.

Bien plus, c'est la publication et l'exécution des bulles du pape Clément VI, dans le diocèse de Besançon qui empêchèrent les juifs d'être massacrés en Franche-Comté comme ils le furent à Strasbourg, sur les bords du Rhin et dans les trois quarts de l'Europe. Nous avons lu les rouleaux de leurs comptes traduits de l'hébreu au moment du procès, nous savons ce qu'il y avait dans leurs maisons. Ces maisons étaient de vrais bazars où s'entassaient les ustensiles de ménage, linge, meubles, argenterie et habits des populations environnantes. Alors comme aujourd'hui les juifs faisaient avec succès le commerce du bétail ; ils tenaient des vaches, des juments et des chèvres à cheptel dans les villages d'alentour. Leur disparition ne soulageait guère les débiteurs, car le fisc s'appropriait les créances des juifs chaque fois qu'il y avait expulsion ou mouvement populaire ; à l'appui des relations signalées plus haut, nous voyons même des prêtres tenir et conserver chez eux les gages des juifs pour leur rendre service.

En leur retirant ces gages, les agents de l'autorité ont soin d'en payer le montant aux détenteurs, comme ils le firent à messire Lobbet, prêtre. La captivité des juifs (1348-9) dans le château de Vesoul dure 120 jours (du 31 octobre au 27 février). Durant cet espace de temps, on leur fait consommer le pain et le vin (1) trouvés dans leurs maisons qui, à ce moment, étaient habitées par 31 familles juives (malgré l'expulsion de 1321). Ils furent mis à la torture selon l'usage du temps, et il paraît qu'ils avouèrent, mais la torture ne semble pas avoir été bien terrible, puis-

(1) Ils étaient assez bien munis : le juif Ruby avait 63 quartes de blé, qui furent vendues, et seulement 11 tines, 160 litres de vin ; le juif Menessier, 63 quartes de froment, deux d'avoine, une quarte de pois, une de millet, 4 muids 50 pintes de vin en huit poinçons (tonneaux) ; un autre 7 muids 71 pintes, etc. (Lettres extraites d'Ebrey en Romant, par aucuns desdits Juifs Chambre des comptes. V. 57.).

que, après le jugement rendu le 27 février, ils furent conduits sous escorte jusqu'à Montbozon. Les 12 ou 13 juges qui figurent à ces assises appartiennent tous à la noblesse inférieure des environs, les Chariez, Vellefaux, Velleguindry, Cendrecourt, viennent assister le prévôt. On ne trouve dans cette liste aucun grand baron et surtout aucun homme d'église. Au reste, le curé de Vesoul, qui avait dû publier au prône de la messe paroissiale les bulles de Clément VI défendant les juifs contre les fureurs populaires, aurait eu fort mauvaise grâce de figurer parmi leurs juges. Si, en 1374, le clergé de Salins adressa à la souveraine du pays une demande d'expulsion des juifs à cause des usures qu'ils exerçaient envers le pauvre peuple, ce n'est pas une raison pour imprimer encore après nos anciens historiens que les quatre-vingts Juifs du château de Vesoul *furent mis à mort à la demande du clergé*. Il n'y eut personne de mis à mort à Vesoul, voilà la vérité. Tous les juifs s'en allèrent... pour revenir bientôt.

NOTE II

Notre-Dame du Chastel de Vesoul, aujourd'hui Notre-Dame de la Motte.

Avant l'érection du prieuré du Marteroy où les gens du château allaient faire leurs dévotions, la forteresse à l'abri de laquelle la ville se forma peu à peu, avait déjà sa chapelle castrale, comme tous les châteaux forts de nos princes (Gray, Jussey, Ornans, Quingey, etc.).

Cela était nécessaire dans un temps où les guerres fréquentes obligeaient les habitants des campagnes à se retirer dans les forteresses, pour s'y mettre à l'abri des incursions et du pillage.

La garnison permanente entretenue dans cette citadelle

de la Motte, éloignée d'une demi-lieue de l'église paroissiale de Pontx, exigeait un lieu consacré au culte, et si rudes qu'ils fussent, les guerriers du moyen âge n'auraient pas voulu séjourner dans une forteresse dépourvue de chapelle.

La sainte Vierge était choisie avec saint Michel archange, pour être la protectrice du *Castrum Vesullum*, et la statue de la Mère de Dieu tenant l'enfant Jésus dans ses bras figurait à la place d'honneur dans la chapelle castrale.

Les preuves de cette assertion n'existent plus pour les temps antérieurs au XII° siècle, mais la tradition constatée par les monuments des siècles suivants ne laisse aucun doute à cet égard. Bien plus, ils nous apprennent que le culte de Notre-Dame du Chastel de Vesoul était populaire. Les recherches que nous avons pu faire dans les archives de la Haute-Saône, de la ville de Vesoul et dans les comptes des ducs de Bourgogne, sires de Faucogney, nous en ont fourni la preuve.

Dans le principe, la chapelle se trouvait au levant du donjon qui occupait le milieu de la forteresse et l'endroit précis où s'élève aujourd'hui le monument de N.-D. de la Motte. Elle était près du puits, séparée seulement de la cuisine par une chambre qui devait servir de sacristie.

Cette chapelle, étroite et massive comme toutes les constructions militaires du temps, portait sur son autel principal la statue de la Vierge, objet de la vénération publique. Les comtes souverains de Bourgogne et les sires de Faucogney dont la piété avait fondé une « lampe ardente » dans les principaux sanctuaires de nos contrées, avaient distingué de bonne heure Notre-Dame du Chastel de Vesoul. Elle avait sa lampe ardente dès le XIII° siècle, et si nous n'avons pas retrouvé l'acte de fondation, comme pour les lampes de St-Jean-Baptiste d'Annegray, St-Pierre de Luxeuil, St-Pancrace de Fontaine, Notre-Dame de Calmoutier, nous savons du moins que, dans les siècles suivants, les fidèles contribuaient à son entretien, et nous avons le testament de Jean de Vesoul, curé de Vaivre, qui, en 1316, donne une mesure d'huile pour l'entretien de cette lampe (1).

En temps de paix, on laissait les fidèles entrer librement dans le château, pour y prier devant cette Vierge vénérée et regardée comme miraculeuse. Ils lui offraient des dons en nature comme pain, vin, fruits, cire, cierges, chandelles et menue monnaie (chandoilles et deniers). Ces offrandes appartenaient de droit au prieur du Marteroy, chef spirituel du territoire. Il les abandonnait ou les amodiait, selon l'usage du temps, au chapelain du château. Elles étaient assez considérables puisque les deux livres ou les deux écus d'amodiation du XIIIe au XVe siècle représenteraient au moins une centaine de francs de notre monnaie.

Les livres de compte de la terre de Faucogney conservés à Dijon (2) nous donnent d'autres détails sur la manière dont la chapelle était desservie.

Chaque année, pour la saint Michel (29 septembre), on allumait sur les tours du château deux énormes torches de cire, en signe de réjouissance. Le chapelain chargé de desservir la chapelle était payé ce jour-là par le Trésor public, il recevait cinq livres de traitement annuel et devait célébrer trois fois par semaine devant la statue vénérée. Presque toujours, c'était un prêtre familier de la paroisse, fils d'un bourgeois de Vesoul, qui était chargé de cet office.

(1) Arch. de la H^{te}-Saône. G. 8). *Item do et lego ad capellam Beatœ Mariœ Virginis de castro Visulii caisellum olei.*
(2) Arch. Côte-d'Or. De B. 4676 à B. 4728. Chatellenie de Faucogney.

Il était à la nomination du prieur. La chapelle primitive étant près du donjon, se trouvait dans la seconde enceinte du château, et dans ces temps de guerres locales et de surprises fréquentes, on ne pouvait y admettre tout le monde.

C'est sans doute pour remédier à cet inconvénient que l'on construisit une chapelle dans la tour de la première enceinte qui gardait la porte d'entrée de la forteresse du côté de la ville. L'oratoire fut dédié à la sainte Vierge et la tour s'appelait *tour Notre-Dame*.

C'est probablement après l'incendie de l'an 1414 que cette translation eut lieu. Le compte de Pierre le Moniat, trésorier de Vesoul pour cette année, nous apprend (1) que le feu avait pris dans les écuries du château qui furent *arses* (brûlées). La flamme gagna la charpente recouvrant le puits contigu à la chapelle. En s'écroulant, cette couverture écrasa la grande roue qui servait à tirer de l'eau.

Le clocher de la chapelle fut brûlé ; on racheta une corde neuve pour la cloche et, plus tard, le charpentier et le maréchal-ferrant reçurent chacun six livres pour avoir reconstruit ce petit édifice.

C'est probablement à dater de cet accident que la Vierge miraculeuse fut descendue dans la chapelle de la tour Notre-Dame pour y être vénérée par les pèlerins, qu'on n'était plus obligé d'introduire dans l'enceinte de la forteresse. Cette tour eut une cloche, elle fut surélevée et la chapelle réparée en 1455. On lit en effet dans le compte de Jean Pillot (2) : « Platons de bois pour le solier de la chapelle de la tour Notre-Dame ». C'étaient des plateaux de

---

(1) Arch. Côte-d'Or. B. 4679.
(2) Arch. de la Côte-d'Or B. 1733. Dépense de 33 livres. Pose de la cloche.

chêne destinés à réparer le grenier au-dessus de la chapelle.

Fier d'avoir deux chapelles à sa disposition, le chapelain Jean de la Courvée voulut se rendre indépendant et contesta le droit de patronage du prieur ; il en résulta un long procès que le prieur gagna (1423-31) et qui sert du moins à montrer que les fidèles visitaient toujours l'ancienne Vierge du Chastel, puisque les offrandes sont encore estimées à deux écus, somme supérieure au traitement fixe du desservant, qui les paya au prieur.

Les livres d'office étaient usés, Jean de la Courvée réclama, et le trésorier du duc lui acheta un beau missel neuf (1) et deux chasubles.

Les visites des pèlerins continuèrent jusqu'au jour où la ville fut mise à sac par les troupes de Louis XI aux ordres de Bernard de Livron, lieutenant de Charles d'Amboise (1479). Le château fut ruiné ; de toutes les maisons qui l'entouraient une seule échappa aux flammes, mais la statue de la Vierge du Chastel ne fut point profanée et resta debout au milieu des ruines.

Nous avons vu dans le cours de cette histoire comment Jean de Feliens obtint la permission de transférer la statue de Notre-Dame du Chastel après la ruine du château par les troupes de Louis XI.

Il descendit dans l'église St-Nicolas l'image vénérée dans la tour Notre-Dame. Elle y demeura pendant 114 ans, et ce fut la guerre qui l'en chassa de nouveau.

Louis XI avait fait démanteler trop complètement les

(1) Id. B. 1624.

principaux châteaux forts de notre province pour qu'il fût possible de les réparer. Plus de cinquante années se passèrent avant qu'on fouillât les décombres de la forteresse, et les réparations ne portèrent que sur les bâtiments renfermés dans la seconde enceinte. Aussi ne pensa-t-on point à reporter l'image de Notre-Dame dans son ancien logis qui était ruiné. D'ailleurs les religieux du Marteroy ne s'y seraient pas prêtés, et ils tenaient trop à conserver dans leur église la Vierge chère aux Vésuliens. Nous avons pourtant pu nous convaincre que la chapelle primitive placée près du donjon n'était pas détruite, bien que le culte n'y fut pas exercé. Une supplique de l'an 1510 demande à ce qu'elle soit réparée. Elle était encore respectée des habitants de la paroisse, et des familles honorables y faisaient enterrer leurs enfants (1) sur la fin du XVI⁰ siècle. Loupy, lieutenant de Tremblecourt, tué le 16 mai 1595 fut l ernier qu'on y enterra, et la vieille chapelle castrale fut démolie en 1596. Le prieuré et son église furent rasés, mais les religieux apportèrent la statue de Notre-Dame avec eux, dans la chapelle du Rosaire près de l'hôpital. La paroisse y venait en procession le premier dimanche de chaque mois, et le prieur curé de Vesoul avait fondé et doté cette procession à partir du 1ᵉʳ janvier 1597.

Trop à l'étroit dans la modeste chapelle du Rosaire, les religieux en s'installant à Ponts dès l'an 1600 y portèrent la Vierge miraculeuse, qui était à peu près la seule épave retirée du désastre de 1595.

Jusqu'ici nous avons pu suivre les traces de la Vierge du Chastel à l'aide de monuments certains ; à partir de

(1) Les actes paroissiaux conservés à la mairie en font foi. Il est à croire que cette chapelle avait été conservée pour le service des prisons, auxquelles on l'unit plus tard, quand les prisons furent descendues dans la ville (1568-70).

cette dernière translation, nous ne trouvons absolument aucune mention de cette vénérable statue. Les guerres avaient ruiné le prieuré, les religieux moururent sans être remplacés. la peste annoncée depuis l'an 1629 arrive enfin, la guerre et la famine la suivent bientôt. L'église de Ponts est pillée à plusieurs reprises, et on regrette de voir le nom des soldats de Turenne attaché à cette dévastation.

Que devint, au milieu de ces calamités, l'image antique et vénérée de Notre-Dame du Chastel ? Nul ne le saurait dire et tous les monuments ont été jusqu'ici muets sur ce point.

Seulement, en 1663, des bergers trouvèrent au fond d'une grotte située à l'extrémité de la gorge d'Echenoz une statue de la Vierge, haute de 70 centimètres, dont les traits anguleux, les formes rudes et grossières, accusaient une haute antiquité. Une charte du roi d'Espagne donnée trois ans plus tard (15 février 1666) constate qu'il s'est fait depuis trois ans de nombreux miracles dans la chapelle de Solborde, bâtie pour recevoir cette image, et le concours des pèlerins venant « des Pays bas, d'Allemagne, de France, de Suysse et de Lorraine ». A raison de ce concours, le monarque accorde l'établissement d'une foire franche aux quatre principales fêtes de la Vierge (1).

Certes, cette statue antique n'était pas tombée du ciel, et nul ne nous accusera d'imprudence pour avoir, le premier, émis l'idée que la statue cachée avec tant de soin au fond de ce désert, n'était pas autre que la Vierge du château de Vesoul, soustraite par des mains pieuses et tirée de l'église de Ponts à la veille d'être dévastée.

---

(1) On peut lire la charte aux archives municipales d'Echenoz. Elle a été publiée par M. l'abbé Grenier, curé du lieu.

On objectera sans doute qu'au bout de trente ou quarante ans, on pouvait reconnaître cette statue. En temps ordinaire la chose eut été facile, mais au milieu des désastres de ces terribles années, bien peu de vieillards avaient survécu. D'ailleurs, l'eussent-ils reconnue, les paroissiens survivants se fussent bien gardés de le dire, pour ne pas s'attirer un procès de la part du Chapitre de Vesoul, qui n'aurait pas manqué de faire valoir les droits des anciens religieux auxquels il avait succédé. C'est peut-être pour couper court à toute revendication que les habitants d'Echenoz bâtirent si promptement la chapelle de Solborde, qu'elle était achevée et dotée moins de deux ans après l'invention de la statue.

Notre-Dame de Solborde réside depuis la Révolution dans l'église paroissiale d'Echenoz. En souvenir du sanctuaire du château, les vignerons de Vesoul ont voulu avoir sur la Motte une croix rappelant que le sommet de cette colline avait été consacré par un monument religieux.

Cette croix, abattue au moment de la Révolution pour faire place à une colonne surmontée d'un bonnet phrygien, a été rétablie au moment du Concordat, et elle a marqué l'emplacement de Notre-Dame du Chastel jusqu'au jour où des circonstances douloureuses amenèrent (30 juillet 1854) le vœu qui rétablit le culte de Marie sur cette montagne où les « Vesoulois » la vénérèrent pendant plusieurs siècles, où elle s'appelle maintenant Notre-Dame de la Motte. M. l'abbé Boilloz, vicaire général du diocèse, ancien curé de Vesoul, a publié une notice détaillée des cérémonies qui ont accompagné l'érection du sanctuaire nouveau(1). Il a cédé, en 1885, à l'église de Vesoul, le monument et la propriété qui l'entoure. C'est ainsi que St-Georges est rentré en possession de son ancien domaine au sommet de la Motte.

(1) in-18 de (9) pages, chez P. Jacquin, à Besançon.

NOTE III

L'Église de Vesoul et les sorciers.

Divers amateurs parlant des procès de sorciers ont semblé croire que les prêtres et juges ecclésiastiques intervenaient dans ces procès par pur fanatisme et se montraient impitoyables envers les sorciers. Nous ne faisons aucune difficulté de reconnaître que bon nombre de ceux qui furent condamnés comme sorciers ne l'étaient nullement, car presque tous ils sont fort ignorants et appartiennent aux dernières couches sociales; mais il serait plus difficile d'admettre qu'ils n'étaient ni méchants ni coupables. Ces libres penseurs — car au fond ils n'étaient que cela — se servaient de leur sorcellerie pour satisfaire leurs passions, et les traces d'obcénité qu'on retrouve dans presque tous les procès prouvent assez que les nocturnes réunions du sabbat n'étaient que des réunions de débauche (1).

Les maléfices destinés à nuire aux hommes ou aux animaux, sont presque toujours de vulgaires empoisonnements et les sacrilèges fréquents dont les sorciers se rendaient coupables constituaient des crimes de droit commun. C'est pour cela surtout que les tribunaux criminels en étaient saisis. Le rôle de l'inquisiteur de la foi, délégué de l'archevêque se bornait à constater le crime d'apostasie ou de sacrilège, après quoi on appliquait la peine de bannissement ou de mort prononcée par les lois de l'époque. Le siége du baillage d'Amont et les prisons royales qui en faisaient partie intégrante, amenaient à Vesoul des coupables venant de divers endroits; ils étaient assistés par les prêtres de la ville et bien qu'ils fussent connus comme sorciers on ne leur

---

(1) A Vesoul elles avaient lieu non loin du signe patibulaire, sur la route de Besançon.

refusait pas les sacrements quand ils les demandaient.

On ne les refusait même pas aux sorciers notoires quand ils étaient malades. Citons en un seul exemple. Le 14 septembre 1626 une femme mariée à Vesoul et connue comme sorcière, ainsi que sa mère, se fit apporter les sacrements par le prêtre Georges Méline familier et vicaire de St-Georges. Quand le prêtre fut sorti, elle retira la sainte hostie de sa bouche et la posa « sur un cotillon ». On s'aperçut de cette action que l'acte d'accusation qualifie « d'abominable »; le prêtre fut rappelé et fit consommer les saintes espèces à la malade.

Elle déclara plus tard qu'elle avait « retiré le Saint Sacrement de sa bouche parce qu'elle ne voulait le prendre ». La justice s'émut du fait; il est rappelé aussi dans le procès que la défenderesse par ses maléfices rendit malade le cordonnier Antoine Dard qui en mourut.

Les faits de sorcellerie, sabbats et festins relatés ensuite peuvent faire sourire le lecteur et paraître puérils, mais il nous semble qu'en admettant la liberté de conscience aussi large que l'on voudra, le sacrilège et l'homicide relatés justifiaient la condamnation prononcée par Antoine Baalin, procureur syndic de la ville de Vesoul. Le vicaire n'était pour rien dans l'affaire.

La profanation de la Sainte Eucharistie était fréquente chez les sorciers, ils se servaient de la Sainte Hostie pour composer leurs maléfices et cherchaient à souiller les eaux baptismales pour invalider le baptême des chrétiens. Aujourd'hui nous connaissons encore des sectaires qui en feraient autant. La législation d'alors les punissait, celle d'aujourd'hui les tolère, voilà toute la différence. Pour empêcher ces scandales, il était bien permis aux gens d'église de prendre des précautions et de ne pas s'opposer à ce qu'ils fussent punis, quand le crime était démontré. C'est ce qui arrivait le plus souvent et ce que feignent de ne pas comprendre ceux qui songent seulement à plaindre les sorciers pour maudire leurs juges.

Voir aux archives de la Haute-Saône, Série B, les registres du bailliage 5040, 5051 etc.

PIÈCES JUSTIFICATIVES

I

Après 1026. — Rainaud, comte de Bourgogne, donne l'église St-Georges de Vesoul aux moines de St-Bénigne de Dijon.

(1032). — Aliquanto post tempore, idem memoratus comes Rainaldus juxta castellum Vesullum dictum, dedit Ecclesiam in honore sancti Georgii sacratam ut ibi construeretur monasterium, et quatuor monachi ibidem constituerentur, qui omni tempore Deo servientes, exorarent pro requie animarum patris sui ac matris, fratrisque ac pro semetipso, omnique parentelâ. Dedit ad eorum stipendia vineas et terras, vel quodcumque fuit necessarium, piscationem insuper cum hominibus qui de hac ministerio sibi serviebant. Huic donationi praesens fuit memoratus Archiepiscopus Hugo, dedit que per baculum quem ferre manu solebat, *altare praedictae Ecclesiae Abbati Halynardo*, et ob memoriam hujus rei commutaverunt virgas suas.

(Chron. Sancti Benigni, in spicil. Tom. I. 470).

II

1092. — 10 novembre. Dédicace de St-Nicolas du Marteroy par Hugues III, archevêque de Besançon.

Ordinatio Ecclesiae seu Altaris Sancti Nicolai de Marteretho prope Visulium,

Anno ab Incarnatione Jesu Christi milesimo XC' II, indictione XV, regnante Henrico Imperatore, haec Ecclesia atque hoc altare dedicatum est in honore Christi Domini resurrectionnis, sanctique Johannis Baptistae Georgii martiris, piissimi Nicolai, quarto nonas novembris à Domico hugone chrysopolitano praesule, in praesentiâ Raymundi consulis, atque Gilleberti vice comitis, hujus templi fundatoris, in quo altari continentur pretiosissimae sanctarum reliquiarum Margaretae. . . . . in qua Dominus (Hugo) inseruit de sepulcro Domini et sancti Nicolai et piissimorum Apostolorum Petri et Pauli, Benigni martiris, Gervasii et Protasii, Columbani confessoris. . . . . quod detulit, sancti Liberii confessoris. . . . .

(Archives du Marteroy, à la préfecture de la Haute-Saône, G. 38)

III

11..3.

ANSERI. ARCHEVÊQUE DE BESANÇON, REND AU CHAPITRE UN MOULIN
QUE LE DOMAINE ARCHIÉPISCOPAL RETENAIT.

In nomine sanctæ et Individuæ Trinitatis.

..... ncie compellimur Ecclesiæ cui Deo auctore præsidere dignoscimur necessi..atibus subvenire quam devotionem novi ....
ei manum nost. i auxilii porrigere non negligimus. Hâc tam gravi,
tam necessariâ persuasione commonitus ego Ansericus bisuntinæ
Ecclesiæ archiepiscopus, notum facio tam posteris quam præsentibus, qualiter canonici de de Colomonasterio præsentiâ nos adeuntes
postulaverunt quatuous molendinum ppe positum super fluvium
nomine Colûbam quod juris erat Ecclesiæ redderemus... hoc...
illorum petitionem consili.... nobis assidentium recognoscentes voluntati eorum satisfacimus, præfatum molendinum c ....
ipsius usus, necessaria sub . . . . immunitatis libertate reddentes, quidquid ibi juris habere videbamur, totum Ecclesiæ col....
reddimus, donamus ut in perpetuum habeat, teneat, possideat.
Si quis vero contra hanc redditionem aut donationem ausu temerario calumpniam Ecclesiæ in [tulerit.... anathematis vinculo
colligatus tamdiù pœnæ subjaceat quousque Ecclesiæ ....
one et legaliter satisfaciat. Ut autem redditio aut donatio stabilis permaneat, lorinavimus sigilli nostri impressione et illust[issim] orum
testimon o consignavimus. Huic donationi interfuerunt Villermus de
Arguel, Rodulphus decanus S⁰ Johannis, Hugo de Dollâ, Volbertus
de S¹ Quintino, Petrus decanus S⁰ Stephani, Torerius thesaurarius
S⁰ Johannis, Lodovicus de Granzun abbas S⁰ Vincentii, Vido Capellanus. Hugo, dapifer, Villermus frater ejus, Rainerius de S¹ Quintino,
Hugo marescalcus. Actum publicè Bisuntii MCXXXIII anno ab Incarnotione.

(Copié sur l'original Arch. du Chap. G. 46.)

IV

1188.

OTHON I. COMTE PALATIN DE BOURGOGNE, PREND LE MARTEROT SOUS
SA PROTECTION ET CONFIRME SES DROITS ET POSSESSIONS.

In nomine sancte et individue Trinitatis, amen.

Ego Otto, comes Burgundiæ palatinus, universis fidelibus rei gestæ
noticiam. Sicut injusta petentibus nullus est tribuendus assensus, sic
justa petentibus nulla est petitio deneganda. Hujus prefationis intuitu,
frater carissime, B. Prior matiscon., tuis precibus læto animo occur-

rentes ecclesiam de Marterii, quam in nostro alodio a nostris patribus fundatam esse didicimus, in nostrâ tuitione et defensione suscepimus, ei lemque et canonicis Deo famulantibus bona sua mobilia seu immobilia, ecclesias, vineas, silvas, domos, agros, prata, pascua, molendina et cetera, quæ juste et canonicè possidet et quæ de inceps largitione Regum seu Pontificum, vel quorumlibet nobilium poterit adipisci, tenore perpetuo et quieto possidenda, sigilli nostri munimine confirmamus, statuentes ut nulla persona sæcularis vel ecclesiastica, super memoratis bonis seu beneficiis jam dictam ecclesiam aut ejus possessiones perturbare, auferre, minuere vel inquiétare præsumat. Quod si quis ausu ductus temerario, hanc nostræ corroborationis paginam violare presumpserit, banni nostri religatus sententiâ, decem auri purissimi talenta componat quorum medietatem nostre curie, reliquam vero jam dictæ ecclesie pro illatis injuriis persolvat. Hujus rei testes Conradus præpositus Spirensis Magister Alvendus Palmensis Promondus miles de Tramelay, Memadus Bisuntinus, Gilebertus vicecomes, Lambertus prepositus Visul, Stephanus villicus, Renadus Dole prepositus.

Datum per manum spirensis prepositi feliciter. amen.

(Arch. de la H^{te}-Saône, G. 81.)

V

1223.

Sépulture des Faucogney au Marterot. — Donation sur Pusil (Pust). — Confirmation des dons précédents.

Ego Gilbertus vicecomes, volens potius amplificare quam diminuere locum Martheroy, in quo pater meus et mater mea tumulati sunt, dono eidem Ecclesiæ et Canonicis ibi Deo servientibus, de parochiâ de Pusil, terram et prata *de Estes*, existentes à prato inferius usque ad viam superiorem quæ ducit à Pusel ad Pusil. Concedo Ecclesiasticis eisdem quidquid predecessores mei eidem Ecclesiæ pro salute animarum suarum contulerunt et quidquid de feodis meis eis datum fuit sine inquietatione in perpetuum possideant. In quorum testimonium.... sigillum curiæ Bisuntinæ.

(Arch. G. 77. Reconnaissance de 1308.)

VI

1217.

Erection de Saint-Georges en église paroissiale. — Son union au prieuré du Marterot.

..... Hæc erectio et unio facta est interventu D. Villelmi quondam

archiepiscopi Bisuntini, nec non venerabilium et religiosorum Dominorum prioris et conventûs sancti Petri Matisconensis, tunc consistentium prout si opus sit, loco et tempore congruo elucidat dictus prior, tempore felicis recordationis sanctissimi in Christo patris et Domini nostri Domini Innocentis Papæ quarti quondam Pontificis Romani, anno ab Incarnatione millesimo ducentesimo quadragesimo septimo, IV kalendas Augusti, ejusdem Pontificatûs quarto.
(Mémoire de Jean de Feliens. — 1492. — Arch. de la Haute-Saône, G. 91-92.)

Nota 5°. — Est dictus prioratus, ita propinquus villæ de Vesulio, quod de momento, in quo dici possunt septem psalmi penitentiales, pedesanus potest ire ad ipsum Vesulium et consimili temporis momento redire. Facilis et brevis ascensus et descensus ad dictum locum de Vesulio quocumque tempore œstivo et hyemali absque virium dicrimine.

(Même mémoire.)

VII

Mai 1250.

LE PRIEUR DU MARTEROY PREND LE TITRE DE CURÉ DE VESOUL. — PREMIÈRES RELATIONS AVEC CALMOUTIER.

Ego prior et curatus Visulii, notum facio universis præsentes litteras inspecturis, quod cum discordia sisteret inter decanum et Capitulum Columbæmonasterii ex unâ parte, et Petrum maiorem de Quinceio ex aliâ, super decimis finagii de Velario sicco, Dom. Petrus maior in præsenciâ meâ constitutus, recognovit se nihil juris habere in prædictis decimis et jus suum et quod habebat in prædictis decimis quittavit in perpetuum decano et Capitulo supra dicto. Datum anno domini MCCL mense maio.

(Arch. de la Haute-Saône, G. 72.)

VIII

10 Décembre 1256.

GUILLAUME DE LA TOUR ARCHEV. DE BESANÇON FONDE SON ANNIVERSAIRE A CALMOUTIER ET DONNE L'ÉGLISE DE BAULAY.

Nos Vilhemus miseratione Dei Bisuntinus archiepiscopus notum facimus universis præsentes litteras inspecturis quod nos damus et concedimus Ecclesiæ nostre beate Mariæ Columbæ monasterii nostre diœcesis, patronatum Ecclesiæ nostre de Baulario et quidquid juris habemus vel habere debemus in ipsâ Ecclesiâ de Baalario pro anniversario nostræ animæ in perpetuum in dictâ Ecclesiâ Columbemonasterii faciendo. Quod ut sit et firmum permaneat, sigillum nostrum præsentibus litteris duximus apponendum. Datum anno Domini M CC quinquagesimo sexto, die quartâ post festum S⁰ Nicholai.

IX

Mars 1265.

HUGUES ET ALIX, COMTES PALATINS DE BOURGOGNE FONDENT A PERPÉTUITÉ UNE LAMPE DANS L'ÉGLISE DE N. D. DE COLMOUTIER.

Nous Hugues cuens palatin de Borgoigne et nous Alis contesse pallatine sa femme façons scavoir a tos ceux qui orront et verront ces présentes lattres que nous donnons et avons doné et ouctroyé a tous jours mais sans faillite, à l'Eglise de Colomostier en rémission des âmes de nos antecesseurs et de nous, trente soudées de terre chascun an, per soignier et alumer tousjors mais, et de nuict et de jour une lempe en ladicte église de Colomostier. Lesquelles trente soudées de terre nous assignons et pour tous jors mais a ladite euglise et au commendement des seignors d'icelle en la feste Nostre Dame que on dit My Karesme (Annonciation) en nos tailles de Vesor Et ce promettons en bonne foys pour nos et por nos hoirs à tenir fermement a ladite eglise et a seignors de ladite eglise. Ne qu'à jamais ne nous ne nos hoirs ne pourront ce devant dit don rappeler par nous ne par aultre. En tesmoignage de laquelle chose nos avons mis nos scels en ces présentes lettres faites et donés l'an de l'Incarnation Nostre Seigneur mil deux cent sexante cinq au mois de mars lendemain de Pasques flories.

(Arch. du Chapitre G. 47)

X

Février 1266,

DISETTE DE VIN. GUILLAUME, ARCH. DE BESANÇON DONNE UN CHAMP POUR LE PLANTER EN VIGNE, DONT LE VIN SERVIRA AU SAINT SACRIFICE

Nos Villermus miseratione Dei Bisuntinus archiepiscopus notum facimus universis quod nos, tam animæ nostræ quam prædecessorum nostrorum animarum remedium, censita trium solidorum stephanensium nobis et successoribus nostris annis singulis mense maio solvendorum, dedimus in perpetuum, tradidimus et concessimus, damus, tradimus et concedimus capitulo Ecclesiæ nostræ Columbaemonasterii nostræ dyocesis nomine ipsius ecclesiæ campum nostrum situm in territorio Columbaemonasterii, quod dicitur Buverie œdificandum in vineam et plantanfum ut ex vino inde uberius habito, in ipsa Ecclesia missarum solempnia celebrentur. In cujus rei testimonium sigillum nostrum fecimus apponi. Datum per manum Domini Henrici de Ceys cantoris Bisuntini et cancellarii nostri IIII Kalendas martii anno Dni M CC° sexag sexto.

(Arch. du Chapitre (G. 15)

XI

Juin 1271

JEAN, SIRE DE FAUCOGNEY CONFIRME AU CHAPITRE TOUS LES BIENS ET FIEFS QU'IL POSSEDE EN SES DOMAINES

Je Jahan sires de Faus, gnes et viscuens de Vesuil fait savoir à tos céans qui liront et orront ces presentes lettres que je lous ouctroi et confermons au doien et a Capitre de Coloumostier quelcon que l'Eglise Coloumostier tant de moi ou de mes devanciers ou de fiez qui apertiennent ou par achat ou par aumone et cil qu'il lou tiennent en par de ce ou en avant sous nul reclem de moi ou de mes oirs. Au tesmoignage de ceste chose je devant dict Jahans ai fait a moitre lou soeal Willaume priour dou Marteroi de Vesuil avoi lou mien en ces presentes laittres. Confut en l'an l'Iencarnation nostre segnor mil et douz cent et septante a un an mois de Juenot.

(Arch. du Chap. G. 46)

XII

Nov. 1282.

HUGUES DE VESOUL (LE BON PRÉVOT) FONDE LA CHAPELLE DE ST-GEORGES ET DE ST-VINCENT (1) AU MARTEROI.

Nos Stephanus humilis prior Martheroy et curatus Visului, notum facimus universis præsentes litteras inspecturis, quod D. Hugo prepositus dederit nobis et Ecclesiæ beati Nicolai de Martheroy Visulii.

L libras stephaniensium ad ædificandum et fabricandum quandam capellaniam in honore beati Georgii et Vincentii martyrum in ecclesia S. N. de Martheroy pro remedio animæ suæ et antecessorum suorum. Dedit etiam nobis et ecclesiæ de Martheroy quoddam molendinum situm ante Ecclesiam Beati Martini de Pontibus, et mansum Vieneti et Blanchi de Assone, etiam mansum dictum Piscatoris de Colleron, cum omnibus appendiciis et appartinentiis duorum mansorum. Et nos in recompensatione dictæ liberalitatis attendentes

---

(1) Saint Vincent était le patron des vignerons.

circa munificentias et favores à D. Hugone nobis et ecclesiæ nostræ
fa*tas, voluimus et volumus et obligamus nos et Ecclesiam nostram
à Marteroy, quod in dictá capellaniá sit quidam presbyter qui pro
remedio D. Hugonis et antecessorum suorum teneatur ibidem et in
dicta ecclesia pro defunctis preces celebrare, cui quidem presbytero
pro prædictis à D. Hugone nobis et ecclesiæ nostræ collatis, donamus et concedimus *mensam* unam pro precibus. Dominus Hugo te-
netur etiam eidem presbytero in dictá capellaniá et Ecclesiâ ser-
vienti dare annuatim triginta solidos monetæ censibilis in diœcesi
bisuntinâ, pro suo testamento.

Est etiam actum inter nos et D. Hugonem et hæredes suos quod
Dominus Hugo pro missis presbyterum debet ponere in dictâ capel-
laniâ et nos positum ab ipso tenemur admittere, obligantes nos et
Ecclesiam de Marteroy de omnibus singulis et prædictis ad implen-
dis et tenendis ut supra sunt impressa. In testimonium veritatis
nos Stephanus prædictus prior humilis Martheroy et curatus Visuli
sigillum nostrum præsentibus litteris decernimus apponendum.
Datum die sabbati post festum beati Martini hyemalis anno Domini
millesimo CC° octogesimo secundo.

(Arch. de la Haute-Saône, G. 78.)

XIII

1306. — Reconnaissance d'un acte de 1223, par lequel Gilbert de Faucogney confirme les donations faites par ses prédécesseurs.

Ego Gileberlus vicecomes, volens potiùs amplificare quam diminuere locum Martheroy, in quo pater meus et mater mea tumulati
sunt, dono eidem Ecclesiæ et Canonicis ibi Deo servientibus, de
Parochiâ de Pusel, terram et pratum existentes à prato . . . .
usque ad viam superiorem quæ ducit a Pusel ad Pusil, et usagium
qualem habent homines de Pusel et de Pusil. Concedo Ecclesiasticis
eisdem, quidquid prædecessores mei eidem Ecclesiæ pro salute animarum suarum contulerunt et quidquid de feodis meis eis datum
fuit sine inquietatione in perpetuum possideant. In quorum testimonium ad . . . . Dei juravi, fidem supra litteris
plenariam adhiberi. Sigillum dictæ curiæ Bisuntinæ præsentibus
litteris apponimus. Actum anno Domini M° cc° VI.

(Archives de la Haute-Saône, G. 77.)

XIV

1308.

Droits de patronage sur les cures environnantes. — Reconnaissance de la cure de Scie.

Nos, officialis curiæ Bisuntinæ notum facimus universis præsentes

16

litteras inspecteris quod in curia præsenti, ad hoc propter et personaliter constitutus D. Petrus curatus de Cyâ non vi, non astu, non metu neque circumventione aliquâ ad hoc inductus, sed spontaneus, contitetur et recognoscit, confessus est et recognovit per juramentum hoc, quod D. Guillemus prior prioratus de Marteroy Visulii et prædecessores sui, sunt et fuerunt in possessione juris percipiendi et levandi decimas et res inferius contentas à tanto tempore ut contrarium memoriâ non existat, videlicet :

Septem partes decimarum fructuum sitas in parrochiatâ de Cyâ Medietatem decimarum fructuum terrarum de Gratheri et loci illius qui dicitur Ruy de Vilemot, et tres partes medietatis fructuum terrarum de Vauchou.

Item XXX denarios et quinque panes in festo omnium sanctorum, ipsi priori singulis annis reddendos et persolvendos, vel ejus mandato speciali.

Item sex denarios censuales ab ipso curato, vel ab eis qui pro tempore curati fuerint loci dicti de Cyâ eidem priori persolvendos vel ejus mandato, et unum panem singulis annis in festo supra dicto

Item sex denarios censuales pro domo in quâ moratur (la cure in festo sancti Martini hyemalis eidem priori vel ejus mandato persolvendos, ut superius est expressum.

Confitetur etiam dictus curatus quod prædicta omnia et singula, prout superius sunt impressa, tempore retroacto nomine dicti prioris recepit et levavit ad æstimationem XXV libras Stephaniensium. De quâ pecuniæ summâ eidem priori....... prædictus satisfecit competenter secundum quod idem prior coram nobis in judicio recognovit quod idem curatus de prædictis omnibus usque ad diem confessionis præsentis sibi penitùs satisfecit. Quam confessionem et recognitionem promittit dictus curatus esse veram et inviolabiliter observare, nec contra prædicta vel aliquod prævalere, sed de toto.... tacere est expressè.

In quorum testimonium ad preces et requisitionem prædictorum curati de Cyâ et prædicti prioris sigillum nostræ curiæ Bisuntinæ diœcesis præsentibus, apponendum duximus in testimonium veritatis Datum III° idus decembris M. CCC VIII.

XV

27 octobre 1471.

LE STYLE ÉPISTOLAIRE A CALMOUTIER. — LETTRE DU CHANOINE PETIEZ.

Iehan de Sourans, très chier et cordial amis, je me recommande à vous et suis bien courgier, (peiné) de ce que de présent ne vous puis visiter, Dieu mercy à ma Dame la goutte. Je vous supplies que veuilliez délivrer à messire Jehan Conquiset, Saichault de Columbmostier, pourteur de ceste 10 florins d'or de cense, que j'ay cédés à l'église de Columbmostier, pour ma dévotion, dehus chascun an par vous, lesquels jay cédés de longtemps, comme je vous ay dit pour furnir la dite église de Columbmostier, la Karesme durant, de vin et de pain, dont je vous prie que les veuillez délivrer au dit Conquiset, pourteur de ceste, pour le rachat que j'ay fait de la some de deux cents florins d'or. Pour la décharge desdits florins d'or, vous rattiliera le dit séchal, pour et en nom des doyen et chapitre. Sy vous supplie de très bon cuer, qui a l ce n'est faulte et en ce vous ferez bien et votre debvoir, comme je ay ma fiances en vous, à l'aide du benoit Sainct Esprit, qu'il vous ait en sa saincte garde. Ma Dame la Goutte se recommande à vous, en laquelle je suis, louhés soit Deus, il luy a environ quinze jours. A Columbmostier, le XXII° jour d'octobre, mil IIII septuagésime et ung, tesmoing mon saint manuelle, cy mis.

G. PETIER.

XVI

10 septembre 1471.

STATUTS DU MARTEROY.

RÉGLEMENT DONNÉ POUR LE PRIEURÉ ET LA CURE DE VESOUL

Nos Johannes de Peliens humilis prior Monasterii de Martyreio supra Visulium, ordinis sancti Augustini, Bisuntinæ diocesis, notum facimus universis præsentes litteras inspecturis quod cum pristinis temporibus dictus prioratus noster de Martyreio per illustrissimos comites Burgundiæ pro devotione fundatus, plurimis que bonis immobilibus, redditibus servitiis et ?.... dotatus extiterit, ut prior et religiosi ejusdem inservientes pro tempore nutrirentur et alimentarentur, rerumque status manutenerentur, evenit que causantibus guerris et mortalitatibus quæ in dicto loco de Martyreio viguerunt, dictus prioratus omnimodo religiosis destitutus extiterit, taliter et adeo ut unus solus religiosus, in eodem prioratu remansit, et ob hoc matutinum et alia horæ canonicæ quæ ibidem ab antiquo, medio fundationis prædictæ, decantabantur et dicebantur, longo tempore cessaverint, erat que intentio et mens dictorum dominorum comitum fundatorum prioratûs prædicti, in servitio divino fraudata.

Hinc est, quod nos prior modernus præfatus, volens totis viribus, altissimis dispositionibus dictum prioratum restaurare ut in divinis, cultus augeatur horæque canonicæ ibidem ab integro decantentur, statuimus et ordinamus insequendo formam fundationis primam ejusdem prioratus in modum sequentem.

Primo. Quod ab hoc tempore in prioratu prædicto dicantur et

decantentur per nos priores et Religiosos prioratús qui fuerint pro tempore omnes horæ canoniales et Beatissimæ Virginis Mariæ et magna missa in magno altari dicti prioratus, et hoc alta voce, prout et quem ad modum solitum erat fieri ab antiquo, in dicto prioratu nostro.

Item, statuimus et ordinamus, ut post primam et ante tertiam, dicatur una missa bassa, ut solebat fieri in dicto prioratu.

Item, statuimus et ordinamus ut post decantationem Vesperorum, et ipsis immediate decantatis sine intervallo, nos prior et Religiosi præfati accedamus ante imaginem Beatissimæ Virginis Mariæ, et ibidem genibus flexis, alta voce decantet in nos et .... prior et religiosi qui fuerint pro tempore adti Lenam de Salve Regina, et in fine versiculum Ora pro nobis sanctissima Dei Genitrix, orationem concede, et aliam orationem Gratiam, et in fine submissa voce De Profundis, Kyrie eleison, Pater noster et Orationes de Inclina et Fidelium, et hoc ad intentionem Reverendissimi in Christo Patris et Domini Domini Cardinalis et Episcopi Eduensis qui adti honam prædictam et suffragia præmentionata amplissimè et largissimè de suis bonis fundavit et dotavit ut apparet instrumento fundationis super hoc consito.

Item, statuimus et ordinavimus, statuimus que, ordinamus que quod ex nunc, in prioratu nostro ponentur et ordinentur Religiosi ordinis sancti Augustini per nos et successores nostros priores prioratûs prædicti pro dictis horis canonialibus missis que anniversariis et aliis suffragiis ibidem per dictos Dominos comites Burgundiæ et alios Christi fideles fundatis, dicendi et decantandi, ut divino servicio serviendo adeingantur secundum facultatem dicti nostri prioratûs et ordinis nostri, ad finem ut unus vel duo illorum possint deservire in divinis Ecclesiam nostram parrochialem Visulii annexam dicto nostro prioratui et membra ejusdem.

Post quorum siquidem religiosorum seu alterius eorumdem mortem seu decessum prioris qui fuerint pro tempore in dicto prioratu nostro, et alios religiosos loco dictorum religiosorum decedentium, prout nominaturi et instituturi posuimus, et ipsis religiosis dare possessionem dicti ordinis in dicto prioratu nostro, tam illis qui fuerint recepti de novo per nos priorem prædictum, quam illis qui in futurum per nos et successores nostros priores prioratûs nostri recipiantur.

Item, statuimus et ordinavimus, statuimusque et ordinamus ut dicti Religiosi ut supra per nos præfatum priorem nominandi instituendi et illi qui fuerint pro tempore .... refectionem quothidianam in prandio et cena tam in vino quam aliis cibariis, sive in mensa nostri prioris præfati, et successorum nostrorum priorum prioratûs prædicti, qui fuerint pro tempore, dum nos seu successores nostros in nostro prioratu prædicto adesse contingerit ipsi quam religiosi similibus cibariis panis vini et pitancie nutriantur et alimentabuntur.

Item statuimus et ordinavimus, statuimus ordinamusque, ut dicti Religiosi prioratus nostri qui nunc sunt, et qui fuerint pro tempore casu quo nollent eorum refectionem prandii et cœnæ in mensâ nostrâ seu successorum nostrorum prout superius tactum est, librabuntur per nos et successores nostros pitanciâ panis et vini modo et formâ sequentibus in uno loco congruo in dicto prioratu, in quibus simul comedent, videlicet : Diebus Dominicis Martis et Jovis, bono et convenienti potagio, carnibus recentibus bovis, mutonum aut vitulorum, ac etiam petazonis secundum temporis congruitatem. Diebus vero Lunæ, sibi tradentur et delibrabuntur in prandio, fabæ coctæ cum sufficienti quantitate petazonis, et in cænâ, sicut aliis diebus.

Et diebus Mercurii et sabbati tradentur et delibrabuntur ova et rapas in bonâ sufficientiâ, pro eorum refectione, et quo ad dies veneris sibi dabuntur pisces si reperiri possint in dicto loco Visulii, et in defectu piscium, ova, prout et quemadmodum statutum est in diebus Mercurii et Sabbati.

Item, statuimus et ordinavimus, statuimus et ordinamus, quod dicti religiosi alimentabuntur in eorum cæna à festo Resurrectionis Domini, ad festum sancti Michaelis, quod est circa finem mensis septembris carnibus vitulorum vel mutonum assatorum et hoc, trinâ vice in hebdomadâ. Diebus vero quadragesimæ librabuntur dictis religiosis pisces et olera in eorum prandio, et alternatis vicibus, cum salsâ viridi et jana. Et etiam habebunt nuces et bonum panem frumenti, et vinum sufficiens, et hoc quoad prandium. Quo vero ad collationem in sero faciendam in dictâ Quadragesimâ sibi liberabuntur panis et vinum duntaxat.

Diebus vero Dominicis Quadragesimæ prædictæ, liberabuntur bono potagio ac piscibus si reperiri possent in loco prædicto. Et si pisces non possunt reperiri, liberabuntur olera cum nucibus et ficubus.

Diebus vero Mercurii et Veneris Quadragesimæ sibi liberabuntur pisa cum puretâ speciebus? confectâ. Aliis diebus, de sufficienti potagio. Item librabuntur eisdem religiosis in qualibet vigiliâ quatuor festorum Domini solemnium, ac etiam diebus Mercurii et Veneris quatuor temporum, pisces si reperiri possint in loco prædicto, vel olera, ova, rapas, et pisa de puretâ cum speciebus? commixta.

Item qualibet die festorum solemnium prædictorum, liberabuntur dictis religiosis bonum potagium et etiam carnes in sufficiens, videlicet bovis, mutonis et petazonis, aut loco bovis habebunt carnes vituli.

Item librabitur omni die de sero pro collatione, facienda inter ipsos, unam pintam vini ad mensuram Visulii.

Item, eisdem religiosis librabuntur et expedientur per nos priorem præfatum et priores qui fuerint pro tempore anno quolibet, quinque francorum videlicet medietas in quolibet festo Resurrectionis Domini. et alia medietas in festo Omnium sanctorum, et pro eorum vestiarioi

Item, ut dicti Religiosi qui nunc sunt et qui fuerint, servientes sint in continuatione servitii divini, et ut libentius horis canonicis intendant, statuimus et ordinavimus, statuimus et ordinamus ut anniversaria dicti prioratûs tam præsentia quam futura, partientur et dividentur inter priorem præfatum et priores nostros sucessores et religiosos qui fuerint pro tempore, modo sequenti, videlicet, quod nos e-successores nostri, duas portiones, et religiosi prædicti, quilibet ipsorum unam portionem percipient et habebunt.

Item quod prædicti religiosi, videlicet unus post alium deserrient in divinis, capellaniam in dicto prioratu nostro fundatam per quosdam dictos de Balay, et illam deservientes habebunt, levabunt et percipient commoda et provenientia ab eâdem provenientes.

Item, statuimus et ordinamus, quod si contingat aliquos ex religiosis prædictis accedere extra prioratum prædictum ad parochias locorum circumvicinorum, causâ celebrationis missarum, alii religiosi remanentes in prioratu nostro prædicto, participabunt in victo eorumdem religiosorum extra prioratum celebrantium, prout et quem admodum facerent, si etiam extra prædictum prioratum, celebraretur.

Item et quia cum Dei adjutorio fuimus et sumus......... Sumptibus nostris à summo Pontifice obtinere litteras Apostolicæ ut dicti religiosi præsentes et futuri velint et valeant tenere, portare et possidere Ecclesias parrochiales et capellas fundatas in Ecclesiâ nostra parochiali Visulii, de præsentatione nostrâ existentes statuimus et ordinavimus, statuimus et ordinamus quodcum......... ut quando vigore et prætextu dictarum Bullarum Apostolicarum aut aliarum, aliquam Ecclesiam Parochialem seu Cappellaniam obtinebunt, talis sit obtinendam, nullum a nobis priore, seu successoribus nostris prioribus prioratûs prædicti, habebunt vestiarium.

Contra quæ præmissa et omnia alia in præsentibus litteris contenta, nos prior præfatus promisimus, atque promittimus per juramentum nostrum more religiosorum virorum præstitum, et sub obligatione omnium bonorum nostrorum Ecclesiasticorum et mundanorum, præsentium et futurorum quorumcumque, non facere, dicere, nec alicui contravenire volentes ullomodo in aliquo consensuros, hinc ratificata rata et firma habere, tenere, attendere, complere, firmiter que et inviolabiliter observare et observari facere cum affectu et pro promissis universis, omnibus et singulis tenendis, attendendis, explendis, firmiter que et inviolabiliter observandis.—

Viennent ensuite les formules de droit, la protestation de soumission aux lois canoniques et à l'ordinaire, la ratification faite par le Chapitre général de St-Pierre lez Mâcon, le tout constaté juridiquement par Etienne de Brancion notaire official de Mâcon etc.

Datum Matiscone in domo.. ...., prioratûs sancti Petri Matisconensis, die nona septembris anno Domini millesimo quadragentesimo septuagesimo quarto.

Johannes de Malassalone. Johannes de Feliens, Claudius de Feliens etc. Stephanus de Brancion.

Copié sur l'original. Archives de la II¹ᵉ Saône (G. 43).

XVII

Mars 1532.

L'Empereur Charles-Quint confirme les privilèges du prieuré de Vesoul.

Charles, par la divine clémence, empereur des Romains toujours

Auguste, roy de Germanie, de Castille, de Léon, de Grenade, d'Arragon, de Navarre, de Naples, de Sicile, de Maillorque, de Sardaine, des Ysles Indes et terre ferme de l'ancien Océans, archiduc d'Austrice, duc de Bourgoingne, de Lothner, de Brabant, de Limbourg, de Luxembourg et de Gheldres, conte de Flandre, d'Artois, de Bourgoingne, palatin de Haynault, de Hollande, de Zeelande, de Ferrette, de Haguenal, de Namur et de Zuphten, prince de Zuwau, marquis du sainct empire, seigneur de Frise, de Salins, de Malines et dominateur en Asye et en Affrique, sçavoir faisons à tous presens et advenir : Nous avons reçu l'humble supplication et requeste de nos bien amés les prieur et religieux du Marteroy en nostre ville de Vesoul contenant comme par feuz nos prédécesseurs contes et contesse de Bourgoingne leurs soyent esté donnés et ouctroyés plusieurs previlèges desquels ils ont jouy et usé paisiblement jusqu'à present mais pour ce qu'ils n'ont encoire eu notre confirmation sur iceux, ils craignent que en après leur y soit mis quelque trouble ou empeschement ce comme ils dient, nous requerant à ceste cause leur ouctroyés et accordés notre dite confirmation, et sur ce despescher nos lettres patentes et pertinentes : Pource est ce que nous, les choses dessusdites considérées, désirant le bien et entretenement dudict prioré ausdits suppliants inclinans favorablement à leur supplication et requeste, avons par advis et deliberation des gens de notre conseil, confirmé et agréé, confirmons et aggréons tous et quelconques les privilèges à eux ouctroyés par feuz nos prédécesseurs les contes et contesses de Bourgoigne selon leur forme et teneur. Pourveu qu'il en appare souffisamment, et que d'iceulx ils aient deument joy et usé. Si donnons en mandement à nos amez et feaux les président et gens de notre parlement en Bourgoigne, baillis d'Amont, d'Aval et de Dole et à tous autres nos officiers, justiciers et subjects qu'il appartiendra que de notre grâce, confirmation, aggréacion et de tout le contenu de ces présentes, ils fassent, souffrent et laissent lesdits prieur et religieux de Marteroy supplians, plainement, paisiblement et perpétuellement joyr et user sans au contre, ceux faire metre ou donner ne souffrir estre faict mis ou donné descourbure ou empêchement, car ainsi nous plaît-il. Et afin que soit chose ferme et estable à toujours, nous avons faict mettre notre grand scel à ces présentes. Saulf en autres choses notre droict et l'autruy en toutes. Donné en notre cité impériale de Ratisbonne au mois de mars en l'an de grace mil cinq cent trente deux. Et de noz règnes assavoir du sainct Empire le treizième et des Espaignes, des deux Sicilles et autres le dix-septième.

Par l'empereur et roy, duc et conte de Bourgoigne,

PERRENIN.

Copié sur l'original. G. 42. (Le sceau impérial est brisé.)

XVIII

15 septembre 1581)

EXTRAIT

DU RÈGLEMENT DES DROITS CURIAUX POUR LA PAROISSE ST-GEORGES DE VESOUL.

Entre Etienne Demesmay, les (vicomte mayeur, échevins et conseil de ville).

A été convenu comme suit.

I

On ne demandera rien pour les Baptêmes, mais le curé pourra recevoir ce que lui offriront les parrains et marraines. On devra seulement cinq sols pour l'acte.

II

L'extrait d'un acte tiré des registres paroissiaux se paiera par les particuliers 15 sols pour les riches, 10 sols pour les médiocres et 5 sols pour les moindres.

III

Si l'acte est délivré à requisition du maieur ou des Echevins, il ne sera dû que 5 sols.

IV

Pour les relevailles, les femmes riches donneront l'offrande de pain et vin, et en outre dix sols. V. Les pauvres ne feront que l'offrande de pain tant seulement.

VI

Pour l'eau bénite qui se fera chez les gessantes (femmes en couche cinq sols pour les riches chaque fois, deux sols et demi pour les pauvres.

VII.

Les lettres testimoniales ou de *bono statu* dix sols pour les médiocres, quinze sols pour les riches.

VIII.

Pour les fiançailles les riches paieront quinze sols, les médiocres, dix, et les moindres, cinq.

IX.

Pour droits d'espousailles les riches paieront 6 francs, les médiocres 4 francs et les moindres 2 francs.

X.

Plus quarante-cinq sous pour les trois postes qui se doibvent le jour des noces et lendemain à raison de quinze sous l'un.

XI.

Moyennant quoi ledit curé ou son vicaire devra aller bénir le lit nuptial en la ville, dire deux messes basses le jour et lendemain. Et le lendemain on fera offrande.

XII.

Pour chaque publication de bancs de mariage, 10 sols.

XIII.

Pour la publication d'un monitoire, 10 sols. On devra cinq sols pour révélation.

XIV.

Les lettres de *Recedo* seront payées six francs par les riches quatre francs par les médiocres et deux par les moindres.

XV.

Pour droit mortuaire d'un chef d'hôtel, on paiera six francs s'il est riche, quatre francs s'il est médiocre et deux francs pour un moindre.

XVI.

Le droit d'offerte est fixé à 3 francs pour les riches et les médiocres, trente sols pour les pauvres.

XVII.

Le droit sera le même que dessus pour rachat du drap mortuaire placé sur la bière.

XVIII.

Les héritiers des chefs d'hôtel seront tenus de faire célébrer trois grandes messes avec vigile, et paieront six francs pour les riches, quatre pour les médiocres et deux pour les moindres.

XIX.

Tous les cierges qui seront placés sur l'autel, sur la bière ou dans le cortège appartiendront au curé ou à son vicaire.

XX.

Pendant un an, après la mort des chefs d'hôtel, le pain et le vin seront offerts à la messe paroissiale du dimanche pour les riches et pour les médiocres ; on offrira seulement le pain pour les moindres.

XXI.

Le quarantal et l'anniversaire seront de trois grandes messes avec offerte et luminaires pareils à ceux du jour de la déposition du corps.

XXII.

Les moindres ne seront pas tenus de faire célébrer ces deux offices.

XXIII.

Les draps mortuaires et le deuil mis dans les chapelles ou à l'église après les piliers seront au curé ou à son vicaire après les services et prières d'un an.

XXIV.

Les magistrats fourniront le dénombrement au curé. On comptera deux chefs d'hôtel par famille, le mary et la femme.

XXV.

Au cas qu'ils soient décédés, on compterait les deux aînés des enfants demeurant ensemble.

XXVI.

Il devra y avoir dans ce dénombrement répartition en nombre égal de riches, de médiocres et de moindres, autant de l'un comme de l'autre.

XXVII.

Au-dessous de 11 ans, les riches paieront pour droit mortuaire quarante sols, et un suaire de vingt sols. Les médiocres paieront trente sols et 15 de suaire. Les moindres 20 sols et un suaire de dix sols. La messe basse sera rétribuée dix sols.

XXVIII.

Les bons deniers se paieront aux trois grandes fêtes, Pâques Toussaint et Noël. Les riches devront trois sols, les médiocres, deux sols, les moindres un sol. La femme devra une michotte de bon pain de ménage de trois livres si elle est riche, et d'une livre si elle est des moindres. La michotte pourra être rachetée pour trois sols, deux sols, un sol, suivant son poids.

XXIX.

La passion Notre-Seigneur se récitera tous lesjours depuis l'Invention de sainte Croix jusqu'à l'Exaltation d'icelle. Les parrochiens tenant charue devront chascun une gerbe. Les autres deux sols s'ils sont riches ou médiocres, un sol s'ils sont pauvres. Le tout exigible à la sainct Martin d'hiver.

XXX.

Il sera payé sur le trésor commun douze francs chascun an, pour l'ameublement du curé ou du vicaire.

XXXI.

Item, seront payés dix-huit francs pour le pain, le vin et hosties du sainct sacrifice.

XXXII.

Pour les processions faites à réquisition des parrochiens, pour les bénédictions particulières et de croix, fontaines et puits, trente sols.

XXXIII.

Pour les bénédictions de maisons et autres, quinze sols.

XXXIV.

Pour les enregistrements mortuaires, mariages et autres, on paiera cinq sols par acte.

XXXV.

Les réparations et entretien de la cure seront à la charge des parrochiens.

XXXVI.

Le magistrat prendra extrait des actes faits chaque année et paiera cinq sols par acte.

XXXVII.

Ajoutés en 1681 par nouveau traité.
Le marguillier aura ce qu'on lui donnera pour les baptêmes ; il lui sera dû quinze sols par mariage et enterrement.

XXXVIII.

Les assistants aux enterrements auront chascun cinq sols ; le maître d'escole et les chantres auront de même.

Nota. — Le magistrat ne consent à donner cinq sols par acte e offre d'en donner trois et demy, ce que fut adopté.

(Archives du prieuré, G. 13. — De la Mairie, L. 161.)

30 septembre 1613.

STATUTS DU CHAPITRE
De N.-D. de Calmoutier.
(Donnés par l'arch. év. de Corinthe, aff. de Besançon.)

I.

Tout chanoine doit révérence au doyen et obéissance à ses ordres, à peine d'être repris par le Chapitre et privé d'une partie des fruits de sa prébende.

II.

On chantera les offices distinctement, en articulant et faisant les pauses convenables, sous peine d'être repris par le doyen ou, en son absence, par le plus ancien.

III.

Il y aura un ponctuateur qui notera les absents, lesquels seront privés du tiers des fruits de la distribution.

IV.

Celui qui aura une femme suspecte à son service sera tenu de la chasser sur l'injonction du doyen, et s'il ne lui obéit, il sera privé des fruits de trois mois, dont un tiers reviendra à l'Eglise collégiale, les deux autres tiers seront partagés entre les chanoines.

V.

Le Chapitre se tiendra une fois par semaine (le vendredy) ; chacun sera tenu d'y assister.

VI.

On n'élira pour chanoines que des hommes recommandables par leurs bonnes mœurs, probité et vertu. Lorsqu'une prébende vaquera, elle ne sera donnée qu'à un gradué de l'Université de Dôle, qui sera docteur ès droits ou en Théologie, ou tout au moins licenciez.

VII.

Les offices se feront à heures réglées, ainsi qu'ils furent faits *ab antiquo*. Les matines se chanteront à cinq heures en été et à six heures en hiver. Les vêpres à trois heures en été, à deux heures en hiver.

VIII.

Ceux qui sont approuvés pour les confessions doivent se trouver tous les jours à l'église à une heure fixe et déterminée, sous peine de cinq sols d'amende chaque fois qu'ils manqueront.

IX.

Quand la place de Théologal sera remplie, c'est à son titulaire qu'appartiendront les amendes. En attendant, on les adjuge au doyen, qui est docteur *in utroque jure*.

Donné en cours de visite, à Calmoutier, ce trente septembre mil six cent treize.

Signé RUGUCHET, *secrétaire*.

(Archives du Chapitre. G. 33.)

XIX

8 juin 1619.

FORMULE D'ÉLECTION ET INSTITUTION DE CHANOINE.

In nomine Domini : Amen. Nos Claudius Baalin Decanus et Petrus de la Courvée insignis Ecclesiæ Collegiatæ B. M. Virginis de Colmostier canonicus, Capitulum integrum pro tempore facientes et repræsentantes, ceteris Dnis Canonicis absentibus, non residentibus vel ad pos in dto capło vocem, sive deliberativum suffragium non habentibus. Notum facimus ùrsis ac singulis qd cum de jure antiquâque ac semper actenùs laudabili consuetudine observatâ, electio provisio institutio ac alias omnimoda dispositio canonicatuum seu præbendarum in eâdem Ecclià vacantes ac quoties aliquam illarum vaccare contingit ad reules Decanum et Canonicus pertinere dignoscatur. Hinc est quod nos Decanus et Canonicus pnts in dta Ecclià pro tractandis ejusdem negotiis ut moris est congregati et ad electionem de personâ idoneâ faciendam, in et ad canonicatum et præbendam quam antehâc Dominus Nicholaus Jacquinot clericus de Visulio possidebat in eâdem Ecclia pacifice et per ejus obitum ad præsens vacantem et liberam procedentes, eligimus, creavimus et instituimus et in eodem canonicatu et præbendâ eligimus, creamus et instituimus per pntes Dominum Nicolaum Lambelin, de Vesulio presbyterum, tanquam sufficientem et idoneum, confratrem nostrum cum omnibus juribus honoribus et oneribus ab eo dependentibus. Quam quidem provisionem sic factam dtus Dominus Lambelin humiliter petit et gratanter acceptavit præstitit juramentum de observandis Ecclesiæ nstræ statutis consuetudinibus. Quo circa, uni vel pluribus ex canonicis nostris mandamus qtus eumdem dominum Lambelin in veram et realem dtœ præbendæ possessionem inducant, inductumq auctoritate nra deffendant. Datum in nostro Caplo habito die octavâ mensis Junii Anno Dni millesimo sexcentesimo quadragesimo nono sub sigillis et signis nris manualibus.

     Signé BIALIN. P. de la Courrée.
   (Copié sur l'original. Archives particulières.)

XX

TRANSLATION DU CHAPITRE DE CALMOUTIER. — SON UNION AVEC LE PRIEURÉ DE MARTEROY ET LA PAROISSE DE VESOUL.

(2 juillet 1656). — Bulla Alex. VII.

Alexander Episcopus servus servorum Dei ; Dilecto filio officiali Bisuntino salutem et Apostolicam benedictionem. Sacrosancta Ecclesia Romana tanquam pia et provida mater de salute filiorum sollicite proconservatione Ecclesiarum earumque personarum continuo meditans, Ecclesiis prædictis quæ non solum injuria temporum aliisque necessitatibus ferè desertæ, sed etiam loca ipsa in quibus ædes Ecclesiæ consistunt ad bellicos tumultus incolis similiter pene viduatæ existunt, per ministerium translationis ad Beneficiorum etiam Regularium unionem curat providere ac earumdem Ecclesiarum statum immutat et alterat prout ratio id exigit et conspicit in Domino salubriter expedire. Cum itaque, sicut accepimus, prioratus Sancti Nicolai de Marcereto, alias de Morteroy, prope et extra muros oppidi civitatis nuncupati de Vesoul ordinis Sancti Augustini canonicorum regularium Bisuntinæ dioce.is, qui de jure patronatûs carissimi in Christo Philippi Hispaniarum Regis Catholici uti Burgundiæ comitis cujus ipse Philippus Rex etiam et Comes existit, ex fundatione vel dotatione seu privilegio appostolico cui non est, et hactenùs in aliquo derogatum fore dignoscitur per liberam resignationem dilecti filii Christophori Duplan canonici Regularis dicti Ordinis et nuper præfati prioratus prioris, de illo quem tunc obtinebat in manibus nostris sponte factam et per nos admissam, vacaverit et vacat ad præsens, et sicut exhibita nobis nuper pro parte Dilectorum filiorum Decani et Capituli ac Canonicorum sæcularis et Collegiatæ quæ. etiam Parochialis existit Ecclesiæ Beatæ Mariæ Virginis loci de Calmoutier dictæ diocesis, petitio continebat quod cum dicta Ecclesia cujus cura animarum parochianorum per Decanum et Canonicos ejusdem Collegiatæ Ecclesiæ exerceri consuevit cum uno decano et octo canonicis, illaque ex primariis totius provinciæ Burgundiæ collegialis, quæ est simili jure patronatus ejusdem Philippi Regis uti Burgundiæ etiam comitis existat, illiusque redditus annui propter præsentes et retroactos bellorum tumultus in illis partibus rigentes ita diminuti sint, ut vix pro sustentatione et alimentis Decani et trium Canonicorum sufficere queat adeo ut eorumdem Canonicorum aliqui proxime decursus annis sibi de servicio aliarum Ecclesiarum vitam procurare coacti fuerint, non sine divini cultus in dictâ collegiatâ Ecclesia detrimento, dictusque locus de Calmoutier bellorum injuriâ incolis fere viduatus existat, neque Capitulares dictæ collegiatæ Ecclesiæ in eo habitationem condecentem habeant. In oppido vero de Vesoul prædicto, Ecclesia sancti Georgii unica parochialis Ecclesia existat, illaque cujus cura animarum parochianorum per Vicarium manualem à priore dicti prioratûs deputari solitum exerceri consuevit, in suis structura et ædificiis satis ampla et decens existat, ut Capitulum dictæ collegiatæ Ecclesiæ ad illam transferatur, illiusque Capitulares in eodem oppido de Vesoul, domicilia facilius et decentius haberi, et sicut eadem petitio subjungebat, si dicta Collegiata Ecclesia illiusque Capitulum et Canonici ad dictam Ecclesiam Sancti Georgii, ad dictum oppidum de Vesoul ita quod Decanus et Canonici prædicti curam animarum parochianorum dictæ Ecclesiæ Sti-Georgii supportare teneantur, et cura animarum dictæ Ecclesiæ de Calmoutier per unum vicarium perpetuum cum congruâ mercedis assignatione per te assignanda, supportari debeat, apostolica auctoritate perpetuo transferrentur ac in prædictâ Ecclesia Sancti Georgii missas ac alia divina officia celebrarent, aliisque sibi incumbentibus oneribus satisfacerent, et prioratus prædictus eidem collegiatæ Ecclesiæ perpetuo uniretur, et annecteretur, ex hoc profecto dicta Ecclesia collegiata non modicum tam in spiritualibus quam temporalibus susciperet incrementum. Quare pro parte eorumdem Decani Capituli et Canonicorum asserentium dictum prioratum cujus et illi forsan annexorum fructum et computatis in urbis sexaginta ducatorum auri de Camerâ secundum communem estimationem valorem annuum non excedere : Nobis fuit humiliter supplicatum quatenus eis in præmissis opportune providere de benignitate Apostolicâ dignaremur, nos igitur qui Ecclesiarum quarumlibet personarumque in eisdem Altissimo famulantium, necessitatibus et commodis libenter prout expedire conspicimus occurri exoptamus, de præmissis certam notitiam non habentes ipsosque Decanum, Capitulum et canonicos eorum que singulares personas à quibusvis excommunicationis, suspensionis et interdicti aliisque censuris Ecclesiasticis si quibus quomodolibet inodati existunt ad effectum præsentium tantum consequendum harum serie absolventes et absolutos fore censentes hujusmodi supplicationibus inclinati, discretioni tuæ per apostolica scripta mandamus quatenus constituto tibi legitime, de narratis ac vocatis ad id qui fuerint evocandi et dummodo dicti Philippi Regis ad hoc accedat assensus, Capitulum et dignitatem et canonicatus, statum que et denominationem et essentiam Collegiatæ Ecclesiæ prædictæ cum obligatione et servitute recitandi horas canonicas diurnas et nocturnas, anniversaria et celebrationes festorum, processiones alia que divina officia in ipsa Collegiata Ecclesia fieri solita, cum sacristia omni que sacrâ et profana supellectili singulis que aliis dictæ collegiatæ Ecclesiæ et illius statui annexis et abeis dependentibus ad prædictam Ecclesiam sancti Georgii ita ut prædicta Ecclesia de Calmoutier cura animarum parochianorum per vicarium perpetuum cum congruâ mercedis assignatione juxta constitutionem felicis recordationis Pii papæ quinti, prædecessoris nostri super modo et forma providendi de perpetuis vicariis editum, supportari debeat, auctoritate nostrâ perpetuo transferas et nihil hominus dictum prioratum qui conventu caret, et a prioratu sancti Petri loci de Mâcon, dictæ seu alterius Diœcesis dependet, cuique cura parochianorum dictæ Ecclesiæ sancti Georgii imminet animarum sive ut præfatur, sive alio quovis modo aut alterius cujus cum que persona seu per similem vel aliam, liberam dicti Christophori presbiteri vel cujus vis alterius resignationem de illo, extra Romanam curiam et coram notario publico et testibus sponte factam aut assecutionem alterius beneficii Ecclesiastici auctoritate ordinariâ collati, non tamen per obitum vacat, etiamsi tanto tempore vacaverit, quod ejus collatio juxta Latranensis statuta concilii ad sedem Apostolicam legitime devolutæ primo dictus que prioratus dispositioni apostolicæ specialiter reservatus existat, dummodo tempore datæ præsentium non sit in eo aliquid speciale jus quæsitum cum omnibus et singulis membris, dependentiis, rebus, bonis, nec non jurisdictionibus, actionibus, privilegiis, obventionibus, oneribus tam spiritualibus quam temporalibus ac fructibus, reditibus, proventibus, juribus, obventionibus, et emolumentis universis mensæ capitularis dictæ Ecclesiæ Collegiatæ. Itaque liceat Decano Capitulo et canonicis prædictis illius, nec non jurium et pertinentiarum præfatorum, corporalem realem et actualem possessionem per se vel alium seu alias eorum ac dictæ mensæ capitularis nominibus propria auctoritate apprehendere et apprehensam perpetuo retinere, fructus quoque, reditus et proventus, jura, obventiones et emolumenta ubicumque existentia et in quibuscumque rebus consistentia, percipere, exigere, servare, recuperare, locare et dislocare et arrindare ? ac in suos communes et dicti capituli usus et utilitatem, ita tamen quod cura animarum dictæ Ecclesiæ sancti Georgii non amplius per vicarium manualem sed per capitulum præfatum illiusque capitulares actualiter exerceatur convertere diœcesani loci vel cujusvis alterius licentia, desuper non requisita ejusdem Philippi Regis ad hoc pariter accedente consensu, dictâ auctoritate nostrâ perpetuo unias annectes et incorpores.... Ceterum cum non sit verisimile quodquis sua beneficia multis forsan laboribus acquisita sponte resignet, in istis attente circumspicias an ex parte Christophori ac decani capituli et canonicorum prædictorum super dictâ resignatione ut fieret, quam nos nullo hujusque vitio laborare deprehendemus interrepserit simoniæ labes, aut aliqua alia illicita pactio vel etiam corruptela. Volumus autem quod dictus Christophorus quatenus in aliquod monasterium dicti ordinis non se recipiat servitio alicujus Ecclesiæ illarum partium se describere teneatur, ac visitationi et omnimodæ correctioni ordinarii loci subditus remaneat. Quodque etiam si apparuerit super resignationem dicti prioratus antea per dictum Christophorum alium consensum præstitum et extensum fuisse, præsens gratia nulla sit.

Eo ipso volumus propterea quod propter translationem unionem annexionem et incorporationem hujusmodi præfatus prioratus debitis propterea non fraudetur obsequiis sed ejus congruô suportentur onera consueta, et insuper ex omni irrita decernimus et inane, si secus super his a quoquam, quavis auctoritate scienter vel ignoranter contigerit attentari.

Datum Romæ apud sanctam Mariam Majorem anno incarnationis Dominicæ millesimo sexcentesimo quinquagesimo sexto nonas Julii pontificatus nostri anno secundo.

Signé : J. Absolon, Theobaldus Voirsat, Ja. de Quinosa, J. Ciampinus, Jc. de Sernialis, M. de Merguiba, J. P. Barbennus, Sur un repli : Visa : J. Ciampinus, Catallus.

Sur un autre repli. Registrata in camera Apostolica pro D. P. Lucarello canon. Signé Vannuinus. Anno à Nativitate Domini nostri Jesu Christi millesimo sexcentesimo quinquagesimo sexto, die vero septimo Julii retro scriptus, Dominus Christophorus per illustrissimum Dominum, Joannem Valtrin ejus procuratorem Resignationi retro scriptæ, litterarum que expeditioni consentit et juravit : Signé Antonius Jordanus.

(Archives de l'hôtel de ville de Vesoul L. 141.)

XXII

3 fév. 1673.

TABLEAU

DES NEUF PRÉBENDES DU CHAPITRE DE VESOUL ET DES DROITS DE PATRONAGE SUR LES CURES.

Prébende de Colombe   24 ouvrées de vigne   3 f. de Patronage

Prébende de Scye	22 ouvrées et des cens	»
id de Pusy	23 ouvrées	»
de Baulay et Moffans	21	Baulay 4 f. Moffans 5 fr.
d'Auxon	17	»
id de Montigny	21	»
id Dambenoit et Montcey	24	2 fr.
de Molans	16	5 f. ½

Le curé de Saulx paie 7 f. celui de Genevrey 3. celui de Damvalley 20 sous, celui de Calmoutier 13 gros par an pour droit de patronage.

(Arch. du Chapitre G. 32.)

XXIII

ORIGINE DU CHAPITRE DE NOTRE-DAME DE CALMOUTIER. — RÉPONSE DU P. ANDRÉ AUX CHANOINES DE VESOUL.

Ex libro quinto historiæ de Re christianâ Sequanorum.

Ecclesia collegiata Beatæ Mariæ Virginis de Colummonasterio, Vesulium translata.

Initia hujus Ecclesiæ referenda sunt ad initia sæculi noni christiani, post annum 813 ad annum 839.

Cum enim anno 813, Carolus magnus synodum episcoporum totius imperii coegisset in civitatem Aquisgranensem in quâ plurima sancita sunt ad reformationem cleri imprimis statutum fuerat, ut omnes clerici convenirent sub abbate vel preposito in claustris, dormitoriis et aliis officinis communibus, ibique secundum dispositionem prælati sui, ex communibus Ecclesiæ suæ fructibus victum acciperent; consequenter ad istam legem quæ in simili Aquisgranensi synodo ad annum 816 habitâ, sub Ludovico Pio imperatore Caroli magni filio confirmata et latiùs exposita fuit, Clerici per regnum et imperium constituti, in quædam loca convenerunt et varia constituerunt monasterii, qualia fuerunt in Sequanis, Vallis Cluscæ, Monasterii de Altâ Petrâ et alia Columbœmonasteriense, de quo agitur. Istius collegii præcipuus author videtur fuisse Ludovicus ipse pius, rex Galliarum et imperator, attributis isti collegio reddítibus, imo et dominiis temporalibus, ideoque tanquam primarius istius collegii fundator et institutor, de ipso collegio disposuit in partitione regni sui et imperii, quam inter filios constituit anno 839, quo expressè et distinctè collegium Colommonasteriense velut sibi proprium tradidit possidendum et ordinandum Lothario filio suo primogenito, quem imperii sui hæredem scripsit.

Istâ quæ superiùs scripta sunt desumpsi ex historiâ Ecclesiasticâ Sequanorum quam ex tabulis et aliis probæ notæ monumentis scripsi ego infra scriptus doctor Theologus ex provinciâ Carmelitarum in quorum fidem suscripsi. Vesuntione die 16 junii 1711.

Signé à l'original. P. André, carme. (Arch. du Chapitre, G.42.)

XXIV

14 MARS 1791. — LETTRE DU CURÉ FLAVIGNY AU PRÉSIDENT DE L'ASSEMBLÉE ÉLECTORALE QUI VOULAIT LE NOMMER ÉVÊQUE.

Monsieur le président,

Venant d'apprendre que plusieurs de messieurs les électeurs m'ont fait l'honneur de me donner leurs voix pour être élu à l'évêché du département de la Haute-Saône, je viens vous prier de faire part à l'assemblée de tous les sentiments de ma plus vive reconnaissance. Vous voudrés bien en même temps mettre sous ses yeux les justes motifs qui m'empêchent de pouvoir accepter la place honorable qu'on me destine. *Certainement* ce n'est pas défaut de dévouement à la patrie, des raisons décisives pour moy, *c'est la connaissance intime* de mon peu de talent à remplir dignement les fonctions divines d'un premier pasteur de la religion, seule véritable, de nos pères.

Ma santé, Messieurs, des infirmités corporelles encore présentes dont je vois évidemment la fâcheuse perspective pour le reste de mes jours, me forcent DÉCIDÉMENT à me refusés à vos bontés. Mil ecclésiastiques de nostre département sont plus dignes de ce choix. Vous trouverés parmy eux un évêque bon catholique non moins citoyen. J'ai l'honneur d'être avec un profond respect,

Monsieur le Président,

Votre très humble et très obéissant serviteur,
FLAVIGNY,
CURÉ DE LA VILLE DE VESOUL.

A Vesoul, ce 14 mars 1791.
Copié sur l'original (Archives de la Haute-Saône).

XXV

LES ŒUVRES CATHOLIQUES A VESOUL EN 1886.

Dans la *Charité à Vesoul* (1) on trouve l'indication des différentes industries, sociétés et confréries qui ont exercé tour à tour les œuvres de miséricorde dans cette ville, selon le temps et les circonstances depuis le XIII° siècle jusqu'en 1860. Les efforts faits pour reconstituer le patrimoine des pauvres dévoré par la révolution avaient déjà produit des résultats très appréciables, quand les entreprises du pouvoir séculier contre l'instruction et la charité chrétienne sont venus tout remettre en question.

La grande lutte commencée contre la charité catholique sous pré-

---

(1) Brochure grand in 8° de 65 pages, 1888, à Besançon chez M. Jacquin imprimeur, Grande rue, 14.

texte de laïcisation donne à la paroisse de Vesoul une occasion magnifique de montrer sa vitalité. La question des écoles qui passionnait déjà les esprits au XVIe siècle est revenue plus vive que jamais en 1880.

Les catholiques ne s'y sont point mépris et, sans savoir au juste jusqu'où irait cette fureur d'instruction qui avait pour but principal de détruire l'enseignement religieux en France, ils se sont affirmés dès le commencement de la lutte.

Au mois de janvier 1880, la municipalité de Vesoul, sous l'inspiration des idées nouvelles signifia aux frères de la doctrine chrétienne et aux sœurs de la charité qu'à partir du 1er Octobre 1880, les écoles communales tenues par eux depuis plus de cinquante ans leur seraient retirées pour être données aux laïques. Ainsi le voulaient le progrès et la secte au pouvoir.

Il y eut à cette occasion une explosion superbe d'indignation et de dévouement. Sûr d'être soutenu par ses paroissiens, le curé de Vesoul M. l'abbé Baudry, déclara au maire qu'il voulait ouvrir des écoles paroissiales, c'est-à-dire chrétiennes et catholiques, comme en avaient ses prédécesseurs, Jean de Feliens et Pierre d'Andelot.

L'entreprise était hardie. Il fallait trouver soixante-dix ou quatre-vingt mille francs de suite dans une population qui compte peu de grandes fortunes, il fallait ensuite pourvoir aux dépenses considérables résultant de la création nouvelle.

Toutes les œuvres catholiques de Vesoul s'unirent dans un commun effort. Société de saint Vincent de Paul, Commission des fourneaux économiques, Cercle d'ouvriers, Congrégations des dames et des demoiselles Comité libre de bienfaisance — car depuis quelque temps la bienfaisance n'avait plus de liberté — rivalisèrent de zèle et de dévouement. Les paroissiens fidèles voulurent concourir à assurer l'éducation chrétienne des cinq cents enfants que l'indépendance de leur famille n'enchaînait point au char de l'État.

En moins de deux mois, on trouve des souscripteurs et des ressources. On achète une maison et des terrains pour 35,000 francs. L'architecte Dodelier, l'entrepreneur Martin et leurs ouvriers y mettent tant de bonne volonté, que la maison des frères est réparée dans le cours de l'été et que des classes n'ayant rien à envier aux écoles municipales sont construites pour les sœurs de charité. La première pierre était posée le 21 mai et les bâtiments bénis le 3 octobre 1880. Ces classes avaient le mobilier scolaire complet et les mètres cubes d'air qui jouent un si grand rôle dans les faveurs de l'administration, l'œuvre paroissiale réalisait sa devise : *Vincit vim caritas* et la charité avait vraiment triomphé de la violence.

Il fallait soutenir cette affirmation éclatante de leur foi et depuis six ans les Vésuliens n'y ont point manqué. Malgré la pression administrative portée à son maximum, ils envoient encore cinq cents enfants dans les écoles paroissiales et au prix des plus durs sacrifices et des plus ingénieuses combinaisons, la charité soutient les écoles, ouvroirs, fourneau et œuvres de divers genres qui s'y rattachent.

Les noms les plus honorables de la ville et des environs sont attachés à la fondation de ces écoles qui sont l'œuvre capitale du moment. On ne saurait donner une idée plus juste des dépenses et sacrifices exigés par cette œuvre, qu'en publiant son budget pour l'année 1888.

Recettes :

Intérêts de sommes léguées ou placées	169
Produits de l'ouvroir, repassage,	2850
— de l'atelier de couture	1800
— de trois classes payantes	1400
— Musique et dessin	190
Vente des hosties.	450
Produit du tronc et quête à l'église	800
Subvention d'un bienfaiteur anonyme	1500
Dons pour les prix	200
Subvention du Comité libre	150
Produit du cercle des ouvriers	300
	9609 fr.

Ainsi c'est à la condition d'avoir des sœurs lavandières, repasseuses, couturières et fabricantes d'hostie, des ouvriers donnant des soirées récréatives, que l'on parvient à entretenir des institutrices à quatre cents francs par an. Voici maintenant les dépenses ordinaires.

Traitement des sœurs	4900 fr.
Subvention aux frères	1500
Impôts, patentes, assurances logement militaire.	350
Éclairage, chauffage des classes, ouvroirs, réfectoires.	570
Dépenses des ouvroirs et des classes	820
Fêtes scolaires	100
Nourriture et vêtements aux apprenties indigentes	500
Fournitures aux classes gratuites.	800
Distribution des prix.	400
Livrets de caisse d'épargne donnés,	150
Fabrication des hosties, dépenses diverses, amélioration du matériel, entretien.	300
	10.390 fr.

Ainsi arrive-t-on à cinq cents francs de déficit que la charité comblera certainement. On voit du moins combien est lourd le fardeau imposé au nom de la liberté, et comment les catholiques de Vesoul sauvent la liberté par leur charitable dévouement.

Vincit vim caritas

(Tiré du budget des écoles paroissiales).

XXVI

Catalogue des Prieurs du Marteroy et des curés de Vesoul.

I	Humbert	1159
II	Landry	1171
III	Lambert	1199
IV	Gérard	1221
V	Guillaume I	1231
VI	Thierry, premier curé de la paroisse	1217
VII	Guillaume II	1260-71
VIII	Etienne	1271-1282
IX	Guillaume III	1283
X	Bernard	1284
XI	Guillaume de Verneuil	1296
XII	Hugues de Vignes	1307
XIII	Lancelot de Charlieu	1333
XIV	Philippe d'Anglure	1335
XV	Guillaume de Correloup	1351
XVI	Fromond de Longmont	1370
XVII	Antoine de Chandeye	1399
XVIII	Jean de la Gelière	1403
XIX	Guillaume de Verfay	1419
XX	Jean de Féliens, docteur	1456
XXI	Claude de Féliens	1497
XXII	Antoine de Damas	1505
XXIII	Jacques de Veyre	1513
XXIV	Charles de Cournon, commendataire	1517
XXV	Pierre d'Andelot docteur en droit	1526
XXVI	Jacques Perrot id.	1549
XXVII	Simon Perrot id.	1556
XXVIII	Etienne Demesmay id.	1576
XXIX	Renobert Demesmay id.	1589
XXX	Pierre Demesmay	1600
XXXI	Charles de May évêque d'Ypres	1607
XXXII	Joseph Toitot (de Dôle)	1613
XXXIII	Christophe Duplan, de Lons-le-Saunier	1620 1651

A partir de 1651 le chapitre est curé, jusqu'à la révolution.

Curés de Vesoul.

Jean Baptiste Flavigny évêque constitutionnel, curé de 1801 à 1816.	
Jean Denis Bidaux, (mort chanoine à Besançon 1817)	1816
Jean Claude Boilloz vicaire général du diocèse	1842
Prosper Fulgence Verdot id.	1857
Philippe Baudry, Chanoine honoraire, curé actuel	1869-86

XXVII

Catalogue des Doyens du Chapitre de Calmoutier.

I	Pierre ?	1187
II	Hugues I	1215-1239
III	Etienne	1217
V	Hugues II de Vesoul	1260-1305
V	Hugues III de Velleguindry	1306
VI	Jean I de Montjustin	1321-39
VII	Pierre de Scey	1341
VII	Jean II de Montjustin	1315
IX	Jean de Vaithes	1397
X	Nicolas de Senoncourt	1422-52
XI	Marc de Vaudrey	1470-92
XII	Claude Marciacy	1538-83
XIII	Girard Brullard	1584-93
XIV	Paris Brullard	1594 1610
XV	Claude Chappuisot	1611 1632
XVI	Jean de Verchouain	1633
XVII	Claude Baalin.. Translation à Vesoul (1651)	1644-72
XVIII	Jean François Brouhard	1672
XIX	François Lampinet	1679-1729
XX	Jean François Lampinet	1731-1751
XXI	Joseph Léopold Duban	1756-1790

Suppression du Chapitre par la Révolution.

TABLE DES MATIÈRES.

Pages

Chapitre I. — Obscurité des origines de Vesoul. — L'Eglise S. Georges donnée à Saint Benigne de Dijon. — S. Georges, chapelle auxiliaire et l'Eglise mère, S. Martin de Ponts. — Fondation du prieuré S. Nicolas du Marteroy. Ses droits sur la chapelle Saint Georges et l'administration spirituelle de Vesoul. — Libéralité des seigneurs. — Les sépultures des chevaliers. — Droits seigneuriaux du Marteroy. — Sa prospérité. — Les comtes de Bourgogne le prennent sous leur protection spéciale. — (De l'an 1032 à 1286). 7

Chapitre II. — Erection de Vesoul en paroisse. — Les prieurs curés de Vesoul. Dotation de S. Georges. — Les chapelles et les confréries. — Les juifs et l'église de Vesoul. Le rectorat des écoles. Les procès et les enquêtes. Origine de la familiarité. Développement de la paroisse. — Fondation de l'hôpital. (De 1247 à 1450). 33

Chapitre III. — Jean de Féliens, prieur curé de Vesoul. Efforts pour relever le prieuré. Les statuts du Marteroy. Invasion française. Le sac de Vesoul. — Les ruines. — Etat du château, de l'église et du prieuré. Le culte extérieur. — L'instruction primaire. Claude de Féliens. —Antoine de Damas. Pierre d'Andelot, curé de Vesoul. Tentatives des Luthériens déjouées. Fondation de la maîtrise des enfants de chœur. Faveurs accordées par Charles-Quint. Vesoul cesse de relever de Mâcon. (De 1450 à 1551). 66

CHAPITRE IV. — Vesoul au XVI° siècle. — Jacques et Simon Perrot, prieurs curés. Richesse de l'Eglise Saint Georges. La propagande luthérienne repoussée. Etienne Demesmay prieur. Réglement des droits curiaux. — Ravages de la peste. Le Marteroy rattaché à S. Paul de Besançon. Renobert Demesmay, prieur. Invasion de Tremblecourt, destruction complète du prieuré. Défense de le rebâtir. Il est transféré à Ponts. Etablissement des Capucins, des Jésuites, des Ursulines, des Annonciades. Joseph Toitot et Christophe Duplan, prieurs curés. Les calamités de 1635 à 1645. Efforts pour réparer le désastre. Projets d'union du prieuré avec le chapitre de Calmoutier (De 1550 à 1650). . . . 89

CHAPITRE V. — Le Chapitre de Calmoutier. Ses origines, ses différents noms. Il est soumis un instant au Chapitre métropolitain. Constitutions et devoirs des chanoines. Les possessions territoriales de Notre-Dame. Ses bienfaiteurs. — Les archevêques de Besançon et les comtes de Bourgogne. Hugues de Vesoul, doyen de Calmoutier. — Pierre de Scey. — La peste de 1349 et ses suites. La justice à Calmoutier. — Les droits seigneuriaux. Le XVI° siècle, les procès. La décadence. — Ruine du Chapitre. — Projets de translation (De 839 à 1648). 115

CHAPITRE VI. — S. Georges, église collégiale de Vesoul. Efforts de la ville de Vesoul pour obtenir la translation du Chapitre. Traité préliminaire. Installation du Chapitre. — Visite de l'archevêque à Vesoul et à Calmoutier. Les chanoines aux Etats de 1654. — La confrérie de Saint Georges. Bulle d'Alexandre VII prononçant l'union et translation. Organisation de la nouvelle collégiale. La conquête française et ses suites. Description de l'ancienne église. Construction de la nouvelle. Obstacles qu'elle rencontre. Le Chapitre de Vesoul, maintenu dans le droit de s'appeler *Insigne*. Ornementation de l'église. Derniers actes du Chapitre de Vesoul. 152

Chapitre VII. — S. Georges cathédrale schismatique. Etat des esprits à Vesoul. — Premières attaques contre le clergé. — La Constitution civile. Choix d'un évêque pour la H^{te} Saône. Jean-Baptiste Flavigny est élu. Son sacre. Son installation. Organisation du nouveau diocèse. Les lettres pastorales de Flavigny. Résistance au schisme. Les visites pastorales. Les prêtres déportés. — Spoliation de l'Eglise. Conduite honorable de Flavigny blâmée à la Convention. L'église est fermée. Elle devient le temple de l'Eternel. Flavigny en prison. Sa délivrance. Efforts pour relever l'Eglise constitutionnelle. Un martyr. Deux synodes à Vesoul. L'évêque redevient curé. — Sa mort. Etat actuel de l'église de Vesoul (de 1790 à 1860). 184

Note I. Les Juifs et l'Eglise de Vesoul. 221

II. Notre Dame du Chastel de Vesoul 225

III. L'Eglise de Vesoul et les sorciers 232

Pièces Justificatives. 235

ON TROUVE

CHEZ LE MÊME AUTEUR

A BAUDONCOURT PAR LUXEUIL (H^{te}-SAONE).

La Vigne de la Motte de Vesoul. Légende Franc-Comtoise. Grand in-8° de 150 pages.

La Charité à Vesoul G. in-8° de 65 pages.

L'Abbé Verdot vicaire général, ancien curé de Vesoul In-12 de 107 pages.